LES

CLERCS DU PALAIS

NOMBRE DU TIRAGE

Papier Teinté   350
Papier de Hollande   100

Vienne, impr. Savigné.

Les cōplain-tes et Epita phes du roy de la Bazoche.

LES
CLERCS DU PALAIS

RECHERCHES HISTORIQUES

SUR LES

Bazoches des Parlements & les Sociétés dramatiques
des Bazochiens & des Enfants-sans-Souci

Par Adolphe FABRE

Président du Tribunal civil de Saint-Étienne, membre
de plusieurs Sociétés savantes

DEUXIÈME ÉDITION

Ouvrage couronné par l'Académie des Inscriptions
& Belles-Lettres

LYON

N. SCHEURING, LIBRAIRE-ÉDITEUR

M DCCC LXXV

AVERTISSEMENT

EN 1856, lorsque ce livre fit sa première apparition, la presse entière s'en occupa, et les critiques les plus autorisés lui consacrèrent de longs articles dans tous les grands journaux de Paris. L'Académie des Inscriptions et Belles-Lettres lui décerna une médaille d'or au concours des Antiquités nationales de 1857.

Depuis longtemps l'auteur projetait de publier une seconde édition. Il avait recueilli en nombre très-considérable des documents nouveaux et *notamment près de soixante arrêts inédits du Parlement de Paris, relatifs à la juridiction, aux plantations de mai, montres, cérémonies et spectacles des clercs du Palais. S'il n'a pu mettre plus tôt son projet à exécution, c'est que le temps lui a manqué. Les fonctions absorbantes auxquelles il est attaché ne lui laissant quelques loisirs que pendant les vacances judiciaires, il en a profité pour refondre en entier son premier travail. Ces sortes d'entreprises sont en général ce qu'il y a de plus ingrat; on ne démolit pas de ses propres mains et de gaîté de cœur l'édifice qu'on avait construit à grand'peine quelques années auparavant. L'auteur n'a cependant pas reculé devant cette tâche, et s'il a trouvé une sorte d'attrait dans la mise en œuvre et la classification des nouveaux matériaux qu'il avait rassemblés pendant plusieurs années, c'est qu'il était soutenu par l'espoir de faire mieux et par la satisfaction intime de pouvoir fixer par les dates précises de monuments judiciaires authentiques et incontestables, divers points de l'histoire dramatique controversés jusqu'à ce jour ou très indécis.*

Il existe donc entre cette édition et la première des différences telles, que l'auteur n'hésite pas à dire que c'est une œuvre nouvelle qu'il livre à la publicité.

Le travail qu'il a entrepris consistait à refaire complétement toutes les parties les plus importantes de son ouvrage, et à y insérer une étude entièrement inédite sur la société dramatique des Enfants-sans-Souci, société célèbre, connue seulement par les cinq pages que lui ont consacrées les frères Parfaict dans leur Histoire du théâtre français.

Les arrêts du Parlement ont été mis en meilleur ordre dans les chapitres relatifs à la juridiction de la société des clercs du Palais, aux plantations de mai, aux cérémonies et aux spectacles.

L'auteur s'est encore efforcé de rendre le récit plus rapide par la suppression des trop nombreuses citations qui rendaient sa marche pénible et embarrassée; elles ont toutes été résumées avec soin, en quelques mots incorporés dans le texte, ou bien rejetées au bas de la page à titre de notes.

Des recherches persévérantes ont amené la découverte de documents précieux, et en très-grand nombre, qui ont été mis à profit et répandus dans les diverses parties de l'ouvrage; ils ont modifié sur plusieurs points les premiers sentiments de l'auteur.

Les pièces justificatives que contenait la première édition ont été entièrement supprimées, sauf une seule; elles surchargeaient inutilement le livre déjà assez volumineux; elles avaient du reste le tort irrémédiable d'avoir toutes été imprimées depuis longtemps. L'analyse détaillée qui en a été donnée dans les chapitres auxquels elles se rapportent, remplacera d'une manière efficace leur réimpression devenue inutile.

Le titre lui-même de l'ouvrage a été changé; le nouveau a le mérite d'être plus exact; du reste il se rapproche tellement de l'ancien que toute méprise est impossible.

Enfin l'auteur a cru devoir consacrer quelques pages à un essai de bibliographie bazochienne. Les publications relatives aux clercs du Palais et aux Enfants-sans-Souci sont très-recherchées ; quelques-unes sont d'une excessive rareté. Ceux qui seront tentés de les collectionner trouveront dans ce chapitre des indications qui pourront leur être utiles, quoique cependant la nomenclature qu'il donne soit loin d'être complète, et ne doive être considérée que comme un essai.

Ce livre s'adresse, on le voit, à une certaine classe de lecteurs, aux érudits, aux archéologues, à ceux qui font une étude spéciale de nos antiquités nationales, aux chercheurs des origines, aux curieux, aux bibliophiles en un mot ; aussi l'éditeur n'a-t-il rien négligé pour en faire une publication digne de leur être offerte.

INTRODUCTION

DE toutes les corporations ou communautés laïques qui se formèrent au moyen âge, il n'en est pas de plus intéressantes à étudier que celles qui, sous les deux dénominations de Royaume de la Bazoche et d'Empire de Galilée, se composaient des clercs de procureurs au Parlement et des clercs de procureurs à la Cour des comptes.

Elles sont remarquables par leur origine, leur but, leur juridiction exceptionnelle, leurs prérogatives, leur cérémonies, leurs coutumes et, surtout, par l'influence que leurs sociétaires ont exercée, pendant plusieurs siècles, sur les lettres, la satire et les spectacles.

Par leurs statuts et règlements, elles touchent aux corporations des métiers; par leur origine, elles se lient à l'institution des procureurs; par leur juridiction, elles se rattachent à la réorganisation du Parlement de Paris.

Les poésies et les satires des clercs du Palais nous font remonter aux XVe et XVIe siècles, aux époques de transformation de la langue française, à ses nouveaux interprètes : Martial d'Auvergne, Villon, Clément Marot, alors que la poésie commençait à se dégager des langes dans lesquels la tenaient resserrée les chants monotones des troubadours et des trouvères, les subtilités galantes des cours d'amour et la prolixité diffuse des romans de chevalerie.

Le théâtre de la Bazoche, rival heureux de celui des Confrères de la Passion, est le berceau grossier dans lequel la comédie, dont l'enfance devait durer encore plusieurs siècles, commence à pousser ses premiers vagissements.

Enfin, les montres et les cérémonies publiques auxquelles ces communautés se livraient, traditions des époques les plus obscures et les plus reculées du moyen âge, souvenirs éloignés, mais évidents, de la fête des Fous, dont elles sont la dernière expression, conservent, jusqu'au XVIIIe siècle, le caractère à la fois sérieux et grotesque de cette joyeuse et païenne coutume.

Ce fut en 1302 que Philippe le Bel organisa sur de nouvelles bases plusieurs Parlements et, notamment, celui de Paris. Alors, s'il faut en croire les historiens, le nombre des procès s'était accru dans des proportions imprévues ; les procureurs ne pouvant suffire à l'instruction des causes, demandèrent qu'il leur fût permis de s'adjoindre de jeunes apprentis, étudiant le droit, des clercs, *clerici*, dénomination qui s'appliquait alors à tous les étudiants fréquentant les écoles laïques ou religieuses.

Cette augmentation d'affaires litigieuses provenait de plusieurs causes. C'était d'abord l'importance qu'acquérait, de jour en jour, la Cour souveraine depuis les établissements de saint Louis et la pragmatique sanction, qui portèrent de si rudes coups à la justice féodale et à la juridiction ecclésiastique. C'était, d'autre part, le fractionnement de la propriété, qui allait toujours croissant depuis l'affranchissement des communes ; de ce fractionnement naissaient le conflit et le choc des intérêts privés. C'était, enfin, la suppression des ordalies, des combats judiciaires, des épreuves du feu, du fer chaud, de l'eau bouillante, etc.

Toutes ces causes réunies apportèrent un surcroît d'occupations aux procureurs ou praticiens qui instruisaient les procédures, et justifièrent l'opportunité de la demande qu'ils avaient adressée au Parlement.

L'Université de Paris avait déjà pris, de son côté, avant le XIIIe siècle, une telle importance, qu'elle était le centre intellectuel de la France. Les étudiants y affluaient de toutes parts, même des pays étrangers : de l'Angleterre, de l'Allemagne, de l'Italie. Elle possédait quatre chaires célèbres : de théologie, de jurisprudence civile et canonique, de médecine et des arts. Le manuscrit des *Pandectes*, vers le milieu du XIIe siècle, s'était répandu à un nombre infini d'exemplaires dans toutes les écoles de l'Europe. Peu de temps après, le droit romain faisait partie intégrante de l'enseignement de l'Université; toutes les classes de la société : bourgeois, prêtres et nobles, se livrèrent à cette étude avec une sorte d'avide curiosité. On eût dit que le genre humain venait de retrouver le plus précieux de ses titres.

On conçoit donc que Paris, avec de semblables éléments d'instruction, attira vers lui toutes les forces vives et toutes les intelligences du pays. Aussi la communauté des clercs prit-elle un accroissement si rapide, que le nombre de ses membres s'élevait encore, dans le XVI° siècle, au chiffre de dix mille sociétaires, chiffre énorme, eu égard à la population que renfermait alors la capitale de la France.

Il est facile d'apprécier les motifs qui portèrent les clercs à se grouper et à se former en société ; ils ne faisaient qu'obéir prudemment à l'usage et aux nécessités de l'époque. L'homme, l'individu, comme être isolé, était incapable de se protéger contre les empiétements de toute espèce, contre les vexations sans nombre auxquelles il était en butte de la part d'une infinité de petits pouvoirs, jaloux les uns des autres, et qui croyaient faire acte de puissance en se faisant sentir d'une manière despotique. Pour l'artisan et le bourgeois la loi était inefficace quand elle n'était pas arbitraire ; ils ne trouvaient un peu de protection et de sûreté qu'au milieu de ces grands êtres collectifs qui prirent le nom de corporations. Leurs privilèges étaient comme un rempart, un palladium, derrière lequel chaque sociétaire abritait ses biens et sa famille ; associations utiles au point de vue de la sûreté individuelle et des intérêts privés, mais nuisibles au point de vue général, en ce qu'elles organisaient le monopole, supprimaient la concurrence, et, par cela même, étaient exclusives de tout progrès. Ce vice, inhérent à l'association des métiers, n'affectait pas d'une manière égale la communauté des clercs, qui était une institution purement libérale; cependant elle portait en soi le germe d'un monopole, et nous verrons que les luttes nombreuses qu'elle soutint contre les procureurs avaient principalement pour but le règlement des conditions du stage, la délivrance des certificats d'aptitude et l'obligation, de la part des titulaires d'office, de choisir des successeurs dans le sein de leur communauté. Ces luttes se prolongèrent pendant cinq siècles, autant que durèrent les associations de clercs; et si ces dernières résistèrent toujours avec avantage, il faut l'attribuer à la vigueur de leur organisation.

La principale société des clercs de Paris était celle des clercs de procureurs au Parlement, désignée sous le nom de Royaume de la Bazoche. Mais elle n'était pas la seule; il en existait d'autres: celle des procureurs à la Cour des comptes, connue sous le nom d'Empire de Galilée; celle des clercs du Châtelet, qui était la plus ancienne; celles de Bordeaux, de Toulouse, de Grenoble, de Lyon, de Dijon, d'Orléans, et des principales villes de France; nous en dirons un mot.

L'étude que nous allons entreprendre se divise en trois parties bien distinctes, non moins importantes les unes que les autres. La première sera consacrée à l'organisation judiciaire, à la juridiction exceptionnelle que les rois de France et le Parlement concédèrent à ces sociétés. Nous ferons connaître, en même temps, leurs coutumes et leurs cérémonies, depuis Philippe le Bel jusqu'à la Révolution de 1789.

Dans la seconde, nous nous efforcerons de déterminer d'une manière précise l'intervention de ces communautés dans le mouvement dramatique du moyen âge.

Enfin, nous chercherons quels furent les écrivains et les poëtes qui sortirent de leur sein. L'examen rapide de leurs écrits jusqu'à la fin du XVIe siècle, nous mettra à même d'apprécier l'influence qu'elles exercèrent sur les lettres.

Il paraît certain que la réorganisation du Parlement de Paris fit naître l'association des clercs du Palais, sorte d'école pratique à laquelle se formaient les jeunes gens qui se destinaient au barreau et à la magistrature. Les statuts de 1586, les autorités que rapportent l'historien Miraulmont, Gastier, Duluc, le *Recueil de*

Jurisprudence de Guyot et le *Dictionnaire* de Brillon, ne laissent aucun doute à cet égard. Les nombreux arrêts du Parlement, que nous aurons occasion de citer, léveront toutes les incertitudes, s'il pouvait en exister encore. Nous verrons que Philippe le Bel, pour encourager les clercs, leur accorda le privilége considérable de n'être justiciables que d'eux-mêmes. Nous chercherons quelle était l'étendue de la juridiction de leurs tribunaux, soit au civil, soit au criminel. Les décisions de la cour suprême, que nous invoquerons, établiront d'une manière irrécusable que cette juridiction était très-sérieuse. Nous verrons leurs puissantes sociétés gouvernées par un Roi ou par un Empereur entouré d'une espèce de cour de justice se composant d'un Chancelier, de Maîtres des requêtes ordinaires et extraordinaires, de Procureurs généraux, Trésoriers, Avocats, Greffiers, organisation semblable à celle du Parlement. Nous trouverons ce Roi, frappant des médailles à son effigie, et, maître presque absolu de ses sujets pendant l'année que durait sa royauté, diriger les travaux judiciaires des clercs, ses suppôts, et être, en même temps, l'ordonnateur de leurs jeux et de leurs cérémonies.

On est surpris, toutefois, en se livrant à cette étude, de rencontrer, au XIVe siècle, une dérogation au principe d'unité de justice et d'administration, à une époque où tous les efforts concouraient à l'établir. Cette anomalie s'explique: les rois de France, depuis saint Louis, s'appuyaient sur le Parlement pour affaiblir l'autorité féodale et contrebalancer les juridictions ecclésiastiques. La protection dont l'autorité royale entourait les sociétés de clercs, les prérogatives et les priviléges qui leur furent successivement accordés, n'ont d'autre cause que la faveur dont jouissait le Parlement. On y reconnaît l'intention évidente de grouper autour de ce corps judiciaire une armée assez forte pour en imposer aux adversaires de la royauté et de la justice, et, en même temps, le dessein de fournir aux jeunes praticiens tous les éléments d'instruction nécessaires à de futurs magistrats. Philippe le Bel faisait l'essai d'une nouvelle organisation judiciaire; il voulait la renforcer en l'entourant d'une jeunesse laborieuse et instruite; et cette sorte de stage, de noviciat, auquel il assujettissait les clercs, était la conséquence nécessaire de ses vues politiques.

Nous assisterons donc aux audiences des clercs, qui se tenaient deux fois par semaine, et qui étaient remplies par la discussion de questions purement personnelles et, le plus souvent encore, de contraventions aux règlements à l'observation desquels les dignitaires veillaient avec une rigueur excessive. La cour bazochiale rendait aussi des arrêts dans des causes fictives, sortes de conférences sur les lois et les coutumes, qui avaient pour but de familiariser les jeunes gens avec les législations en vigueur, et de les préparer aux luttes du barreau en les accoutumant à la plaidoirie.

Mais l'autorité du Parlement ne nous guidera pas seulement dans cette partie de notre étude, elle nous fournira des documents précieux sur les mœurs, les coutumes et les cérémonies des clercs du Palais. Nous verrons cette cour souveraine encourager, payer, et, en quelque sorte, réglementer les divertissements des clercs de la Bazoche, jusqu'à obliger ces jeunes gens à faire, une fois tous les ans, la montre générale des sociétaires de la communauté. Cette montre, qui n'était autre chose qu'une procession ou revue, présentait, au moyen âge, le double caractère d'un spectacle public et d'une manifestation de force. Les rois de France honorèrent plusieurs fois de leur présence la montre générale des clercs du Parlement. Ce devait être, en effet, un curieux spectacle que ce cortége de huit à dix mille hommes promenant dans les rues de Paris, sous ses mille bannières, ses travestissements civils, militaires et religieux. Il faudrait la plume d'un poëte pour représenter le Roi de la Bazoche à cheval, en costume de cour, entouré de ses officiers, pour dépeindre ces fantassins divisés par bandes, accoutrés des costumes les plus bizarres, les plus divers et les plus naïfs, commandés par des capitaines et des chefs de légions, défilant devant le Roi au son des hautbois et des fifres, puis terminant la journée par des représentations au Pré aux Clercs ou dans la grande salle du Palais de Justice, sur la Table de marbre.

Nous suivrons aussi la Bazoche du Parlement dans une des forêts royales, soit à Bondy, soit à Livry, et là nous assisterons aux préparatifs de la plantation du mai. Nous y trouverons Messieurs de la Chambre des Eaux et Forêts présidant à cette solennité après avoir rendu un arrêt en forme autorisant l'enlèvement des arbres qui devaient orner la cour du Palais de Justice, cérémonie présentant, comme les montres, un mélange de gravité et de bouffonnerie, accompagnée de formalités nombreuses, donnant lieu à des discours interminables, fête payée par le Parlement, et qui durait huit jours.

Nous étudierons aussi les clercs dans leur vie privée, dans leurs relations journalières avec les patrons; comme aussi nous dirons un mot de leurs rivalités et de leurs querelles avec les moines de l'abbaye de Saint-Germain, querelles qui prenaient des proportions que les mutineries d'écoliers n'ont jamais atteintes depuis, et qui, à cette époque de troubles et d'orages, présentèrent plusieurs fois le caractère de l'émeute, à tel point que le sang coulait dans les rues de Paris, et que les archers du prévôt n'étaient pas toujours capables de résister à leurs bandes victorieuses.

Le paganisme avait légué aux premiers siècles de notre ère une foule de coutumes et de cérémonies publiques tellement enracinées dans l'esprit du peuple, que l'enseignement d'un culte nouveau, comme l'était le christianisme, ne put, malgré la ferveur de ses pratiques, les faire disparaître qu'à la longue et à la suite de nombreuses attaques.

Les fêtes des Calendes et des Lupercales, d'origine païenne, se transformèrent peu à peu, sous l'autorité ecclésiastique, en des fêtes non moins chères aux populations; elles changèrent de nom seulement, et s'appelèrent la Fête des

Fous, la Fête des Innocents, la Fête de l'Ane, etc., cérémonies pagano-chrétiennes venues d'une source commune, auxquelles on conserva la désignation romaine de Fête de la Liberté de Décembre.

La Fête de la Liberté de Décembre affectait mille formes : elle avait pénétré dans les couvents, dans les cloîtres, dans l'Université, dans les corporations; elle avait même envahi le sanctuaire; les églises d'Orient et d'Occident l'avaient admise dans leur liturgie. Pendant longtemps la Fête des Fous fut une orgie sacrilége et une profanation odieuse des choses les plus saintes. Depuis le VIe siècle les conciles s'étaient efforcés de l'extirper du catholicisme. Vainement les prélats et les rois lancèrent-ils des mandements et des édits, la Fête des Fous, enfantée par l'ignorance et la superstition, nourrie par la grossièreté et la corruption des mœurs, résista près de dix siècles à toutes les censures, à toutes les défenses.

Le Roi de la Bazoche et le Prince de la Sottie, chefs des associations de clercs et des jeunes désœuvrés de Paris, semblent, dès le XVe siècle, avoir hérité de la tiare du Pape des Fous. Le Parlement, dont l'œil veillait sur les associations de cléricature, sut obtenir d'une manière détournée le résultat auquel les princes de l'Église et les rois de France n'avaient pu atteindre. Cette cour s'empare avec adresse des manifestations des clercs du Palais, telles que les montres et les plantations du mai; elle en fait, pour ainsi dire, un monopole entre les mains des membres de cette société. Grâce aux mesures qu'elle prend, ces cérémonies ne sont plus que les échos affaiblis et lointains de la Fête des Fous : elle les encourage, elle les paie, elle les moralise en quelque sorte, en même temps qu'elles restent pour elle une manifestation de force. Elle les réglemente et leur enlève peu à peu leur rudesse et leur cynisme. Sous François Ier les montres présentent encore les caractères distinctifs des fêtes païennes : elles ont conservé leurs travestissements, leurs danses, leurs mascarades. Sous ce monarque, la Bazoche offre en spectacle aux bourgeois de Paris ses bandes de femmes, de moines et de soldats. Toutes les classes de la société, comme dans la danse macabre, figurent dans cette exhibition de l'humanité; mais déjà ces fêtes bruyantes avaient été chassées des temples saints; les divertissements et les jeux des clercs du Palais n'ont rien de commun avec la profanation des autels, avec la célébration ironique des offices divins et les bénédictions sacriléges du Pape des Fous.

Là ne devaient pas s'arrêter l'influence et les souvenirs des pratiques païennes : ils devaient nous donner un théâtre et créer la comédie. Le cadre étroit dans lequel nous nous sommes placé ne nous permet pas de chercher les origines du théâtre moderne. Cette étude a été commencée avec une telle hauteur de vues, avec une science si vaste et si sûre, par plusieurs savants français et notamment par un membre de l'Institut, M. Charles Magnin, que ce serait de notre part vanité et folle présomption que de nous hasarder sur un terrain où les maîtres ont marché. Nous nous sommes contenté de prendre les clercs du Palais pour ce qu'ils sont, non pour les inventeurs de la comédie, mais bien pour les plus considérables et les plus célèbres parmi les premiers interprètes publics des pièces de théâtre. Nous les avons trouvés côte à côte avec les Confrères de la Passion, au commencement du XV° siècle, à l'époque où l'ordonnance de Charles VI, rendue en 1402, vint donner aux représentations théâtrales une impulsion nouvelle et changer leur caractère.

L'ordonnance de 1402 marque la période de

décadence des mystères : ils cessent d'être exclusivement religieux, ils entrent dans le domaine de la spéculation, et, privés de la force qui les soutenait, ils ne font plus que reculer sur la route où ils s'étaient avancés.

Les mystères, au commencement du XVe siècle, devaient encore vivre pendant près de cent cinquante ans; mais, à partir de l'ordonnance de Charles VI, l'élément profane les domine, la comédie les enveloppe de toutes parts, elle s'introduit sur leurs théâtres avec les Enfants-sans-Souci ; elle les étouffe, et ce qui est l'arrêt de mort des mystères devient en même temps le germe fécond qui, plus tard, enfante les chefs-d'œuvre de Molière.

La comédie, ou plutôt les représentations comiques servaient de divertissement aux universitaires longtemps avant l'organisation de la société des clercs. Les écoliers de l'Université de Paris étaient, pour la plupart, des hommes faits, qui commençaient leurs études de logique à l'âge où elles finissent de nos jours. Ils variaient leurs loisirs par la composition et la représentation des mystères, et, à cet effet, se donnaient tous les ans un chef, qui, sous le nom de Pape des Écoliers, présidait à leur société dramatique et dirigeait leurs jeux et leurs cérémonies. Au XIVe siècle les clercs imitèrent les écoliers, sans toutefois se restreindre au même genre. Ils eurent leur théâtre particulier.

Les pièces qu'on y représentait, et qui étaient toutes de leur composition, ne consistaient d'abord qu'en grossières parodies; puis elles devinrent des espèces d'atellanes, où l'on se divertissait aux dépens de quelque personnage impertinent ou ridicule; enfin le cercle s'élargissant insensiblement, la critique s'étendit à tous les grands corps de l'État, et s'éleva même jusqu'à la personne du prince. Les bazochiens rivalisèrent de verve et d'audace, et leur société dramatique se confondit longtemps avec celle des Enfants-sans-Souci, dont le chef, appelé le Prince des Sots, avait adopté cette devise: *Stultorum numerus est infinitus,* jeu de mots spirituel qui n'exagérait le nombre des membres de l'association que pour y comprendre malicieusement la société tout entière.

Les arrêts du Parlement sont, pour la partie théâtrale des associations de clercs, ce qu'ils ont été pour leurs juridictions et leurs coutumes, c'est-à-dire le guide le plus sûr et le plus considérable dont on doive se servir. Cette cour établit la censure dès 1442 et enjoignit aux clercs de la Bazoche de ne jouer leurs pièces qu'en supprimant les passages rayés. Le théâtre des bazochiens fut tour à tour autorisé et interdit; ses acteurs furent successivement comblés de faveurs, emprisonnés, ou menacés de la hart; puis, sous Louis XII et sous François Ier, ils firent des pièces politiques, et se livrèrent avec une fortune diverse à leurs penchants satiriques jusqu'à la fin du XVIe siècle, époque à laquelle leurs spectacles disparaissent définitivement et sans retour.

Pour donner une idée plus complète du théâtre des clercs de la Bazoche, nous analyserons en peu de mots quelques-unes des pièces dont la représentation paraît avoir fait partie de leur domaine particulier: nous voulons parler des *Moralités*, sorte de drames intermédiaires entre les mystères et la comédie, et des *Farces* et *Sotties*, qui attirèrent sur les clercs les sévérités du Parlement et de l'autorité royale. Nous terminerons ces recherches spéciales par une étude sur le *Pathelin*, pièce de leur invention, et dont l'origine, éminemment française, remonte vers le milieu du XIVe siècle.

Presque tous les poëtes ou écrivains, jusqu'au XVIe siècle, appartenaient aux ordres religieux ou à la magistrature; la culture des lettres était le privilége de certaines classes ; on ne trouvait des hommes de *clergie* et de *sapience* que dans les couvents et au Palais de Justice.

C'est ainsi que s'explique le nombre considérable de poëtes qui sortit du sein de la Bazoche. André de la Vigne, Martial d'Auvergne, Henri Baude, Jean Bouchet, Villon, Gringore, Clément Marot, Pierre Blanchet, François Habert, et une foule d'autres, débutèrent dans ces associations. Les premières œuvres de la plupart d'entre eux furent des mystères et des comédies. Clément Marot fut un acteur bazochien, et il est probable que, dans le grand nombre de pièces dramatiques que nous ont léguées le moyen âge et la Renaissance, il s'en trouve quelques-unes, restées anonymes, qui ont été composées par les écrivains dont nous avons cité les noms. La littérature judiciaire, s'il est permis de se servir de cette expression, y a laissé des traces qu'il est impossible de méconnaître. Bien souvent les poëtes de l'époque empruntèrent à la procédure et aux lois en vigueur un cadre tout préparé pour leurs naïves compositions. Ce sont tantôt des procurations en vers, des testaments, des plaidoyers, des arrêts, et, quelquefois encore, des procès entiers, contenant jusqu'à trois à quatre mille vers,

Cette invasion de la procédure et des lois dans le domaine de la poésie s'aperçoit même dans les représentations théâtrales. Nous aurons soin de la signaler dans nos recherches, soit en étudiant les mystères, soit en analysant les moralités, les farces et les sotties.

L'histoire des clercs du Palais est, sous certains rapports, celle de la bourgeoisie française, de cette partie intelligente et active de notre société, qui cherchait, à force d'étude et de savoir, à conquérir une place que la fortune et la naissance refusaient à son origine. Les clercs étaient, au XIV° siècle, ce que sont encore la plupart des étudiants de nos jours : des jeunes gens instruits, laborieux, joignant à l'ardeur de leur âge le désir de parvenir, turbulents, satiriques et frondeurs tant qu'ils sont sur les bancs de l'école, mais bons citoyens, aimant leur prince et leur pays lorsqu'ils ont conquis la place modeste que leur aptitude et leur instruction leur donnent le droit d'occuper. De tout temps le bazochien fut le persécuteur de son patron, sauf à être persécuté lui-même à son tour lorsqu'il devenait titulaire d'office.

La satire des clercs de la Bazoche est fougueuse comme leur âge, vive comme leurs passions ; nous la trouverons, à plusieurs reprises, si brutale et dépassant si souvent les bornes de la décence et de la pudeur, que le Parlement est obligé d'intervenir.

Tel sera l'ensemble de l'étude que nous allons essayer. Notre travail présente des difficultés sérieuses, car il se rattache aux questions les plus élevées de notre histoire. La langue française est, sans contredit, la première et la plus belle des temps modernes : nous trouvons les clercs du Palais, non pas à son origine, mais à l'époque de cette transformation qui l'a placée au premier rang. Ils entourent le berceau du théâtre français, qui, rivalisant avec ceux d'Athènes et de Rome, a balancé l'un et surpassé l'autre. Enfin, nous voyons la société des clercs, contemporaine, pour ainsi dire, de l'institution de la magistrature, se former à l'abri de la nouvelle organisation que le Parlement de Paris reçut de Philippe le Bel. Les clercs du Palais ont donc assisté aux deux grandes créations de la magistrature et du théâtre, comme ils ont concouru eux-mêmes, pour une large part, à la fondation de notre langue en débrouillant les essais confus de ses vieux dramaturges.

L'histoire des clercs du Palais, au triple point de vue où nous nous plaçons, n'a jamais été faite. Les auteurs qui se sont occupés de cette société ont reproduit textuellement Miraulmont et l'historien anonyme, sans rechercher ce qu'il pouvait y avoir de vrai et de faux dans leurs allégations. Boucher d'Argis, dans l'*Encyclopédie*; les frères Parfaict, dans leur *Histoire des Théâtres*; l'avocat Dareau, dans le *Répertoire de Jurisprudence* de Guyot, ont suivi cette marche : seulement les frères Parfaict sont allés plus loin, et nous ont donné quelques détails curieux sur le Théâtre bazochien au XVIe siècle.

Nous rechercherons avec soin les arrêts du Parlement, et tout ce qui pourra jeter un jour nouveau sur ces associations oubliées depuis longtemps. Sans donner à notre travail une importance que la modestie du sujet ne comporte pas, nous nous efforcerons d'enlever à cette étude l'aridité et la sécheresse que le choix de la matière pourrait faire redouter.

Nous recueillerons également ce qui, dans l'histoire des sociétés de clercs, se rattache aux mœurs judiciaires; les légendes et les traditions de Palais nous fourniront des chapitres qui seront lus, nous l'espérons, avec intérêt.

Dans les poésies, dans les satires, comme dans les pièces de théâtre, nous signalerons les passages qui dénoteront l'origine bazochienne. Les citations serviront de complément à notre œuvre; bien que nombreuses, elles n'arrêteront pas la marche du récit; elles auront pour nous l'avantage singulier d'indiquer la source à laquelle nous avons puisé nos renseignements, et de mettre le lecteur à portée de juger des conséquences que nous en avons tirées.

LES
CLERCS DU PALAIS

LES
CLERCS DU PALAIS

CHAPITRE PREMIER

Origine de la Société des clercs du Palais. — Royaume de la Bazoche. — Pourquoi cette dénomination. — Étymologie du mot Bazoche. — Examen critique des diverses définitions. — Les Basilicains et les Bazogiens. — Juridiction exceptionnelle de la Bazoche. — Son étendue au civil et au criminel. — Autorités historiques. — Officiers de la Bazoche. — Organisation judiciaire en première instance et en appel. — Fonctions des dignitaires bazochiens. — Débats entre les procureurs et les clercs. — Certificats de cléricature.

S'IL faut en croire les écrivains qui se sont occupés des sociétés de Clercs, c'est sous Philippe le Bel qu'aurait été fondée la grande association connue sous le nom de royaume de la Bazoche, vers l'époque où ce prince donna une nouvelle organisation au Parlement de Paris. Elle aurait pris naissance dans une société formée des clercs du Châtelet déjà existante à cette époque, et qui paraît avoir été plus ancienne que celle des clercs du Parlement.

Les édits autorisant la formation de ces singulières associations ne sont pas parvenus jusqu'à nous, et on peut se demander s'il en a jamais été rendu par les rois de France; mais de nombreuses autorités historiques peuvent combler cette lacune regrettable, et fournir des documents à peu près certains, à l'aide desquels il est possible de percer l'obscurité qui enveloppe leur origine.

Pierre de Miraulmont, écuyer, conseiller du roi, dans son ouvrage sur la juridiction royale étant dans l'enclos du Palais, constate que la justice bazochienne « était d'institution fort ancienne, et établie du temps même que le Parlement fut arrêté et fait sédentaire à Paris : » ce sont là ses expressions textuelles (1).

Après Miraulmont, qui ne nous a laissé qu'un chapitre beaucoup trop court sur cette juridiction, écoutons l'historien de la Bazoche dans son recueil des statuts (2).

Cet historien était un clerc, remplissant les fonctions d'avocat près la Cour bazochiale; il dédia son livre à un de ses camarades nommé Boyvinet, chancelier de la Bazoche, et fils d'un procureur au Parlement.

---

(1) *De l'origine et établissement du Parlement et autres juridictions royales estans dans l'enclos du Palais royal de Paris*, par Pierre de Miraulmont; Paris, Chevalier, 1612.

(2) Son livre a pour titre: *Recueil des Statuts, Ordonnances, Reiglements, Antiquitez, Prérogatives et Prééminences du Royaume de la Bazoche. Ensemble plusieurs arrests donnez pour l'établissement et conservation de sa jurisdiction*. Paris, Cardin Besongne, marchand libraire au Palais, en la galerie des Prisonniers, aux Roses vermeilles. MDCLIV.

D'après lui, les procureurs étant en trop petit nombre pour l'expédition des nombreux litiges, demandèrent des auxiliaires au Parlement. La Cour délibéra et arrêta, vers 1303, qu'ils prendraient des jeunes hommes de bonne famille pour servir à instruire les procès, et pour les rendre capables d'être procureurs. On les désigna sous le nom de *clercs*, *clercs du Palais*.

Le nom de clerc se donnait alors à tout homme lettré ou savant, alors même qu'il ne se destinait pas à l'état ecclésiastique.

Un historien de la ville de Paris, Félibien, constate aussi l'existence de la société des clercs du Palais; il reconnaît leur juridiction comme très-ancienne et autorisée par un grand nombre d'arrêts. Le pouvoir de cette société, d'après lui, s'étendait sur tous les clercs qui n'étaient ni mariés ni pourvus d'offices de procureurs (1).

Nous verrons plus tard que ces associations embrassaient toutes les professions de praticiens ou légistes, les clercs de conseillers, les clercs de procureurs du Parlement, clercs de procureurs du Châtelet, clercs d'avocats, de notaires, tabellions, et clercs de greffiers.

Si l'on est à peu près d'accord sur l'époque à laquelle remonte l'origine de cette corporation, il n'en est pas de même sur le sens étymologique du mot Bazoche, que les clercs du Parlement avaient pris pour désigner leur société.

Bazoche, disent certains auteurs, est une juridiction

---

(1) Félibien, *Histoire de la ville de Paris*, tome 1er, page 500.

tenue par les clercs des procureurs du Parlement de Paris et de quelques autres tribunaux, pour connaître des différends qui peuvent s'élever parmi ces clercs et pour régler leur discipline.

Bazoche, disent les autres, est le nom de la corporation des clercs. *Bazochia, clericorum seu scribarum Palatii collegium*, dit du Cange dans son *Glossaire*. Selon Gastier (1), le mot Bazoche désigne la justice qui s'exerce entre les clercs du Palais; selon Gébelin, ce mot serait composé de *bas* petit et de *oche, oque,* oie, la petite oie, pour dire *la petite cour*, par opposition à la cour dont ils relèvent, *la haute cour* du Parlement.

Ce mot a été très-souvent mal interprété. Bazoche est aujourd'hui presque synonyme de plaisanterie. Les bazochiens ont été considérés comme des jeunes gens désœuvrés, d'une moralité douteuse, aimant les plaisirs, et se moquant de tout le monde.

Miraulmont a accrédité cette erreur; il pensait que le mot Bazoche était formé de deux mots grecs qui, réunis, signifiaient: qui parle avec abondance, bavard, qui se rit de tout.

Suivant lui, les clercs du Palais étaient encore appelés Basilicains du mot basilique, maison des rois, qui fut délaissée par eux au Parlement pour le service de la justice.

Miraulmont propose donc deux étymologies qui évi-

---

(1) Gastier (René), procureur au Parlement, est l'auteur des *Nouveaux styles des Cours de Parlement, des aides, de la chambre des comptes*, etc. et d'un *Nouveau praticien français*. Le premier de ces ouvrages contient un chapitre sur la Bazoche. Dernière édition, 1668, page 339.

demment se contredisent. Il a, comme bien d'autres écrivains, reproduit sans examen la définition donnée par Jean Duluc dans ses *arrêts de la cour* (1).

Ce magistrat, qui fut un jurisconsulte distingué, soutenait que le mot de Bazoche, Bazochien, venait du mot grec βαζωχειν qui signifie dire des mots de raillerie.

Mais un autre jurisconsulte qui vivait à une époque contemporaine, Mornac, sur la loi XV au code *de Judiciis*, combat l'opinion de Duluc et soutient que, comme les Français ont fait Bazoge de *Basilica*, ils ont aussi fait Bazoche, étymologie qui aurait été approuvée par des hommes de grand savoir, tels que Pierre Pithou, Nicolas Lefèvre, Faucher et Antoine Loisel (2).

Ménage, dans son *Dictionnaire étymologique*, adopte l'opinion de Mornac, et c'est aujourd'hui celle de tous les savants de nos jours; car nous devons signaler cette circonstance remarquable : que tous les lieux qui s'appellent *Basilica* dans les titres latins ont porté et portent encore les noms de Bazoches, la Bazoge, Bazouges, Bazoques.

---

(1) *Joannes Lucius*, Jean Duluc, fut longtemps procureur du Parlement, puis ensuite procureur général de la reine Catherine de Médicis. En 1552 il avait achevé son recueil des arrêts de la Cour, intitulé *Placita Lucii*. Nous en avons vu un exemplaire imprimé en 1559, qui doit être de la seconde ou de la troisième édition, car il porte pour titre : *Placitorum, summa apud Gallos curia, libri XII, multis à postremâ editione, placitis insignibus adaucti et commodissimis indicibus illustrati*. Duluc consacre quelques chapitres aux bazochiens, à propos de leurs spectacles, au titre III, des injures et des libelles diffamatoires. *De injuriis et famosis libellis*, tit. III, page 286.

(2) Antoine Mornac, né près de Tours, débuta au Parlement de Paris en 1580; il mourut en 1620, sans avoir pu achever son grand ouvrage sur le droit romain mis en rapport avec l'ancien droit français.

Nous avons en France vingt-sept communes désignées par ces noms, ou d'autres qui ont le même dérivé.

Du reste, on peut consulter à ce sujet les travaux des étymologistes et des lexicographes les plus éminents de notre époque, tels que MM. Littré, Quicherat, Cocheris, Brachet, on les trouvera unanimes sur ce point qui ne donne plus lieu à controverse (1).

Mais si des doutes pouvaient encore exister, ils seraient levés par les documents suivants que nous fournissent les Bazochiens eux-mêmes sur l'étymologie de leur nom.

Un d'eux et des plus célèbres, Jean Bouchet, dont nous aurons à parler plus tard, et qui vivait sur la fin du XVe siècle et au commencement du XVIe, dans son *Epitre de justice à l'instruction et honneur des ministres d'icelle*, après avoir fait l'éloge des Bazochiens, que les gens peu sensés, dit-il, traitent avec mépris, et qui cependant se composent des clercs de conseillers et juges, clercs de greffiers, de procureurs, d'avocats, « dont il sort bien souvent des gens notables », arrive à l'étymologie du mot Bazoche, sur laquelle il s'exprime ainsi :

> De ce beau nom latin *Bazilica*
> Signifiant ainsi qu'on explica
> Palais royal ou aultre lieu celebre,
> Où jugemens et conseilz on celebre,
> Est procedé leur nom. Par ces moyens
> Dire on les doibt de Baziliciens,

---

(1) Voir le dictionnaire de Littré, au mot Basoche, et sa préface page XXXIII. Quicherat: *De la formation française des anciens noms de lieux*, page 32. Cocheris (Hippolyte): *Origine et formation des noms de lieux*, page 159. Auguste Brachet: *Dictionnaire étymologique de la langue française*. V. Basoche.

Et leur Bazoche on doit dire Bazine
Societe de royaulte voysine.

Un autre clerc du Palais qui, plus tard, se fit un nom dans les lettres et qui vivait également dans la seconde moitié du XVe siècle, André de la Vigne, auteur des *complaintes et épitaphes du roy de la Bazoche*, est aussi clair que Jean Bouchet.

Un roi de la Bazoche étant mort, André de la Vigne composa une épitaphe en vers pour célébrer les vertus du défunt, sur la tombe duquel les principales Bazoches des Parlements de France sont appelées tour à tour à débiter des strophes. L'une d'elles, la Bazoche de Toulouse, récita les vers suivants qui, s'ils ne brillent pas par leur facture, sont importants en ce qu'ils nous apprennent que le jeune roi s'appelait Pierre, et surtout parce qu'ils confirment la thèse soutenue plus tard par Mornac et Ménage sur la question étymologique qui nous occupe.

Soubz ceste amere dure et dolente Pierre
Gist nostre roy *Basilical* dit Pierre
Qui a son peuple en douleur relinqui.
Vif fust encores, se ne fust un caterre
Qui trop soubdain la tombe jusqu'à terre,
Dont triste suis.

Ce jeune roi, mort d'un catharre, était sans doute fort intéressant, à ce que nous apprend André de la Vigne. Nous devons le croire sur parole, mais ce qu'il faut retenir pour le moment, c'est qu'il est qualifié de *roy Basilical*; c'est ce qui importait à notre démonstration.

L'étymologie de Duluc et celle de Miraulmont sont donc insoutenables, il faut se rendre à l'évidence.

Toutefois, convient-il d'écrire Bazoche par un s, comme le veut Littré dans son savant dictionnaire, d'après les étymologies de Mornac et de Ménage, et comme conséquence de la corruption du mot basilique ? Nous avons de la peine à nous y résoudre. L'orthographe de certains noms est une affaire de convention plutôt qu'une règle fixe ; l'usage en cette matière fait loi. Tous les écrivains du XVIe siècle écrivent Bazoche, Bazochiens, avec un z, et ceux, sans exception, qui se sont occupés de l'histoire de cette société, écrivent le mot de la sorte ; nous l'écrirons comme eux.

Ajoutons encore que les manuscrits et les imprimés des XVe et XVIe siècles nous donnent fréquemment les mots *Bazilica, Bazilique, Bazilicains*, écrits par un z, et que les noms de lieu, Bazauges, Bazogue, Bazouges, Bazeuge et autres, ont presque tous conservé cette orthographe.

Il était assez difficile de comprendre à première vue comment *Basilica* pouvait donner Bazoche. Mais il a été permis aux étymologistes de suivre ce mot dans ses diverses transformations passant par *Bazelche, Bazeuche Bazauche, Bazoge* et *Bazoche* avec des orthographes différentes (1).

Les basiliques d'origine grecque étaient des édifices affectés au service de la justice, qui touchaient à la maison des rois et en faisaient partie. Les princes y rendaient eux-mêmes des jugements. L'usage des basiliques fut commun aux Grecs et aux Romains. Ces derniers ne les connurent

---

(1) Voir Houzé, *Etude sur la formation des noms de lieux en France.* Brachet. *Dict. Etym.*

que deux cents ans environ avant Jésus-Christ. Vitruve donne la description et les plans d'après lesquels ces édifices doivent être construits. Ce célèbre architecte, comme on le sait, vivait sous le règne d'Auguste, quelques années avant notre ère. Ce n'est que plus tard, sous le règne de Constantin, que le christianisme s'empara des basiliques pour les affecter au culte. Les basiliques n'étaient donc pas des édifices religieux dès leur origine.

Le palais de justice où siégeait le Parlement de Paris, bâti dans la Cité, fut longtemps la demeure des rois de France. C'est là ce qui explique suffisamment le nom de Basilicains et de Bazochiens adopté par la société des clercs du Parlement; clerc de la Bazoche veut donc dire clerc de la basilique, clerc du Palais-de-Justice ou du Parlement.

L'utilité de la communauté des clercs du Palais ressort suffisamment de son origine. Philippe le Bel voulut, en l'autorisant, créer des auxiliaires à la justice; mais, au dire des historiens, ce prince serait allé plus loin: pour encourager les clercs et rendre leurs études plus fructueuses, il aurait octroyé à leur société l'exercice d'une juridiction particulière et exceptionnelle.

Il ne faudrait pas confondre cette juridiction avec celle qu'exerçaient dans les corporations de métiers certains dignitaires, connus sous le nom de *rois, maîtres, doyens, syndics*. La plupart des corporations avaient, en effet, leurs juridictions de police, plus ou moins étendues; elles constataient les contraventions, elles intervenaient dans les débats d'intérêt entre maîtres et ouvriers, dans les querelles et dans les rixes. Ainsi, on voyait les bouchers en tablier siéger au milieu des moutons et des bœufs, les forgerons rendre la justice assis sur des enclumes avec des huissiers armés de marteaux ; mais l'autorité des prévôts de Paris absorba peu à peu ces diverses juridictions, et elles disparurent presque, sur la fin du XIV⁰ siècle, devant les ordonnances du roi Jean et de Charles V (1372), qui obligèrent les dignitaires des corps de métiers ou les grands officiers de la communauté dont ils dépendaient, de faire au prévôt le rapport des contraventions constatées, *avec défense à tous autres de s'en mêler, nonobstant tous priviléges*.

La juridiction bazochiale surgit, au contraire, au moment où celle des corporations de métiers s'affaiblit et disparaît; elle s'établit d'une manière vigoureuse, et, dans son organisation, elle emprunte au Parlement sa discipline, le nom de ses dignitaires, leurs attributions, leur autorité et presque leur costume.

Après avoir traité la question de l'origine de cette société, Miraulmont constate que sa compétence s'étendait sur tous les différends qui s'élevaient entre les clercs sur les fautes et délits commis par eux au fait de leur charge; que cette juridiction était royale et souveraine comme leur ayant été octroyée par priviléges et concessions des rois, et qu'ils ne reconnaissaient autres qu'eux et le Parlement dans tout ce qui concernait leurs droits et l'exercice de leur justice.

L'historien anonyme de la Bazoche va plus loin que Pierre de Miraulmont; il ne craint pas d'affirmer que les clercs pouvaient traduire à leur barre les particuliers qui avaient des procès avec eux, et cela en suite d'ordonnances de Philippe le Bel, sur l'avis du Parlement ; que ce prince voulut qu'il eussent un roi sous le nom duquel s'exercerait une justice souveraine et royale, par ses officiers qui seraient les plus anciens clercs des procureurs de son Parlement.

Félibien, dans son *Histoire de la ville de Paris*, n'est pas moins affirmatif (1). Il constate que la juridiction des clercs s'exerce dans le Palais d'une manière qu'on peut en quelque façon appeler burlesque, mais qui est ancienne cependant et autorisée par un grand nombre d'arrêts. « C'est, dit-il, celle de la Bazoche dont le pouvoir s'étend sur tous les clercs qui ne sont ni mariés ni pourvus d'offices de Procureur. »

L'avocat Favier, plaidant en 1604 pour la corporation des clercs devant le Parlement, soutenait hautement que la juridiction de la Bazoche avait été tolérée afin que les clercs, dans les choses légères, pussent apprendre, et s'exercer à l'usage de la procédure.

Les autorités historiques sont très-nombreuses et ce serait abuser que de s'appesantir trop sur ce point. Pour les compléter il faut recourir à celle des arrêts du Parlement ; on y trouvera la preuve incontestable que cette juridiction s'exerçait avec des alternatives diverses et cette sorte de mobilité inhérente aux institutions qui sont plutôt de tolérance que de droit fixe.

Ces arrêts du Parlement sont fort nombreux ; les écrivains qui, avant nous, se sont occupés des sociétés de clercs du Palais, ont eu occasion de citer les plus importants ;

---

(1) Tome 1ᵉʳ, page 500.

nous en avons pour notre part relevé près de soixante qui sont complétement inédits et qu'on pourra vérifier aux archives nationales.

Ces arrêts se rapportent à la juridiction de la Bazoche, aux autorisations de planter le mai, et surtout aux permissions de jouer des *farces*, *moralités* et *sotties* dans le Palais, sur la table de marbre. Ils embrassent une période de plus de trois siècles.

Les plus anciens de ces arrêts remontent à 1442 et 1443. Celui de 1442 a trait aux spectacles donnés par les clercs, nous en reparlerons plus tard ; celui de 1443 fut rendu à propos de l'exécution trop rigoureuse d'une décision bazochiale et probablement d'un empiétement des clercs sur l'autorité du Parlement qui, en quelque sorte, statue comme sur une question d'ordre public.

La cour de Parlement ayant fait mettre en prison certains clercs d'avocats et de procureurs qui s'étaient permis des excès sur la personne d'un clerc de Me Pierre des Forches et sur d'autres, condamne la Bazoche et ce que les clercs appellent leurs juridiction et priviléges, leur défend d'en user et d'ériger Royaume de Bazoche, juridiction et contrainte *sans licence de la cour.*

Elle leur défend de faire payer Béjaune *en beuveries et mangeries*, et s'ils veulent faire *jeux ou esbattements*, ordonne qu'ils demandent congé à ladite cour.

Ce arrêt est un des plus intéressants ; il touche à l'existence de la société et à sa juridiction, il défend aux clercs de ne plus *ériger Royaume de Bazoche ni juridiction en quelque matière que ce soit sans licence de la cour.* Il faut conclure de cet arrêt que cette juridiction pouvait s'exercer lorsque le Parlement l'autorisait, et que probablement les clercs étaient obligés à certaines époques de faire reconnaître par la Cour souveraine leurs priviléges et prérogatives.

Cet arrêt nous a été conservé par Adam de Cambray, premier président au Parlement de Paris, qui occupa le siége de 1436 à 1450 (1).

Après cette décision, près d'un siècle s'écoule avant que nous en trouvions d'autres sur la juridiction des clercs. Malheureusement l'incendie du Palais, en 1618, nous a privés d'une foule de ces documents.

Ce n'est qu'au XVIe siècle que les décisions du Parlement reconnaissent formellement la juridiction de la société des clercs du Palais. Une d'entr'elles, du 3 avril 1545, fait défense à tous clercs Bazochiens de se pourvoir ailleurs que par-devant la Bazoche et son conseil pour tous les débats et différends qui pourraient survenir entr'eux ; leur enjoint d'obéir aux arrêts et jugements qui seront donnés par le Conseil, sous peine de prison et d'amende arbitraire ; ordonne néanmoins aux gens tenant ledit conseil de Bazoche *de traiter en bonne paix et amitié les Suppôts d'iceluy Royaume* et de vivre dorénavant amiablement les uns avec les autres (2), ce qui, malgré la recommandation, ne fut pas toujours exécuté.

---

(1) Cet arrêt est rapporté sous ce titre : *Omnia et singula arresta, et judicata pre-scripta, fuerunt prolata per dominum Adam de Cameraco militem primum presidentem die sabati XVII Augusti MCCCCXLIII.*
Archives nationales, section judiciaire, tome X, 1482. fol. 252.
(2) Cet arrêt est rapporté en entier par l'historien anonyme.

En voici un autre du vendredi 22 décembre 1564, qui statue sur un appel d'une décision Bazochiale.

Un sieur Jehan Terrier, clerc du Palais, avait été condamné par sentence rendue par la Bazoche. La condamnation paraissant ou injuste ou exagérée, Jehan Terrier présenta requête au Parlement pour former opposition à l'exécution de l'arrêt. Sur les conclusions du procureur du roi, le Parlement ordonna qu'il serait sursis à toute poursuite à peine de mille livres parisis d'amende jusqu'à ce que parties entendues il soit autrement ordonné (1).

Cette dernière décision ne met pas en question le principe de l'autorité de la Cour Bazochiale ; elle la reconnaît en ce sens que le Parlement déclare qu'il ne statuera qu'après avoir entendu les parties, à savoir le plaignant et les officiers de la Bazoche.

Cette autorité s'affirme avec une nouvelle énergie sur la fin du XVI° et dans le courant du XVII° siècles, ainsi qu'on va le voir.

En 1580, M° Jehan Pijund, procureur au Parlement, exposait à la Cour qu'étant clerc il avait été Chancelier de la Bazoche ; qu'il avait cité devant elle des clercs du Palais en réparation de propos scandaleux tenus contre lui depuis qu'il était devenu procureur, mais qu'en haine de ce procès les Chancelier et Suppôts de la Bazoche le poursuivaient personnellement devant leur juridiction et voulaient le condamner, et attendu, disait-il, que la *juridiction de la Bazoche ne s'étendait que sur les clercs*

---

(1) Texte manuscrit des archives nationales, section judiciaire, tome X, 1611, page 154.

du Palais et non sur les procureurs, il demandait que tout ce qui avait été fait contre lui depuis qu'il était procureur fût cassé et annulé. La Cour, sur les conclusions du procureur général du roi, fit défense aux Chancelier et Suppôts de la Bazoche de faire aucune poursuite contre Pijund, sous peine d'amende arbitraire et plus grande animadversion s'il y échet (1).

Dans une contestation entre un sieur Joachim Boyvinet, avocat au Royaume de la Bazoche (2) et Hercule Fenou, aussi avocat audit Royaume, l'affaire ayant été portée au Parlement, la Bazoche intervint et la Cour rendit un arrêt qui, rappelant celui du 3 avril 1545, en maintient les dispositions, fait défense à Boyvinet et à Fenou et à tous clercs Bazochiens de se pourvoir ailleurs que par-devant le chancelier et officiers d'icelle, pour les débats qui pourront survenir entr'eux et contre eux. Cet arrêt règle la procédure à suivre en cas d'opposition ou d'appel, enjoint aux clercs d'obéir aux arrêts rendus par les officiers de la Bazoche, sous peine d'amende et de punition, et ordonne que les présentes défenses et injonctions seront publiées à l'audience de la Bazoche et affichées où besoin sera.

Il en est d'autres qui annulent des décisions rendues par divers magistrats contre les clercs de la Bazoche. De ce nombre sont : celui du 5 décembre 1630, qui renvoie devant les officiers de la Bazoche des clercs de procureur

---

(1) Archives nat., sect. jud., X, 1667, fol. 314.
(2) C'est à ce même Boyvinet que l'historien anonyme dédia son ouvrage sur la Bazoche, il devint chancelier postérieurement à cet arrêt.

en Parlement appelant d'une sentence rendue contre eux par le bailli du Palais; celui du 12 avril 1642, qui renvoie des clercs devant la Bazoche du Palais en suite de l'appel formé par l'un d'eux d'un décret de prise de corps rendu contre lui par le bailli du Palais ou son lieutenant, et faisant défense aux parties et à tous autres clercs de se pourvoir par devers le bailli et son lieutenant, et à ces derniers d'en connaître.

Le Parlement allait encore plus loin : non seulement il reconnaissait l'autorité de la Bazoche, mais encore il voulait que ses officiers fussent respectés. Ainsi Brillon (1) cite un arrêt du 21 janvier 1621, qui enjoint aux nommés Portelet et de Courcelles, et à tous autres, de porter honneur et respect aux officiers de la Bazoche; et, pour y avoir manqué, les condamne chacun à une amende de quarante-huit sols parisis d'aumône, et ordonne que ledit arrêt sera lu et publié à l'audience de la Bazoche, lesdits Portelet et Courcelles y étant, et *tête nue*, et affiché partout où besoin sera.

Il en cite encore un autre du 28 août 1636, qui maintient les nommés Gravey, Eveillard et autres, dans l'exercice de leurs charges, fait défense à tous clercs, suppôts et autres, de les y troubler, à peine d'être expulsés du Palais, et leur enjoint de reconnaître lesdits Gravey et autres pour leurs juges.

Ainsi donc, point de doute ; l'autorité historique est

---

(1) *Dictionnaire des arrêts de jurisprudence universelle des Parlements de France*, par Pierre-Jacques Brillon. On trouve ce curieux arrêt aux archives nat., sect. jud., X, 1615, fol. 216.

d'accord avec les monuments judiciaires : la juridiction bazochiale, reconnue ou simplement tolérée par les rois de France, était proclamée par la Cour souveraine: elle fonctionnait régulièrement aux XV°, XVI°, XVII° et XVIII° siècles. Mais, soit que cette juridiction n'eût pas été contestée au XIV°, soit enfin, ce qui est plus probable, que l'incendie du Palais, de 1618, n'ait pas permis aux auteurs de reproduire les décisions de cette Cour sur la juridiction des clercs pendant ce siècle, toujours est-il qu'il n'y a pas d'arrêts plus anciens que ceux qui viennent d'être analysés. Ce n'est pas que le Parlement n'eût de nombreuses occasions de s'occuper de la Bazoche, car dès le XV° siècle il interposa son autorité pour faire cesser les abus qui s'introduisaient dans leurs représentations théâtrales, et dès 1442 il condamnait à la prison, au pain et à l'eau, des clercs qui avaient joué un spectacle malgré ses défenses. Mais c'est une particularité remarquable que la plupart des premières décisions du Parlement parvenues jusqu'à nous soient relatives aux spectacles et aux satires des bazochiens, plutôt qu'à l'autorité judiciaire que leur société exerçait.

Quelle était l'étendue de cette juridiction ? Où commençait-elle ? Jusqu'où pouvait-elle aller en matière civile et en matière criminelle ? En un mot, quelle était la compétence de la Cour bazochiale ? Ici commencent, sinon les conjectures, du moins des hésitations que l'obscurité des documents ne légitime que trop.

Miraulmont dit que cette justice avait été établie « pour « cognoistre de tous différens meus entre eux, comme

« aussi des fautes, crimes et délits par eux faits et commis
« au fait de leur charge. »

Sur la compétence, Gastier admet que la Bazoche pouvait connaître de toutes les causes introduites devant elle par un clerc contre un clerc ou par un marchand contre un clerc; il ajoute que « le chancelier présidant la Cour porte la robe et le bonnet carré et que ses assesseurs ont des toques de velours et des habits noirs. »

L'historien anonyme parle aussi des débats *avec des particuliers pour raison desquels ils étaient poursuivis et traduits en diverses justices.*

L'avocat Favier restreint la compétence aux causes légères et aux débats de clercs.

Les arrêts du Parlement et de la Cour bazochiale ne nous donnent que peu d'éclaircissements à ce sujet ; le vague et l'obscurité des historiens subsistent. Ce qui paraît le plus évident, c'est que les procès à juger roulaient sur des questions purement personnelles. L'arbitraire semble être absolu pour les condamnations aux amendes.

Les arrêts rendus par la Cour bazochiale s'exécutaient par les saisies et ventes d'effets mobiliers. Certaines contraventions au règlement de la société se punissaient par la saisie des chapeaux et manteaux. La condamnation aux amendes variait suivant le degré de culpabilité.

De deux sentences du prévôt du Châtelet, l'une du 10 septembre 1631, qui renvoie par-devant les officiers et la justice de la Bazoche une cause entre un clerc du Palais et un maître savetier, l'autre du 12 juillet 1634, qui renvoie devant la même Cour une cause entre un clerc du Parlement et un maître passementier, il semblerait résulter, et cette opinion serait confirmée par ce que dit l'historien anonyme, que les actions personnelles, telles que les actions en paiement de fournitures de vêtements, de nourriture, de logement, à diriger contre un clerc, ne pouvaient se porter que devant les officiers de la Bazoche.

Brillon est de cet avis. Il constate aussi que les causes jugées se débattaient entre clercs pour restitutions de livres, linges et argent, ou contre eux en paiement des cordonniers, tailleurs, blanchisseuses, perruquiers et quelques *batteries et rixes entre et contre les clercs : toutes affaires légères et que les officiers sont en état de décider.*

Un arrêt de la Bazoche, du 24 mars 1599, portant création de la Bazoche de Loches, donne pouvoir à cette dernière de prononcer amendes arbitraires et plus grandes corrections, s'il y échet, contre les personnes qui mépriseraient ou insulteraient ses officiers et suppôts.

Il paraît hors de doute que la Cour prononçait des amendes arbitraires pour les cas de discipline et les contraventions aux règlements et statuts, et que, pour toutes autres condamnations, pour l'exécution de ses arrêts, saisies et ventes mobilières, elle suivait les formes ordinaires de la procédure et les lois en vigueur.

C'est ce que nous donne à comprendre l'historien anonyme par quelques mots qui terminent son mémoire. Il reproduit à la suite de son travail un assez grand nombre d'arrêts du Parlement et de la Cour bazochiale, mais il est assez difficile de se reconnaître dans ce dédale de dispositions, le plus souvent contradictoires. Il eût été préférable qu'il nous laissât un aperçu complet sur les peines et condamnations que les bazochiens pouvaient encourir disciplinairement, et sur la compétence de ces tribunaux bazochiens en matière civile et criminelle.

Au civil, on voit que, malgré les efforts qu'il fait pour donner de l'importance à sa société, il ne peut aller plus loin que Gastier et Brillon. Il reconnaît que sa compétence ne s'étendait pas au-delà des actions personnelles de clerc à clerc, ou intentées par des marchands ou autres particuliers contre les clercs, causes quelquefois renvoyées devant elle par le prévôt de Paris ou le bailli du Palais. Cependant, il l'érige en Cour d'appel connaissant à ce titre des décisions rendues par le prévôt Bazochial du Châtelet et par les autres bazoches du bailliage du ressort.

Nous n'avons trouvé aucune décision qui puisse confirmer le dire de l'historien anonyme sur cette dernière énonciation.

En matière criminelle, il serait plus difficile de déterminer le point où s'arrêtait la compétence de la Cour; elle allait certainement jusqu'à l'incarcération pour quelques jours, mais il n'est pas resté de traces indiquant qu'elle soit allée au-delà. Cependant l'arrêt du 14 juillet 1528 ordonne à la Bazoche de traiter amiablement ses suppôts, et aux gens tenant le conseil de la Bazoche *de traiter en bonne paix et amitié les suppôts d'icelui Royaume, de vivre dorénavant amiablement les uns avec les autres.* Celui du 15 avril 1545 fait défense aux bazochiens de faire aucunes *séditions, mutineries et dissentions, sous peine de prison et d'amende arbitraire.*

D'où l'on peut conclure que les dignitaires du Royaume punissaient avec une rigueur extrême les sociétaires, puisque le Parlement les rappelait à la douceur et à la modération.

Sur cette partie de la compétence de la Cour Bazochiale l'historien anonyme est à peu près muet ; s'il eût eu des documents, il ne se serait pas fait faute de les produire. Il en est réduit à un seul arrêt rendu le 12 avril 1642 en la Tournelle sur un appel d'une sentence du bailli du Palais, arrêt qui aurait cassé la décision de ce magistrat comme incompétemment rendue en matière criminelle, et aurait renvoyé devant la Bazoche un clerc *pour que les charges et informations* soient portées au greffe d'icelle. Cela est bien vague, et pour se prononcer il faudrait avoir le texte de l'arrêt sous les yeux.

Cependant il existe un arrêt du Parlement, antérieur à celui-ci, du 24 novembre 1601, qui décida que la Cour de la Bazoche ne pouvait connaître d'injures atroces entre clercs. Remarquons qu'au chapitre IIe des Statuts, il est dit que les avocat et procureur du Roy de la Bazoche ne pourront prendre aucun salaire pour les conclusions *civiles* ou *criminelles*. Ce dernier mot est significatif.

Toutefois, nous verrons encore un autre arrêt du 26 février 1656, qui fait défense aux bazochiens d'user d'aucune contrainte, ni de décerner aucun décret de prise de corps contre les clercs, ni de les faire emprisonner pour refus d'accepter la charge de trésorier.

Le chapitre des statuts relatifs au tarif des huissiers ne contient pas d'indication qui puisse nous guider ; il n'a trait qu'aux citations et aux actes d'exécution des arrêts de la Bazoche, mais il ne dit rien quant au coût des actes en matière correctionnelle ou criminelle.

En somme cette juridiction qui ne s'appliquait qu'aux choses légères, était encore importante si l'on songe que les clercs, les suppôts et artisans de la Bazoche, formaient une société qui s'est élevée jusqu'à dix mille hommes ; que les taverniers, tailleurs et fournisseurs ne pouvaient assigner les sociétaires que devant la justice bazochiale ; que chaque querelle, chaque contravention faisait l'objet d'un procès et se plaidait quelquefois solennellement ; que la manie de plaider était alors poussée à l'excès, et que les certificats de cléricature, que les officiers de la Bazoche seuls pouvaient délivrer, ont été, jusqu'à la fin du XVIIIe siècle, une source de débats irritants entre les patrons et la société des clercs. On verra qu'il y avait là des éléments importants pour occuper une Cour qui siégeait deux fois par semaine, et devant laquelle les avocats plaidaient longuement les affaires les plus futiles.

Le vague qui règne sur la compétence de la Cour Bazochiale disparaît quand il s'agit de son organisation judiciaire. Les Statuts, publiés en 1586, sont fort intéressants ; ils règlent les audiences, le nombre des dignitaires et les attributions de chaque officier de la Bazoche.

Les dignitaires du Royaume étaient le Roi de la Bazoche, puis, après la suppression de ce titre, le chancelier, qui avait les mêmes pouvoirs que le Roi, ou à peu de chose près, les maîtres des requêtes, le référendaire, le grand audiencier, ces deux derniers maîtres des requêtes extraordinaires, le procureur général et l'avocat du Roi, le procureur de communauté, quatre trésoriers, le greffier, quatre notaires et secrétaires, le premier huissier et huit autres huissiers, avec un aumônier. Ces dignitaires, jusqu'au trésorier inclusivement, étaient nommés à l'élection (1).

La Cour de justice se composait du chancelier ou du vice-chancelier président, assisté de sept maîtres des requêtes; les audiences se tenaient deux fois par semaine publiquement, les mercredi et samedi, à cinq heures du soir; cette heure fut ensuite changée en celle de midi.

D'après Félibien, le principal officier de la Bazoche après le Roi était le chancelier. Son élection se faisait tous les ans huit jours après la St-Martin. Il prêtait serment entre les mains du précédent chancelier, qui lui remettait les sceaux d'argent aux armes de la Bazoche. L'aumônier était chargé de distribuer aux pauvres les amendes, en présence du chancelier, et du procureur général.

Les décisions de la Bazoche frappées d'appel étaient

---

(1) Arrêt du Parlement, du 5 janvier 1636, qui fixe le mode à suivre pour l'élection du chancelier de la Bazoche et désigne les clercs appelés à donner leur suffrages.

Autre arrêt du Parlement, du 28 août 1636, qui maintient des officiers de la Bazoche troublés dans l'exercice de leurs fonctions.

Autre arrêt du Parlement, du 11 septembre 1636, rendu dans les mêmes circonstances.

Arrêt du Parlement, du 12 mars 1637, par lequel il est fait défense aux officiers de la Bazoche de tenir des audiences ordinaires ou extraordinaires sans le chancelier, et défense au chancelier de présider des audiences sans les dignitaires de la Bazoche.

jugées par la Bazoche elle-même ; mais, alors, la Cour était composée d'anciens membres de cette société pourvus d'offices, tels que procureurs au parlement et avocats, qui, en nombre déterminé, venaient siéger à côté des dignitaires de la Bazoche pour statuer sur les appels seulement (1).

Le procureur général, l'avocat général et le procureur de communauté étaient chargés de l'observation des règlements et ordonnances ; ils siégeaient et ne devaient prendre aucun salaire pour la *visitation* des procès, charges et informations qui leur seraient communiqués. Le greffier était aussi tenu d'assister aux audiences ; il se faisait remplacer par un notaire en cas d'empêchement ; il était dépositaire des archives. Le premier huissier avec son mortier appelait les causes ; les autres huissiers, en habit décent, avec le bonnet et la verge, faisaient le service.

Enfin, tous les avocats reçus au Royaume de la Bazoche devaient aussi assister aux plaidoiries, tant ordinaires qu'extraordinaires, en habit décent, à peine de confiscation de chapeaux.

---

(1) Arrêt du parlement, du 17 mars 1634, décidant que les appellations des arrêts de la Bazoche ne seront pas recevables.

Arrêt de la Bazoche, du 18 juin 1632, portant que les procureurs en Parlement, ci-devant officiers de la Bazoche, assisteront le chancelier pour l'exercice de la justice, faute d'officiers de la Bazoche. Cependant il existe un arrêt de la Bazoche, du 30 janvier 1630, qui déboute un procureur au Parlement de sa demande de siéger comme vice-chancelier.

Autre arrêt de la même Cour, du 1er février 1630, décidant qu'il n'y aurait que six procureurs ayant voix délibérative.

Les procédures et les instructions se faisaient à la Bazoche par les clercs qui étaient reçus avocats (1) et qui plaidaient pour les parties. Les requêtes présentées à la Cour étaient intitulées : *A nos seigneurs du Royaume de la Bazoche;* on employait le papier timbré pour ces requêtes, ainsi que pour toutes les procédures.

Cependant, Gastier prétend qu'à une certaine époque on ne faisait point de procédure ; que sauf les exploits d'assignation tout s'y faisait verbalement, et quand, ce qui était rare, une affaire s'instruisait, on distribuait à tour de rôle le sac aux maîtres des requêtes.

Les audiences de la Bazoche n'étaient pas seulement remplies par la discussion des procès dont elle pouvait connaître, elles étaient des sortes de conférences où se débattaient des causes fictives, sortes de luttes judiciaires dans lesquelles les sociétaires s'appliquaient à l'étude et à l'interprétation de lois en vigueur, et à la mise en pratique des termes du barreau, des règles de la procé-

---

(1) Dareau, dans son article sur la Bazoche, au *Répertoire de Jurisprudence* de Guyot, nous a conservé la formule de cette réception :

« Les chanceliers et officiers du Royaume de la Bazoche du Palais à Paris, à tous ceux qui ces présentes verront, salut. Sur la présentation faite à la Cour par Mᵉ ......, ancien avocat au dit Royaume, de la personne de Mᵉ Pierre-Antoine ......, clerc au Palais, pour être admis au serment d'avocat, ouï sur ce......, avocat général, la Cour a reçu et reçoit ledit ..... au serment d'avocat, et l'invite à plaider. Fait et donné audit Royaume de la Bazoche, l'audience tenant, le mercredi 27 avril 1768. Par la chambre, signé...... Collationné, etc.

Cette matricule s'expédie en parchemin timbré, et au bas des signatures on ajoute ce qui suit :

« Vu par nous bâtonnier des avocats du Royaume de la Bazoche du Palais à Paris, pour être inscrit sur le prochain tableau conformément aux règlements généraux, à Paris ce 3 mai 1769. Signé......, »

dure et des coutumes du Palais (1). C'est là certainement l'origine des conférences, qui, de nos jours, existent encore pour les jeunes avocats dans les barreaux des grandes villes.

Tous les ans, à la Saint-Martin, après l'ouverture des audiences de la Cour du Parlement, et le mercredi suivant, la Bazoche ouvrait les siennes, qui se tenaient deux fois la semaine en la chambre Saint-Louis, au Palais. Le jour de l'ouverture se faisait en grand apparat, des harangues se prononçaient comme au Parlement, et il était donné lecture du tableau des avocats et des ordonnances.

La formule exécutoire de la Bazoche était celle-ci : « *La Baʒoche régnant de triomphe et tiltre d'honneur, salut;* et ses arrêts se terminaient par ces mots : *Fait audit Royaume le.....* »

La société des clercs du Palais, fondée au commencement du XIVe siècle, se soutint avec une fortune diverse jusqu'en 1789, en conservant ses droits principaux et ses prérogatives essentielles. Sa juridiction se maintint dans les limites que lui avaient assignées l'autorité royale et le Parlement qui, plus d'une fois, résistèrent aux envahissements naturels aux sociétés organisées sur les bases des corporations de métiers. On est frappé d'étonnement, toutefois, lorsqu'on pénètre au cœur de cette organisation et qu'on réfléchit que, pendant cinq siècles, cette société a résisté aux modifications politiques et aux phases subies par la magistrature française.

---

(1) Voir l'article de M. Dareau.

La juridiction exceptionnelle accordée à la Bazoche rappelle les priviléges et immunités accordés aux écoliers de l'université, qui, dans beaucoup de cas, ne pouvaient être jugés que par leurs maîtres ou par l'évêque de la ville. Philippe le Bel confirma ces priviléges qui avaient été octroyés par les plus illustres de ses prédécesseurs, Philippe-Auguste, saint Louis, Philippe le Hardi, et c'est ce qui explique suffisamment les libertés dont il couvrit le berceau de la société des clercs composée en grande partie d'écoliers sortis de l'université.

Mais les meilleures choses ont leurs abus. Les clercs ne tardèrent pas à oublier leur origine pour faire une redoutable concurrence aux procureurs. Ils se firent légistes, agents d'affaires, et se livrèrent à une postulation illicite sous le couvert de procureurs qui, par intérêt, trahissaient leurs confrères en prêtant leur ministère aux clercs postulants. Le Parlement, sur les plaintes de la corporation des procureurs, eut en bien des circonstances à intervenir pour mettre fin à ces abus et il rendit de nombreuses décisions dont les principales datent des 15 décembre 1595, 21 novembre 1600, 15 avril 1602, 20 novembre 1610, 20 novembre 1624 et 10 juillet 1627.

Une des prérogatives les plus importantes de la société des clercs était celle qui lui avait été accordée, de délivrer elle-même les certificats de cléricature pour les fonctions de procureur. Ce droit était, sans contredit, celui auquel les bazochiens tenaient le plus ; il constituait à leur profit un monopole, en ce sens que les titulaires ne pouvaient céder leur offices qu'à un clerc de la Bazoche.

Au XVIIIe siècle, des débats nombreux et irritants s'élevèrent entre la communauté des procureurs et le Royaume de la Bazoche, relativement à ces certificats. Ainsi, en 1711, la communauté des procureurs crut pouvoir donner un *admittatur* à deux postulants qui se présentaient pour des offices de procureurs, sans être munis des certificats préalables de la Bazoche. Cette dernière y forma opposition, un procès s'engagea et fut terminé par un arrêt du 7 septembre 1713. Cet arrêt maintint les officiers de la Bazoche dans la possession de leurs droits de vérifier le temps de cléricature exigé de chaque candidat. Ce temps, qui avait été d'abord de quatre années (1), avait été porté plus tard à dix, ainsi qu'il résulte d'un règlement du 6 août 1697. Ce même arrêt obligea les officiers de la Bazoche à avoir un registre d'inscription, dont ils devaient délivrer un extrait à première sommation et sans frais. En cas de refus, les récipiendaires pouvaient se pourvoir à la communauté des procureurs, qui avait alors le droit de donner un *admittatur*, si le temps de Palais était suffisamment établi (2).

---

(1) L'ordonnance de François Ier, donnée à Saint-Jean-d'Angely le 11 février 1519, porte, article 18 : « Que nul ne sera reçu procureur qu'il n'ait quatre ans de pratique et ne soit âgé de 25 ans; » et, par un édit donné à Compiègne le 24 septembre 1539, il veut qu'ils soient examinés à l'Audience. Avant l'examen, le candidat devait justifier de son temps de Palais par un certificat de la Bazoche. Ce temps de Palais n'était que de quatre ans, conformément à l'ordonnance de 1519.

(2) Les certificats que les récipiendaires peuvent rapporter des procureurs chez lesquels ils ont travaillé, ne doivent pas empêcher, est-il dit, l'examen que les procureurs *ont accoustumé de faire du temps de Palais des récipiendaires avant de leur accorder leur* admittatur.

Ces dispositions n'éprouvaient d'exception que pour les fils de procureurs et les avocats. Les officiers de la Bazoche furent pareillement maintenus dans le droit de percevoir de chacun des récipiendaires quinze livres pour le droit de chapelle, lorsque le certificat de temps de Palais leur serait délivré; mais il fut fait défense à ces officiers d'exiger des clercs et des récipiendaires aucun autre droit à titre d'entrée ou de sortie, soit en argent, jetons ou repas, à peine d'interdiction de leurs fonctions et de cinq cents livres d'amende, et, en cas de récidive, sous peine de mille livres d'amende, de privation pour toujours de leurs fonctions et déchéance de pouvoir être admis aux offices de procureur; enfin, comme dernière disposition, il fut ordonné qu'en cas de plainte sur l'exécution de cet arrêt, les récipiendaires, les officiers de la Bazoche et les procureurs de communauté se retireraient devant le parquet pour faire trancher la question par les gens du Roi.

En 1730, les officiers de la Bazoche prirent une délibération pour exécuter d'une manière plus précise l'arrêt de 1713. Le Parlement, par une nouvelle disposition du 24 mai 1730, homologua cette délibération, et décida que les clercs travaillant dans les offices de procureurs seraient tenus de se faire inscrire sur le registre des officiers de la Bazoche, et que ceux qui avaient négligé cette formalité devaient la remplir dans les trois mois; qu'à défaut par eux, ils seraient déchus de cette grâce, et ne seraient réputés demeurer chez les procureurs que du jour où ils seraient inscrits. Cet arrêt ordonna, en outre, que les procureurs auraient un registre où ils inscriraient le nom des clercs occupés par eux, conformément à un autre arrêt du 20 mars 1722. Cet arrêt d'homologation fut lu et publié à l'audience de la Bazoche, signifié à la Communauté des procureurs, et copies imprimées en furent envoyées à tous les procureurs du Parlement (1).

En 1743, une nouvelle contestation s'éleva à propos de l'*admittatur* donné par la communauté des procureurs à M. Nicolas Moreau de Prémont. Le 8 février 1744, le Parlement rendit un arrêt qui ordonna de nouveau qu'un registre d'inscription serait tenu par les premiers officiers

---

(1) Dareau nous a conservé le texte de ces diverses dispositions :
« *Extrait des registres de la Bazoche du Palais, à Paris.* — Sur ce que le
« procureur général a judiciairement remontré à la Cour (de la Bazoche)
« qu'elle a obtenu un arrêt de Nos Seigneurs de la Cour du Parlement
« le 24 mai présent mois, portant homologation d'une délibération par
« elle rendue le 1er février 1730; que pour l'exécution de cet arrêt il re-
« quérait qu'il lui plût ordonner qu'il serait présentement lu et publié,
« l'audience tenante, par le greffier de la Cour, qu'il serait signifié à la
« communauté des procureurs du Parlement, en la personne de leur
« greffier, pour qu'ils aient à s'y conformer, et à tous les clercs du Palais,
« en la personne de M. Barbier, leur procureur, pour qu'ils aient aussi
« à s'y conformer, et que même il soit imprimé, à la diligence du tré-
« sorier de la Cour, à l'effet d'envoyer copies imprimées chez tous les
« procureurs de la Cour du Parlement.

« La Cour (de la Bazoche), faisant droit sur le réquisitoire du procu-
« reur général, ordonne que ledit arrêt de Nos Seigneurs du Parlement,
« dudit jour 24 mai 1730, sera présentement lu et publié par le greffier
« de la Cour, l'audience tenante, et, après que lecture et publication en
« auront été faites, ordonne que ledit arrêt sera signifié à la communauté
« des procureurs du Parlement, en la personne de leur greffier, et à tous
« les clercs du Palais, en la personne du sieur Barbier, leur procureur,
« pour qu'ils aient à s'y conformer; et qu'à la diligence du trésorier de
« la Cour, ledit arrêt sera imprimé, et copies imprimées seront en-
« voyées chez tous les procureurs de ladite Cour du Parlement, pour
« qu'ils n'en puissent ignorer et aient à s'y conformer. Prononcé en la
« chambre St-Louis, à l'audience de la Bazoche tenante, le 27 mai 1730.
« Signé Daminois, greffier. »

de la Bazoche, sur lequel les clercs devaient se faire inscrire, sinon qu'ils ne pourraient être reçus aux offices de procureur; que les clercs, après leurs dix années d'inscription, devraient, pour être admis aux offices de procureur, déposer au greffe de la Bazoche, sous le certificat du greffier, les pièces justificatives de leur exercice; que les officiers de la Bazoche seraient tenus de délivrer leur certificat dans les trois jours du dépôt fait en leur greffe, toutefois ce certificat ne pouvant empêcher l'examen que les procureurs avaient coutume de faire, soit du temps de Palais, soit de la capacité du récipiendaire. Enfin, les procureurs ne pouvaient délivrer leur *admittatur* avant que le récipiendaire ne leur eût représenté le certificat des officiers de la Bazoche, et, si les officiers de la Bazoche refusaient de délivrer ce certificat, ils devaient être mis en demeure par une sommation, après quoi la communauté des procureurs pouvait délivrer l'*admittatur*, si le temps de Palais était suffisamment établi. S'il survenait des oppositions de la part des officiers de la Bazoche, les parties devaient se retirer au parquet.

Ces diverses dispositions étaient rigoureusement suivies au XVIII° siècle, et le Parlement n'interposa son autorité qu'à de rares exceptions. Cependant, en 1770, les officiers de la Bazoche ayant refusé à un sieur Calviniac le certificat d'inscription dont il avait besoin, parce qu'il lui manquait quelques années de cléricature, ce dernier se pourvut au Parlement, qui, eu égard à sa capacité et à son temps de travail, *pour cette fois seulement et sans tirer à conséquence*, ordonna aux officiers de la Bazoche de délivrer le certificat au sieur Calviniac sinon que l'arrêt vaudrait certificat. Cet arrêt est du 21 février 1770.

Peu de temps après, une nouvelle contestation s'éleva à propos d'un nommé Garrot, qui avait exercé comme procureur pendant près de douze années dans un bailliage et dans un présidial, et qui crut pouvoir se passer d'un certificat de la Bazoche. Les clercs formèrent encore opposition à son *admittatur*, et la Cour, en cette occasion, crut encore devoir se relâcher de l'austérité de la règle, et, sans tirer à conséquence, décida que Garrot pourrait poursuivre les provisions de son office sur l'*admittatur* des procureurs de communauté, lequel tiendrait lieu, pour cette fois, des certificats des officiers de la Bazoche.

Nous aurons l'occasion, dans la suite de cette étude, de citer un grand nombre de décisions du Parlement, de la Chambre des comptes, des Eaux et Forêts, de la Cour des Aydes, des sentences du Châtelet. Ces diverses autorités judiciaires seront relatives aux cérémonies, coutumes et spectacles de la société qui nous occupe.

DEUXIÈME CHAPITRE

Le Roi de la Bazoche. — Singuliers priviléges des Bazoches d'Orléans et de Chartres. — Les béjaunes. — Origine d'un proverbe. — La montre générale des Clercs. — La montre des officiers du Châtelet. — Caractère de ces cérémonies. — Les bazochiens soldats. — Expédition de la Guyenne. — Le Pré aux Clercs. — Les clercs et les moines de l'Abbaye de Saint-Germain. — Leurs querelles. — Armoiries de la Bazoche. — Les plantations du mai. — Curieuses fonctions des trésoriers de la Bazoche. — Singulier procès. — Monnaie de la Bazoche. — Le médaillon du musée d'Autun.

E chef suprême de l'association des clercs s'appelait le Roi de la Bazoche, de même qu'on appelait Roi des Merciers celui qui avait autorité sur les merciers, Roi des Ribauds celui qui avait *connaissance* sur les ribauds et mauvais garçons, Roi des Arbalétriers, Barbiers, Arpenteurs, Armuriers, Archers, etc., *Rex Arbalestrariorum*, *Rex Armariorum*, *Rex Arcariorum*, etc.

Tous les clercs obéissaient à leur Roi, dit Félibien dans son *Histoire de Paris* :

« Tous sont sous la puissance du Roi de la Bazoche, seul chef souverain de tous les suppôts de son Royaume, c'est-à-dire des clercs et praticiens de la Cour de Parlement et autres juridictions du ressort de cette Cour. »

Le Roi de la Bazoche portait la toque, à l'imitation de Sa Majesté; le chancelier portait seulement le bonnet et la robe.

Pour être bazochien il fallait être célibataire, et n'être pourvu d'aucun titre, soit d'avocat, soit de procureur. Cependant il y avait dans le royaume, des artisans attachés spécialement à la Bazoche. L'historien anonyme nous les désigne; c'étaient: un barbier ordinaire, un chirurgien, un médecin, un peintre, un rôtisseur, un orfèvre, un pâtissier, un cuisinier, un huissier buvetier, un papetier, un gantier, et quantité d'autres, qui étaient obligés de mettre pour enseigne à leur maison les armes de la Bazoche.

Philippe le Bel aurait donné à la Bazoche le pouvoir d'établir des juridictions bazochiales inférieures dans les siéges royaux du Parlement de Paris, à condition que les prévôts de ces juridictions rendraient foi et hommage au Roi de la Bazoche, et obéiraient à ses mandements, et que l'appel de leurs jugements serait porté devant lui ou son chancelier.

Il existait des sociétés de la Bazoche à Lyon, à Grenoble, à Dijon, à Bordeaux, à Marseille, à Aix, à Avignon, à Poitiers, à Chaumont, à Loche, à Verneuil, à Moulins, à Orléans, à Chartres et à Toulouse; il y en avait dans presque toutes les principales villes de France, avec des prérogatives diverses. Ainsi la Bazoche d'Orléans avait la coutume de percevoir une somme de douze livres seize sous, sur tous les officiers qui se mariaient dans l'étendue du bailliage d'Orléans. Ce droit s'appelait *droit de ban*. Lorsqu'il survenait quelques contestations à ce sujet, le présidial en était juge en dernier ressort.

La Bazoche de Chartres percevait trente sous pour chaque lettre de *bec-jaune* accordée par le présidial à tous les clercs nouvellement reçus et travaillant chez les procureurs en l'Élection. Elle obligeait chaque suppôt de la Bazoche, suivant l'ordre de sa réception, d'offrir un pain à bénir à la messe qui se disait au Palais le premier dimanche de chaque mois. La Bazoche de cette ville avait encore l'habitude de percevoir cinq livres quatorze sous à chaque mariage des personnes notables ou roturières dont les bans se publiaient dans l'une des paroisses de la ville, à l'exception, néanmoins, des personnes appartenant au corps des marchands. Elle avait sept places franches à tous les spectacles de la ville, pour le président et les autres officiers de la Bazoche. Enfin, elle avait coutume de faire la publication de tous les traités de paix, sous les drapeaux et à la tête des fourriers et gardes de la ville, avec les instruments ordinaires en pareille cérémonie. Elle portait les drapeaux devant le corps de l'hôtel-de-ville, lorsqu'il assistait au *Te Deum* chanté en action de grâces de quelque heureux événement.

On pourrait multiplier les citations des coutumes et prérogatives bizarres dont les sociétés de clercs étaient en possession dans les diverses villes de province ; mais il en est une qui paraît avoir été générale dans toutes les associations de ce genre : nous voulons parler du droit de réception que les clercs payaient à leur entrée dans la société.

A Paris, une des fonctions les plus importantes des trésoriers était de recevoir les *bec-jaunes*, et de leur faire payer la bienvenue accoutumée, qui était d'un teston du roi pour l'ordinaire, et du double pour les nobles, à cause de leur qualité plus relevée (1). C'est de là qu'est venu ce proverbe, qui est encore d'usage dans le langage familier : « Payer son bec-jaune ou sa bienvenue. » Les clercs de la Bazoche appelaient bec-jaune tout solliciteur ou récipiendaire qui demandait à entrer dans la communauté. Cette métaphore s'explique par ce fait, que les jeunes oiseaux, avant de prendre des plumes et de chanter, ont en général le bec jaune.

L'initiation aux usages et aux coutumes de la Bazoche était considérée comme une éducation hors de laquelle il n'y avait qu'ignorance et ténèbres. Un clerc, reçu bazochien, était digne de voler de ses propres ailes; c'était un personnage, un homme fait ; l'écolier bec-jaune était bien au-dessous de lui, et ne méritait aucune considération.

. . . . Sommes-nous béjaunes
Ou cornarts (2)? Où cuidez-vous estre?

dit le juge dans la farce de l'*Avocat Pathelin*; c'est-à-dire : Sommes-nous des niais, des imbéciles? Nous prenez-vous pour des enfants? Cette importance, qu'on trouvera puérile aujourd'hui, était très-sérieuse, à ce point que tous les fils de famille, quelques nobles mêmes, tenaient à

---

(1) Le teston du roi valait dix sols sous Louis XII, douze sols sous Charles IX, puis s'éleva plus tard jusqu'à trois livres. Vers le milieu du XVIIe siècle, ce droit fut supprimé.

(2) Cornart ou conart veut dire sot. Il y avait à Rouen une société de cornarts; elle était à peu près semblable à celle des Enfants Sans-Souci, de Paris, et à celle de la Mère-Folle ou Mère-Sotte, de Dijon.

faire partie de cette compagnie d'où sortirent les plus hauts dignitaires de la magistrature et les célébrités du barreau.

Le paiement d'un droit de bienvenue était une tradition universitaire. Crevier nous apprend que sur les registres de la nation d'Angleterre, maître Nicolas de Suède, nommé procureur ou chef de nation, paya au collége ou nation un écu qui fut bu de suite à une taverne rue St-Jacques (1). Ce droit était perçu de tous les écoliers qui se faisaient recevoir dans les colléges ou qui, par suite, y obtenaient une charge.

Pierre Lambecius, le bibliographe allemand, prétend que la définition de Béjaune, en latin *Beanus*, se trouve dans un acrostiche fait avec ce mot (2) et qui voudrait dire : le Béjaune est un être ignorant la vie des étudiants.

La Roche Flavin, dans son livre des parlements de France, parle de ce droit, au chapitre qu'il consacre à la Bazoche (3).

Bachelier, d'après Floquet, qui cite cet usage au XIV⁰ siècle, voulait dire imbécile ou béjaune (4).

Cette coutume de percevoir un droit de bienvenue s'est perpétuée fort longtemps. « Anciennement, dit Brillon, « dans son *Dictionnaire des Arrêts du Parlement de « France*, nul n'était reçu clerc, ni praticien, qu'il n'eût « pris lettre du Roi de la Bazoche. » La taxe était d'un écu. Ce droit devint plus tard, entre les mains des officiers de la Bazoche, une exigence telle, que le Parlement fut obligé d'intervenir. Ainsi, les bazochiens voulaient assu-

---

(1) Crevier, Histoire de l'Université, tome III, page 103.
(2) Beanus Est Animal Nesciens Vitam Studiosorum.
(3) Pages 170 et 171.
(4) Floquet, Histoire du Parlement de Normandie, tome 1ᵉʳ, page 77.

jettir à ce droit les parties qui plaidaient, les solliciteurs et les clercs des conseillers. Un arrêt du 2 juin 1526 leur fit défense, sous peine d'être privés de l'entrée du Palais, d'exiger de l'argent des uns ni des autres. Ces défenses furent réitérées le 3 mars 1533, sur les plaidoiries de la cause du procureur Ségalas, qui, à l'occasion de cette prétention, avait donné un soufflet à un dignitaire de la Bazoche.

Le droit d'entrée ou bienvenue varia suivant les époques. Nous devons à l'obligeance de M. Le Roux de Lincy· la communication d'un document très-curieux, relatif à la perception de ce droit; c'est l'original d'une quittance délivrée à un clerc par les trésoriers du Royaume de la Bazoche (1).

Malheureusement cette quittance n'indique pas la somme qui était perçue alors pour droit d'entrée.

Les ordonnances de Philippe le Bel, qui instituaient le Royaume de la Bazoche, obligèrent, s'il faut en croire les historiens, les grands fonctionnaires de cette société de faire faire, chaque année, à Paris, la montre de tous les clercs du Palais. Cette montre se faisait en forme de carrousel, sur les mandements du Roi de la Bazoche, envoyés à ses princes et sujets, avec ordre de se trouver à Paris, sous peine de grosses amendes.

Sur son invitation, les clercs et suppôts se rendaient

---

(1) Nous, trésoriers, recepveurs généraulx du Royaulme de la Bazoche, certifions avoir eu et reçu de Jehan Lemaistre, clerc de Me Michel de Sertes, procureur au Parlement, son droict d'antrée et bienvenue audit Royaulme, dont nous le quittons. Tesmoings nos sceings cy mis. A Paris, le cinquiesme jour de décembre mil six cent vingt-huit, et de notre règne le perpétuel. Signé Baudot, Bicard, Demallevaud, Léfébure.

à Paris, se divisaient par compagnies de cent hommes, choisissaient un colonel, un capitaine, des lieutenants, des porte-étendard, et parcouraient la ville à la suite de tous les officiers de la Bazoche, à cheval, revêtus de costumes magnifiques, précédés de tambours et de hautbois; les fêtes se terminaient par des danses, des jeux (1), et, plus tard, par des moralités, farces ou sotties que jouaient les sociétaires. Il est à remarquer que chaque capitaine ou chef de bande adoptait un costume dont les membres de sa compagnie étaient tenus de se revêtir.

La montre des clercs du Palais attirait, de coutume, un si grand concours de peuple, que François 1er manda au Parlement qu'il se rendrait un certain jour dans la ville de Paris pour voir cette cérémonie. Les clercs du Palais en ayant eu avis firent demander au Parlement par son avocat général, qu'il voulût bien vaquer pendant les jours que devait durer la fête.

Dans sa requête adressée au Parlement, Antoine Ménard, son avocat général, exposa que les clercs ayant l'intention de faire leur montre et de jouer à la Saulsaie, fête à laquelle le roi de France devait assister, la Bazoche devait se montrer en triomphant équipage; mais qu'il lui fallait du temps pour se préparer, que d'un autre côté l'assemblée devant se faire au Palais, *il se ferait grand bruit et tumulte en la grand'salle par les tambours et phifres qui sonneraient :* c'est pourquoi il demanda que la cour voulût bien vaquer entièrement. Le Parlement

---

(1) Ce mot jeu entraînait toujours au moyen âge l'idée d'une représentation théâtrale. Les mystères, les moralités, les farces, les sotties, étaient des jeux; *Li Jus de Saint-Nicholai*, mystère de Saint-Nicolas.

fit droit à cette requête par arrêt du 25 juin 1540.

Par un autre arrêt du 31 décembre 1562, il permet à la Bazoche, de passer et repasser par la ville de Paris, de nuit et de jour, avec ses joueurs d'instruments ayant flambeaux et torches pour donner des aubades suivant sa coutume (1).

Il est à peu près certain, bien que cela paraisse singulier, que les rois de France obligèrent les clercs à faire, tous les ans, la montre générale des membres de leur société, et que le Parlement crut devoir rendre des arrêts pour les contraindre à remplir ce qu'il considérait comme une obligation. On pourrait penser que cette manifestation était plutôt une fantaisie des clercs, jaloux de faire parade de leur magnificence et de la puissance de leur association. A cet égard, le champ des suppositions est ouvert, mais il faut croire que c'était tout simplement pour servir de spectacle au peuple que ces montres étaient ordonnées. Du reste, elles devaient être tolérées chez ces jeunes gens, puisque, de temps immémorial, et jusqu'à la révolution de 89, nous voyons les officiers du Châtelet eux-mêmes parcourir la ville en grande pompe.

Cette cérémonie du Châtelet s'accomplissait toujours le lundi après le dimanche de la Trinité. Ce jour-là, le cortége allait rendre visite au chancelier de France, au premier président du Parlement, au procureur général et au prévôt de Paris. La marche était ouverte par une musique guerrière, que suivaient des individus portant les attributs d'une justice militaire : casque, cuirasse, gantelet, bâton de commandement et la main de justice.

(1) Archives nationales, Section judiciaire, tome X, 1604, fol. 117.

Venaient ensuite quatre-vingts huissiers à cheval, cent quatre-vingts sergents à verge, tous en habits courts, de diverses couleurs, puis cent vingt huissiers priseurs, vingt huissiers audienciers, couverts de leur robe de Palais, douze commissaires au Châtelet, en robe de soie noire, un des avocats du Roi, un des lieutenants particuliers et le lieutenant civil, tous en robe rouge. Le cortége était fermé par les greffiers et quelques huissiers.

Il ne faut voir dans cette pompe extérieure que des coutumes du moyen âge et des vestiges de la féodalité, sortes de manifestations publiques, par lesquelles les associations signalaient leur existence. Toutes les corporations, alors, tâchaient de cacher, sous des dehors éclatants, sous des titres pompeux, la faiblesse de l'organisation de la plupart d'entr'elles et le peu d'importance de leurs prérogatives. Cependant la Bazoche du Parlement avait, comme société, une importance réelle, tirée de sa force numérique, du caractère entreprenant de ses affiliés et de l'utilité de son organisation. Au fond, il y avait aussi, de la part des magistrats, un certain amour-propre et un peu de vanité dans ces sortes de processions. Le Parlement n'était pas fâché de produire au grand jour cette espèce d'armée, composée de jeunes gens hardis, entreprenants et belliqueux, qu'il tenait à sa disposition, et sur laquelle il aurait pu s'appuyer, au besoin, comme les rois de France s'appuyaient sur la magistrature.

Les cérémonies et coutumes des corporations de clercs, dans toute la France, sont donc aussi à ce point de vue très-intéressantes pour l'étude de cette époque. La bourgeoisie ou plutôt la troisième classe de la société, qui n'était rien alors, saisissait toutes les occasions pour manifester son existence par des pompes et des cérémonies éclatantes. Outre les fêtes religieuses, auxquelles elle était toujours associée, telles que les fêtes d'Épiphanie, des Innocents, la fête de l'Ane, et même la fête des Fous, les cérémonies de la Fête-Dieu, à Aix, les processions du Dragon *Bailla*, à Reims, de la *Gargouille*, à Rouen, de la *Tarasque*, à Tarascon, outre les fêtes patronales *Dukasses* et *Kermesses*, il y avait encore les solennités des confréries militaires de l'Arquebuse, des Archers, des Arbalétriers. Les corporations avaient leurs cérémonies, qui prenaient le nom de *Serments*, *Métiers*, *Devoirs*, *Confréries*. Parmi les fêtes de corps et de communauté des écoliers et des universités, on peut citer le *Lendit*, la fête du Mai, la Saint-Charlemagne, la Saint-Nicolas, la Sainte-Catherine, et, pour le Parlement, la *Baillée aux Roses*. Mais les fêtes des clercs de la Bazoche tenaient une large place dans cette nomenclature des réjouissances publiques. A leur plantation de mai, montres et jeux, il faut rattacher la fête des Badins, Turlupins, Enfants Sans-Soucis, la fête des Conarts ou Cornarts, de Rouen, celle de la Mère-Sotte, de Dijon, celle de l'Abbé de Maugouverne, à Poitiers, de l'Empereur de la Jeunesse, à Lille, de l'Abbé de Liesse, à Arras, les sociétés du prince de Haute-Folie, du prince du Bon-Temps, du prince de la Lune, à Clermont (1).

Les associations de clercs à Paris avaient une espèce d'organisation militaire. Plusieurs fois, elles eurent

---

(1) Voir les *Mémoires de Fléchier*, sur *les Grands-Jours d'Auvergne*, édition Hachette, 1856, pages 283 et suivantes.

occasion de prendre les armes pour la défense de la patrie et de la royauté.

Ainsi, en 1548, le peuple de la Guyenne se souleva, indigné qu'il était des exactions commises dans la perception des droits nouveaux que les gabeleurs et fermiers du sel leur avaient imposés. Henri II envoya dans cette province le connétable de Montmorency avec une puissante armée. Les clercs de la Bazoche prirent part à cette expédition.

D'après l'historien anonyme, ils s'offrirent au nombre de six mille et se conduisirent si vaillamment que le Roi leur donna de grandes récompenses, et entr'autres un lieu de promenade sur le bord de la Seine qui prit le nom de Pré aux Clercs, l'autorisation de couper des arbres dans les forêts royales, et une allocation annuelle en argent pour les frais de leurs montres, jeux et plantations de mai.

La prairie de cent arpents, appelée le Pré de la Seine, donnée par Henri II, n'est autre chose que le terrain sur lequel les bazochiens avaient coutume de faire leurs jeux, et qui est désigné sous le nom de Saulsaye dans l'arrêt du Parlement du 25 juin 1540, déjà cité.

Quant aux secours en argent que le Royaume de la Bazoche recevait de la chancellerie, Miraulmont les reconnaît et les constate; il ajoute qu'elle donnait encore les gants et la livrée du Royaume de la Bazoche, qui sont de taffetas jaune et bleu.

On ne trouve nulle part la preuve de l'intervention de la Bazoche comme force militaire dans les troubles de la Guyenne; il faut donc laisser à l'historien anonyme toute la responsabilité de ses allégations relativement à cette expédition et à la cession de terrain faite à la Bazoche par Henri II, après l'apaisement de l'insurrection.

Toutefois, Gastier semble croire que le Pré aux Clercs avait été donné par Henri II aux écoliers, à la suite de l'expédition du connétable de Montmorency (1).

Nous avons vainement cherché la preuve du concours militaire donné par les bazochiens à Henri II, et, nous devons le dire, les historiens ne sont point aussi affirmatifs que Gastier. Nous croyons même qu'il commet une erreur facile à rectifier.

L'année 1548 fut, en effet, signalée à la fois par la révolte de la Guyenne et par les séditions des écoliers, qui le 4 juillet, se portèrent en armes contre l'abbaye de Saint-Germain-des-Prés, assiégèrent les moines, firent des brèches aux murailles du grand clos et des jardins, brisèrent les arbres fruitiers, arrachèrent les vignes et mirent le feu à plusieurs maisons. Les tentatives de répression faites par le prévôt ne firent qu'accroître l'exaspération des écoliers contre les religieux; les dévastations continuèrent; le Parlement fut obligé d'intervenir.

Les clercs de la Bazoche jouèrent un rôle important dans cette sédition, au dire d'Egasse du Boulay dans son histoire de l'Université de Paris.

A la suite d'un long exposé de l'affaire, cet historien donne *in extenso* l'arrêt rendu par le Parlement le 10 juillet de la même année. Nous demandons au lecteur la

---

(1) Belleforest, témoin oculaire de cette insurrection et de la manière dont elle fut réprimée, ne fait aucune mention de la présence des clercs dans l'armée royale, composée, dit-il, de bon nombre de noblesse et de lansquenets. *(Annales de France, liv. V, ch. 68.)*

permission de l'analyser ; il y est question des clercs de la Bazoche.

Les moines de l'abbaye de Saint-Germain avoisinaient le Pré aux Clercs ; ils s'y livraient à des empiétements qui donnaient lieu, de la part des écoliers, à des représailles qui se terminaient assez souvent par des meurtres et des incendies. Ainsi, en 1163, une discussion de cette nature s'était élevée entre les moines de Saint-Germain et les écoliers ; elle fut déférée au concile de Tours, qui donna gain de cause aux moines. En 1192, les écoliers, qui regardaient toujours ce pré comme leur propriété, y commirent divers excès ; une lutte s'ensuivit avec les habitants du bourg Saint-Germain ; un écolier y fut tué ; les deux parties en référèrent au Pape, qui ne se prononça pas. En 1215, un règlement trancha la question de propriété en ces termes : « Quant au Pré de Saint-Germain, autrement dit le Pré aux Clercs, il restera aux écoliers dans l'état qu'il leur a été adjugé. »

On le voit, la querelle était ancienne, et, par cela même, passionnait davantage les écoliers. La sédition du 4 juillet 1548 avait été provoquée par les faits suivants : quelques écoliers jouaient au Pré aux Clercs, lorsque des charretiers et *tomberelliers*, conduisant sur les bords de la Seine les immondices de la ville de Paris, vinrent à traverser le Pré aux Clercs ; les écoliers voulurent s'y opposer ; les charretiers prétendirent que, les moines ayant intercepté les autres chemins, ils ne pouvaient pas accéder autrement au fleuve sur les bords duquel ils déposaient les immondices. Les clercs repoussèrent les charretiers, qui portèrent plainte aux moines de l'abbaye. Le lendemain, le lieutenant criminel, avec ses sergents, et le prévôt Genton, avec ses archers, vinrent surprendre les écoliers pendant qu'ils jouaient au Pré aux Clercs, s'emparèrent de leurs vêtements, les maltraitèrent, les poursuivirent les armes à la main et coupèrent même le poignet à l'un d'eux. Il n'en fallait pas davantage pour réveiller les rancunes des écoliers contre les moines de Saint-Germain. Ils s'assemblèrent en masse et commirent dans l'abbaye les dégâts que nous avons énumérés.

L'affaire vint au Parlement, sur la plainte des moines de Saint-Germain.

Les clercs articulèrent contre eux plusieurs griefs : ils se plaignaient d'abord de ce que les moines avaient fait construire des bâtiments sur le terrain dépendant du grand et du petit Pré aux Clercs, usurpation qui avait eu pour résultat le rétrécissement de l'espace consacré à leurs plaisirs ; ils demandaient que les anciennes voies et chemins qui conduisaient au Pré aux Clercs fussent rétablis ; que les jours et fenêtres pratiqués dans les tourelles et créneaux de l'abbaye fussent *estoupez*; que défenses fussent faites aux charretiers et tomberelliers de traverser dans le Pré aux Clercs pour le service de la voirie, permission que les moines n'avaient pas le droit d'accorder ; que défenses fussent encore faites aux maquignons de tenir dans le Pré aux Clercs leurs marchés aux chevaux, usurpation autorisée encore par les moines de l'abbaye ; enfin, ils demandaient l'élargissement des clercs et écoliers et la restitution de leurs manteaux.

A cette époque, l'abbé de Saint-Germain-des-Prés était le cardinal de Tournon. L'avocat Rochefort plaidait pour lui. Après avoir longuement exposé que son client ne voulait en aucune façon s'emparer des biens de l'Université, qu'au contraire il avait donné des preuves nombreuses de son amour des lettres, il ajoutait avec naïveté qu'il avait fait construire deux colléges à Tournon desquels il sortait de jour en jour comme du cheval de Troie, *tanquam ex equo Trojano*, grand nombre de gens doctes et savants.

Il concluait à la nomination d'arbitres chargés de régler le différent et de délimiter le Pré aux Clercs.

L'avocat Ryant plaida pour les écoliers et exposa leurs griefs avec vigueur ; il démontra que depuis plusieurs siècles les religieux de Saint-Germain tentaient de s'emparer du Pré aux Clercs par tous les moyens, ne reculant ni devant les querelles ni devant le meurtre.

Marlac, au nom de l'Université, déplora des torts réciproques ; il engagea les principaux des colléges à renvoyer tous les *faux écoliers, fainéants, rufians* (1) *et brigueurs* (2) qui la déshonoraient et qui fomentaient les troubles, car sur dix-huit clercs prisonniers il ne se trouvait que trois ou quatre véritables étudiants.

Le Parlement rendit un long arrêt par lequel il prescrit diverses mesures, ordonne que l'Université jouira du grand et du petit Pré aux Clercs, *fait défense au chancelier de la Baçoche et à tous les Clercs du Palais, sous peine de la hart, de faire aucune assemblée illicite et port d'armes,* enjoint audit chancelier de nommer les clercs qui ont fait excès pour ce fait, pour être procédé contre les délinquants.

L'arrêt du Parlement, on le voit, est on ne peut plus

---

(1) Souteneurs de filles publiques, libertins.
(2) Voleurs, escrocs.

clair. Au mois de juillet 1548, il reconnaissait que l'Université et les écoliers étaient propriétaires du grand et du petit Pré aux Clercs. L'expédition de la Guyenne se faisait à peu près à la même époque, et c'est au mois d'octobre que le connétable de Montmorency entrait à Bordeaux à la tête d'une puissante armée, et sévissait d'une manière si rigoureuse contre les habitants de cette malheureuse ville. Il faut donc croire que les historiens ont confondu le soulèvement de la Guyenne avec les révoltes des étudiants qui éclataient en même temps. L'autorité royale et le Parlement avaient assez à faire de contenir les écoliers de l'Université, au milieu desquels se mêlaient des gens sans aveu, soudoyés par l'étranger, qui fomentaient des discordes et des séditions interminables. Leur indiscipline ne dut pas permettre à Henri II de recourir à eux ; s'il le fit, ce ne fut que pour faire tourner au profit de l'ordre et de la royauté leur humeur querelleuse. En 1549, en 1550, les dévastations continuèrent ; les écoliers sortaient dans les campagnes, organisés militairement en bataillons, avec armes, enseignes déployées, au son du tambour et des trompettes. Les régents des nations et les professeurs prenaient part à ces excès (1) ; le 11 octobre 1552, les rassemblements se formèrent de nouveau, et, vainement, le Parlement fit planter quatre potences dans le faubourg Saint-Marcel ; rien ne put apaiser l'élan de cette jeunesse turbulente.

Ce fut inutilement que le Parlement, par son arrêt de mars 1552, défendit à tous les habitants, valets de boutiques, clercs du Palais et du Châtelet, pages et laquais

---

(1) Crevier, Histoire de l'Université, tome V, page 449.

et à tous gens de métiers, *de porter bastons, espées, pistolets, courtes dagues, poignards, à peine de punitions corporelles;* les désordres allèrent croissant.

La Cour rendit encore, le 7 mars 1554, contre les clercs de procureurs, palefreniers, laquais et autres serviteurs, un arrêt qui leur défendit de s'attrouper, de porter les armes, sous peine de la hart, et ordonna au bailli de faire planter deux potences dans la cour du Palais, où les contrevenants seraient pendus *sans figure de procès.*

Les attroupements et les séditions d'écoliers se manifestèrent encore en 1555; les plaintes furent portées au Parlement; les moines de l'abbaye de Saint-Germain se plaignaient que les attroupements étaient tolérés par les juges. En 1557, les prétentions des écoliers et les moyens qu'ils employèrent prirent un caractère plus sérieux. Le 12 mai, ils affichèrent des placards invitant aux attroupements; ils se rendirent en armes au Pré aux Clercs, mirent le feu à trois maisons voisines du pré et tuèrent un sergent qui se présentait pour les contenir. Enfin, le 26 mai, arriva au Parlement une lettre du Roi, datée de Villers-Cotterets, lettre menaçante, dans laquelle Henri II annonçait qu'il faisait avancer des troupes, dix enseignes de gens de pied et deux cents hommes d'armes pour soumettre les clercs et leurs complices; il était enjoint au Parlement de faire publier, dans les carrefours de Paris, que défense était faite aux clercs, écoliers, régents et martinets (1), de quelque nation qu'ils fussent, de se rendre au Pré aux Clercs, « lequel pré, portent ces lettres,

---

(1) On nommait *martinets* des écoliers externes.

« de notre pleine puissance nous avons pris et mis, pre-
« nons et mettons en notre main, pour après en faire
« et disposer ainsi que bon nous semblera. »

Bientôt après, le Roi fit clore de murailles le Pré aux Clercs, et, les 31 mai et 12 juin, il fit mettre en liberté les écoliers prisonniers. Plus tard, Henri II rendit aux clercs de la Bazoche et à l'Université cette propriété qui avait été, pendant plusieurs siècles, une cause de discorde et de tumultes. Nous le répétons, nous n'avons trouvé nulle part des traces d'une donation faite par ce monarque à la suite de l'expédition de Guyenne. Le Pré aux Clercs a été l'occasion, de la part de cette jeunesse bruyante et indisciplinée, de mouvements séditieux si nombreux, qu'il serait presque impossible de les mentionner tous, car ils ne cessèrent que sous Louis XIV.

La dignité de roi de la Bazoche fut révoquée par Henri III, au dire des auteurs. Bien que cette opinion soit généralement accréditée, nous croyons que cette révocation eut lieu sous François 1er, sans pouvoir préciser la date, car dans les nombreux arrêts du Parlement rendus sous le règne de ce prince, il n'est jamais question que du chancelier et des trésoriers de la Bazoche, pour les permissions de spectacles et les allocations de subvention pour leurs frais. Quoi qu'il en soit, le monarque bazochien prenait son rôle trop au sérieux, car il avait coutume de se faire suivre par ses gardes, comme un roi de France se promenant dans sa bonne ville de Paris. A l'occasion des obsèques d'un Roi de la Bazoche, le nombre des suppôts ou sujets, convoqués à ses funérailles, s'était élevé à près de dix mille hommes. On s'émut de cette puissance, et cette royauté tour à tour tolérée et proscrite, disparut définitivement; elle avait duré plus de deux siècles. On conserva au chancelier les droits et prérogatives qui avaient été accordés au premier dignitaire de la communauté.

Nous avons dit que les artisans, suppôts de la Bazoche, étaient obligés de mettre les armoiries de la société sur leurs enseignes. Ces armoiries consistaient en trois écritoires d'or, au champ d'azur, et, au-dessus, comme signe de souveraineté, timbre, casque et morion, avec deux anges pour support.

D'après Félibien, les armes de la Bazoche étaient composées d'une écritoire sur un champ fleurdelisé, le tout surmonté de casque et de morion, en signe de royauté(1).

Ces trois écritoires étaient un emblême pour cette aventureuse jeunesse. C'est ce que donne à penser un couplet de la Ronde de la Bazoche, qui fut composée, à ce qu'il paraît, sous François 1er, vers l'époque de la bataille de Pavie. Voici ce couplet :

(1) Félibien, *Histoire de Paris*, t. 1, p. 501.

L'encrier, la plume et l'épée
Étaient les armes de Pompée.
La Bazoche est son héritière ;
Elle en est fière.
Soldat clerc, le bazochien
Est bon vivant et bon chrétien.
Vive la Bazoche !
A son approche
Tout va bien.

La cérémonie de la plantation du mai a été de tout temps la fête par excellence des clercs du Palais. Miraulmont et l'auteur des *Statuts* la comptent au nombre des plus chères prérogatives de la communauté. Elle s'est perpétuée jusqu'à la fin du dix-huitième siècle.

Voici comment on procédait au seizième siècle.

Le chancelier, mais le plus souvent les quatre trésoriers, présentaient requête au Parlement pour être autorisés à faire la montre des suppôts de la société et à planter le mai. La Cour, après les conclusions du procureur général, accordait ou refusait (1) ; les refus étaient fort rares.

Cette coutume était tellement enracinée, qu'elle était en quelque sorte obligatoire, à tel point que pour se dispenser de faire cette cérémonie, la Bazoche était dans la nécessité de recourir à l'autorité du Parlement. Nous avons été assez heureux pour trouver un arrêt du 30 mai 1589, qui décharge le chancelier et les officiers de la

---

(1) Archives nationales, sect. jud., tome X. Arrêt du 28 mai 1578, fol. 302. Arrêt du 15 mai 1588, fol. 277. Arrêt du 23 mai 1685, fol. 371.

communauté, de la plantation du mai et de la montre, vu *les troubles et la calamité du temps* (1).

Les requêtes à fin d'autorisation contiennent quelquefois des renseignements qui éclairent vivement l'époque au point de vue des coutumes; surtout si, comme en 1583, la fête doit avoir une certaine pompe.

Cette année-là les *coulounel, capitaines et chefs de bande* du royaume de la Bazoche, exposèrent que, de toute ancienneté, suivant les statuts et ordonnances, ils avaient coutume de faire chaque année, le dernier samedi du mois de mai, montre générale par la ville, en armes et triomphe, et de planter le mai en la cour du Palais, et à cet effet de porter habits enrichis, armes dorées et gravées (armoiries); toutefois, eu égard à l'édit sur la réformation des habits, ils demandaient qu'il leur fût permis de porter pour la montre et plant du mai toutes sortes d'habits et armes dorées et gravées. Le Parlement faisant droit à la requête, les autorisa, à la charge qu'ils se comporteraient en toute modestie et sans insolence (2).

Mais, plus tard, aux dix-septième et dix-huitième siècles, les arrêts du Parlement ne suffisaient pas. Les Bazochiens ayant commis des dégâts considérables dans les forêts royales, on les obligea de s'adresser à la maîtrise des Eaux et Forêts pour la désignation et l'enlèvement des arbres qui devaient servir de mai. Cette administration chercha souvent des difficultés aux Clercs

---

(1) Archives nationales, sect. jud., tome X, 1715, fol. 322.
(2) Archives nationales, sect. jud., tome X, 1680, fol. 165.

et contesta même leur droit, qu'ils firent, à plusieurs reprises, reconnaître judiciairement.

L'historien anonyme nous a conservé deux arrêts de la Chambre des Eaux et Forêts, qui sont une reconnaissance formelle de ce droit. Le premier de ces arrêts est du 24 mai 1621; il donne acte aux trésorier et receveurs généraux de la Bazoche de ce qu'ils ont pris fait et cause pour un marchand chargé de faire couper et enlever dans les forêts de Livry et Bondy un arbre pour faire un mai pour la décoration du Palais; il reçoit l'appel formé par eux contre le lieutenant des maitres particuliers des Eaux et Forêts de la prévôté et vicomté de Paris, qui leur avait fait défense de couper, ni faire couper ledit arbre. Le même arrêt ordonne que, nonobstant les défenses faites par le lieutenant et substitut du procureur général du Roi en ladite maîtrise, ledit arbre serait marqué et coupé; il fait encore défense auxdits lieutenant et substitut du procureur général du Roi en la maîtrise particulière de Paris, et à tous autres, d'y apporter aucun empêchement, à peine de cinq cents livres d'amende et de tous dépens, dommages et intérêts. Le second est du 13 mai 1634; il autorise le trésorier du Royaume de la Bazoche à faire abattre et enlever deux arbres des forêts de Livry et Bondy pour être employés au *plant du mai en la manière accoutumée.*

Les détails de la cérémonie de la plantation du mai étaient confiés aux soins des trésoriers de la société. Ils étaient autorisés à faire, au mois de mai, des marchés avec les trompettes, tambours et violons, sans oublier un gantier pour la fourniture des gants, et un mercier pour celle des livrées, qui étaient tantôt de couleur bleue et blanche, tantôt jaune et bleue comme les émaux de leurs armoiries.

Ils présentaient requête à Messieurs des Eaux et Forêts pour obtenir la livraison de deux arbres destinés au *plant du mai*, sur des lettres d'attache (1) qui leur étaient délivrées en suite de la décision rendue par Messieurs des Eaux et Forêts. La Bazoche était prévenue du jour où l'on devait aller marquer le mai dans les forêts de Bondy ou de Livry. Ce jour était ordinairement le dimanche qui précédait le dernier samedi de mai. Avis en était donné à l'administration des Petites Eaux et Forêts (2).

Le jour venu, le chancelier de la Bazoche, avec ses suppôts, se trouvait en la cour du Palais. Sur les sept heures du matin, le cortége se rendait dans la forêt, où, de leur côté, Messieurs des Eaux et Forêts se trouvaient pour assister à la marque ou désignation des deux arbres destinés au plant. L'avocat général de la Bazoche prononçait, sur les lieux mêmes, une harangue; après quoi l'assemblée se retirait dans un lieu indiqué d'avance pour dîner aux frais et dépens des trésoriers, *de quoi ils requéraient acte à l'issue*. A leur retour, le chancelier, les officiers et trésoriers rendaient visite à Messieurs les présidents, procureur général et avocats généraux du Parlement. Pendant trois jours consécutifs, il était donné des aubades dans la salle du Palais. Le vendredi suivant,

---

(1) On appelait lettres d'attache des espèces d'expéditions ou commissions délivrées pour l'exécution d'un arrêt ou d'une ordonnance.

(2) Nous avons sous les yeux toutes les formalités faites à ce sujet au mois de juin 1720. Archives nationales, maîtrise des Eaux et Forêts.

depuis sept heures du soir jusqu'à quatre heures du matin, des sérénades et réveils étaient joués en l'honneur des dignitaires du Parlement, ainsi que de toutes les personnes désignées par le chancelier. Enfin, le samedi, sur les dix heures du matin, les fanfares recommençaient, les arbres étaient plantés, ornés des couleurs de la Bazoche, de deux grandes armoiries et de vingt-quatre petites avec des écussons portant les noms des dignitaires de la société.

Ces cérémonies étaient fort coûteuses et les frais en étaient supportés principalement par les quatre trésoriers de la société, que l'on choisissait autant que possible parmi les fils de famille les plus riches, et aussi par le Parlement, qui, sur requête à lui présentée, allouait toujours un subside considérable pour l'époque.

Ainsi, en 1538, il accorde aux receveurs et trésoriers de la Bazoche soixante livres parisis pour frais de *plantement* de mai et autres actes; en 1542, même somme (1); en 1551, quatre-vingts livres parisis, et en 1640, cent cinquante livres.

Les plantations de mai, comme la perception du droit de bienvenue, étaient une tradition universitaire que les recteurs, à plusieurs reprises, tentèrent de détruire, car elles étaient souvent l'occasion de rixes sanglantes entre les écoliers des diverses nations (2).

Quelques confréries de Paris, et notamment celle des orfèvres, avaient l'habitude de planter le mai devant le portail de Notre-Dame, et, s'il faut en croire Du Breuil,

---

(1) Archives nationales, sect. jud., tome X, 1541, fol. 411, et 1549, fol. 136.
(2) Crevier, *Histoire de l'Université*, tome 5, p. 343.

cette fête avait un certain éclat (1). A cette époque, c'était par des manifestations religieuses ou d'un caractère inoffensif que les corps de métiers affirmaient leur existence.... Hélas! depuis lors les temps sont bien changés!...

Mais déjà au milieu du dix-huitième siècle, les plantations de mai étaient beaucoup plus calmes; depuis longtemps le Parlement avait limité le nombre des Clercs qui devaient y prendre part. Après les aubades, ils se promenaient dans Paris, à cheval, en costumes magnifiques, au nombre de trente, en armes, avec un étendard, puis ils partaient pour Bondy en cet équipage (2).

Nous avons vu que la dignité souveraine du Roi de la Bazoche avait été abolie dans le cours du XVIe siècle, sous François Ier probablement. Les prérogatives et la puissance de cette monarchie éphémère et tolérée avaient été dévolues au Chancelier, lequel était tout à la fois garde des sceaux et premier président de la communauté.

Après les fonctions de chancelier, il n'en était pas de plus importantes que celles des trésoriers; elles étaient multiples.

Ils devaient convoquer le Conseil, les mercredis et samedis, pour donner les audiences qu'ils faisaient crier dans les lieux accoutumés par l'huissier buvetier de la Bazoche, à qui ils payaient des gages.

Ils percevaient les revenus du Royaume, tels que

---

(1) Du Breuil (Jacques), *Le Théâtre des Antiquitez de Paris*, édition de 1612, p. 26, 27.
(2) Boucher d'Argis, *Variétés historiques*, tome 3, p. 27.

droits de bienvenue et entrée des clercs au Palais, ainsi que les amendes accordées par le Parlement, la Cour des Aides et autres. Après la Saint-Martin d'hiver, ils donnaient le sujet de la cause solennelle qui se plaidait à la rentrée ou au carnaval, et faisaient les frais de sa première répétition.

Ils assistaient à toutes les audiences en habit décent, sous peine d'amende; ils soldaient les gages des employés à l'époque du carnaval.

Les fonctions de trésorier étaient fort délicates; elles se donnaient aux plus riches et aux plus dignes, et elles supposaient chez ceux qui en étaient investis la probité et l'ordre; elles étaient en même temps extrêmement onéreuses, et, à ce titre, elles étaient plutôt imposées que recherchées. Les trésoriers devaient offrir, comme le chancelier, un festin aux officiers de la Bazoche, ce que les clercs appelaient entr'eux droits et devoirs (1). Ils avaient encore à fournir les gants et les livrées aux chancelier et officiers avec les armoiries, et quand les fonds de la communauté étaient insuffisants, ils étaient obligés de payer ces frais de leurs propres deniers.

Aussi, il arrivait souvent que les dignitaires élus refusaient, ce qui les exposait aux poursuites, aux condamnations et exécutions les plus rigoureuses. Qu'on en juge:

En 1571, le Parlement avait dû déjà intervenir, lorsqu'il fut saisi de nouveau six ans plus tard, en janvier 1577, d'une plainte qui lui était portée par les sieurs Germain Mesnaige, Nicolas Gaultier, Loys Gray,

---

(1) *Anecdotes de Jurisprudence*, de Bresson, Paris, 1811.

Claude Voille, tous clercs de procureurs au Parlement.

Ces clercs se plaignaient qu'ayant été élus trésoriers, les chancelier et autres officiers de la Bazoche voulaient les obliger à payer leurs droits de bienvenue qui devaient être employés à des banquets; que, sur leur refus, ils avaient été poursuivis et condamnés par la cour Bazochiale, et que la décision avait été exécutée par la saisie de leurs manteaux. Ils concluaient, en conséquence, qu'il plût à la Cour faire *défense aux chancelier et suppôts de poursuivre les suppliants à faire banquets, ni de procéder par exécution et saisie de leurs manteaux, sous peine de mille livres parisis d'amende* (1).

Le Parlement fit droit à cette demande, ordonna que les parties feraient des communications au parquet du procureur général, et qu'il serait sursis à toutes poursuites, à peine de cent livres parisis d'amende.

Gastier rend compte assez longuement de ces faits de violence contre les trésoriers, et des abus qui étaient la suite de ces nominations imposées; *les dépenses*, dit-il, *étaient telles, que les trésoriers n'en étaient pas quittes, l'année de leur exercice, pour six cents livres chacun*.

Au dix-septième siècle, les clercs ne se bornaient plus à la saisie des manteaux; ils allaient jusqu'à l'emprisonnement. Le Parlement fut encore obligé d'intervenir, et, par son arrêt du 26 février 1656, il constate que l'élection des trésoriers était l'occasion de telles *violences, voies de fait et emprisonnements, que chacun*

---

(1) Arrêt du 22 janv. 1577. Archives nationales, sect. jud., tome X, 1654, fol. 222.

refusait à cause des dépenses excessives par multiplicité de festins qui ne servent qu'à fomenter leurs débauches. En conséquence, la Cour ordonne qu'au festin donné pour la répétition de la cause solennelle, n'assisteront que le chancelier, le vice-chancelier, le doyen des maîtres de requêtes, les officiers du parquet et les quatre avocats chargés de la cause ; que la cotisation ne pourra excéder quarante livres tournois ; que les frais de la plantation du mai, voyage à Bondy, frais de marque, coupe, transport, plant, trompettes, tambours, aubades, gants, livrées et festins seront réduits à cinq cents livres tournois ; que les frais de collation de la reddition des comptes, à laquelle n'assisteront que les officiers, seront modérés à soixante livres, outre les sommes allouées par le Parlement et la Cour des Aides, outre les droits de bienvenue et bec-jaune.

Défense faite aux officiers de la Bazoche d'user de contrainte, voies de fait et emprisonnement, comme aussi de choisir aucun sujet de la cause solennelle qui puisse causer scandale.

Cet arrêt contenant règlement fut publié à l'audience de la Bazoche et exécuté assez exactement par les membres de la société.

Pour en finir avec les scènes de violence que nous ne rapportons que comme traits de mœurs, et qui, à ce titre, méritent l'attention, citons-en une des plus étranges qui remonte au milieu du seizième siècle.

Chaque année, avons-nous dit, la Bazoche faisait faire à ses suppôts une montre générale. Les clercs, ceux du Châtelet compris, se divisaient en compagnies de cent hommes, et chaque clerc était obligé d'adopter le costume qui lui était imposé par le capitaine de bande.

Or, il arriva qu'en mai 1528, les sieurs Rolland Chauvreux et Jacques Daluys, clercs du Palais, furent nommés, le premier, capitaine, et le second, lieutenant de bande. Rolland Chauvreux se conforma à l'usage ; il fit peindre sur parchemin un portrait, ou image, indiquant de quelle manière sa compagnie devait être accoutrée et habillée. Il avait adopté un costume de femme. Sa bande s'appelait la bande des femmes. Un sieur Colas Ami, clerc de la Bazoche, s'enrôla sous la bannière de Rolland Chauvreux, et apposa sa signature d'adhésion au bas du portrait que Chauvreux avait fait exécuter. Cette adhésion entraînait pour lui l'obligation de se trouver à la montre dans l'accoutrement prescrit, à peine d'une amende de dix écus au soleil. Colas Ami ne se rendit pas à la montre ; et, ajourné par-devant le Roi de la Bazoche, il fut condamné au paiement de l'amende de dix écus. L'arrêt, levé en forme, fut signifié avec commandement de payer le montant des condamnations. Colas Ami refusa, et, comme les arrêts du Roi de la Bazoche étaient exécutoires nonobstant oppositions ou appellations quelconques, un huissier saisit le manteau de Colas Ami et le donna en garde à un nommé Jean Boisson, lequel promit rendre et représenter le manteau toutes et quantes fois il serait ordonné par le Roi de la Bazoche Le malheureux clerc fit citer par-devant l'Official de Paris le capitaine et le lieutenant, mais ces derniers, gardiens jaloux des prérogatives de leur compagnie, en appelèrent au Parlement comme d'abus. L'avocat de Thou (1) plaidait pour les appelants; Poyet (2) plaidait pour le Roi de la Bazoche, qui intervenait; Berryer représentait la communauté de la Bazoche; enfin Favier plaida pour Colas Ami. Après avoir demandé grâce pour son client, *petitâ delicti veniâ*, il commença par protester qu'il ne dirait aucune chose dérogeant à la Majesté royale de très-illustre Roi de la Bazoche, attendu sa qualité, *quia illi debetur honor*, et aussi, dit-il, *parce qu'il y a en la Cour de céans infini nombre de nobles personnages qui sont venus de la Bazoche et de ses supposts*. Arrivant aux faits de la cause, l'avocat explique pour son client que, tout dernièrement, il avait été appelé pour aller à la montre et faire partie de la bande des femmes qui marchait à pied; qu'étant malade il n'avait pu remplir ses obligations; que, néanmoins, il avait été condamné par le Roi de la Bazoche et son chancelier à exécuter son engagement; que, sur cette condamnation, il avait présenté requête afin d'être tenu pour excusé; que la Cour avait ordonné que deux chirurgiens se présenteraient auprès du malade et feraient leur rapport. Deux maîtres des requêtes s'étant présentés, ils trouvèrent l'intimé en la maison de sa mère, en une chambre haute, la tête coiffée d'un bonnet de nuit, un bâton à la main, et

---

(1) C'est sans doute Augustin de Thou dont il est ici question. Il parut avec éclat au barreau, fut nommé conseiller, puis président, mourut en 1544; il était l'aïeul de Jacques-Auguste de Thou, le célèbre historien.

(2) Poyet Guillaume, un des plus grands avocats du barreau de Paris, nommé successivement avocat général, président à mortier et chancelier de France. Accusé de concussion et d'abus de pouvoir, il fut emprisonné, condamné à 100,000 livres d'amende. Il mourut en 1548.

enveloppé d'une robe de nuit fourrée. Nonobstant leur rapport, le Roi de la Bazoche avait ordonné que l'intimé irait à la montre malgré ses excuses; que, sur son refus, on lui avait ôté sa robe de dessus ses épaules, et que, devant de pareils excès, il avait cru devoir se retirer par-devant l'Official de Paris (1).

Morin, *promoteur*, dit qu'il désavoue la citation faite à sa requête à l'invitation de l'intimé. La Cour, après la réplique des avocats, reçoit le désistement de Colas Ami, dit qu'il a été mal octroyé par l'Official et promoteur, renvoie la cause par-devant la Cour de la Bazoche, enjoint à cette dernière de traiter amiablement ses suppôts, et pour la restitution de sa robe, dit que Colas Ami présentera requête à ladite Bazoche, etc.... Arrêt du 14 juillet 1528.

Un des priviléges des plus extraordinaires concédé par Philippe le Bel au Roi de la Bazoche aurait été celui de battre une monnaie qui avait cours entre les clercs et les marchands, de gré à gré. Miraulmont mentionne ce fait, mais il le donne sous la forme dubitative.

« L'on dict qu'autrefois le Roy de la Bazoche avait sa monoie particulière, laquelle s'exposoit entre et parmi ses supposts, et non ailleurs, sinon volontairement, et de gré à gré, qui estoit une marque vrayment royale et souveraine; et estoit icelle monoie appelée

---

(1) L'Official était le chef d'une Cour ou justice ecclésiastique. Il devait être Français, gradué et constitué en ordre de prêtrise; c'était une sorte de vicaire diocésain. Son lieutenant s'appelait le vice-gérant.

Le promoteur était un magistrat attaché à une Cour ecclésiastique; il requérait d'office, comme le procureur du Roi dans les Cours laïques. Il était aussi ordinairement dans les ordres.

monoie de Bazoche, ainsi que Plaute, *In pœnulo*, faict mention *de auro vel argento comico*, que les joueurs comédiens de ce temps-là exposoient, ou celuy qu'on leur bailloit pour leurs jeux et comédies. »

On peut admettre l'opinion de Miraulmont sur l'assimilation qu'il fait de la monnaie bazochiale avec celle dont se servaient les comédiens de Rome; l'histoire du moyen âge l'autorise jusqu'à un certain point. Les papes des Fous et les archevêques des Innocents, élus par les gens d'église et par le peuple, rendaient des ordonnances et des arrêts qu'ils scellaient de leur scel épiscopal; ils frappaient une monnaie à leur avénement. Cette monnaie, en plomb ou en cuivre, portait leur nom et leur devise. Elle servait aux suppôts, dans les processions ou manifestations publiques, comme jeton de présence ou comme signe distinctif. C'était, en quelque sorte, des *sigillaires* semblables à celles que les Romains s'envoyaient en présent aux Saturnales.

Ces monnaies, qui datent, pour la plupart, des quinzième et seizième siècles, n'ont point échappé à l'attention des numismates et des savants les plus graves. Ils ont noté jusqu'à la variété de leurs types et de leurs légendes.

On a supposé aussi que ces monnaies servaient aux jeux de hasard auxquels les suppôts se livraient dans les églises, jusque sur l'autel, pendant les jours de fête.

La monnaie de la Bazoche n'était peut-être pas autre chose qu'une espèce de *jeton*, ou *jetoir*, qui se portait comme marque distinctive dans les montres et jeux et représentations théâtrales auxquels cette société se livrait fréquemment. Les corporations de métiers avaient elles-mêmes des méreaux, ou jetons de présence, qui se distribuaient dans leurs réunions.

Faut-il adopter dans son entier l'opinion de Miraulmont? La monnaie de la Bazoche était-elle véritablement une monnaie dans toute l'acception du mot, ou n'était-elle qu'une marque distinctive, une sorte de médaille commune aux affiliés d'une même société? En quoi consistait cette monnaie? Quelle était son effigie? S'il faut en croire le proverbe, elle n'avait pas une grande valeur intrinsèque. On disait autrefois: *payer en monnaie de Bazoche;* ce qui, dans le peuple, revenait à ceci: payer en paroles, donner en paiement une chose sans valeur. On le comprend, du reste, les finances de ce royaume n'étaient pas probablement le côté brillant de l'institution; les clercs et les écoliers n'ont jamais été capitalistes. Acceptons pour très-plausible l'opinion des savants sur ce point délicat; elle concorde d'une manière remarquable avec celle de Miraulmont.

Il faut cependant ne pas omettre ce point important, c'est qu'aux XIIIe et XIVe siècles, on *bazoquait* souvent les monnaies. *Bazoquer* les monnaies voulait dire les altérer, les falsifier, les fondre pour enlever à leur poids une bonne partie de leurs matières précieuses, pour ne laisser en quelque sorte que l'alliage. Une charte de Philippe le Bel, de 1309, donne cette locution avec le sens que nous rapportons (1). On sait que ce prince rendit plusieurs édits sur les monnaies pendant son règne.

La monnaie bazoquée était donc une sorte de fausse monnaie, une monnaie appauvrie, une monnaie de

_____
(1) Voir le glossaire de Ducange au mot *Bazocare*.

billon. A coup sûr, si elle avait cours, c'était surtout parmi les clercs dont l'escarcelle contenait beaucoup moins de pièces d'or ou d'argent que de mailles ou de deniers. Probablement c'est dans cette altération qu'il faut chercher l'origine du proverbe *payer en monnaie de Bazoche*. On a dû dire primitivement payer en monnaie de bazoque, en monnaie bazoquée, puis, peu à peu, payer en monnaie de Bazoche, ce qui a fait croire que les clercs du Palais avaient une monnaie particulière.

Mais s'ils ne battaient pas monnaie, on ne peut leur contester qu'ils frappaient des médailles dont ils se servaient comme de signe de ralliement ou pour perpétuer le souvenir d'un événement important.

Le musée d'Autun en possède une fort bien conservée, qui porte la date de 1545.

Elle n'a d'empreinte que sur une de ses faces. Dans le champ est un personnage tenant un sceptre de la main droite. Il est assis sur un trône, revêtu d'un costume de l'époque de François Ier, avec une fleur de lis de chaque côté de son siége.

Ce médaillon est en plomb et d'un grand module; il porte en légende ces mots en gros caractères romains :

ANTHONIVS PRIMVS BVRGVNDIE JWENTVTIS ET BAZOCHIE REX OPTIMVS (1545).

Cet Antoine Ier était donc à la fois roi de la Jeunesse bourguignonne et roi de la Bazoche.

Cette pièce remarquable n'était point une monnaie, c'est évident; elle est en plomb, c'est-à-dire sans valeur intrinsèque; elle ne porte d'empreinte que d'un côté, et, de plus, elle est d'une dimension inusitée pour les monnaies.

On a pensé qu'eu égard à son style et à son grand diamètre, elle pouvait être l'empreinte d'un sceau.

M. de Fontenay, à l'ouvrage duquel nous empruntons ce précieux document, pense que c'était une médaille (1).

Nous sommes tenté d'adopter l'avis de M. de Fontenay.

Cette médaille était pour la société de la Jeunesse et

---

(1) *Fragments d'Histoire métallique*, par J. de Fontenay. Autun, 1847, pages 99, 256.

pour la Bazoche bourguignonne un signe de ralliement, c'est fort probable. On trouve dans les ouvrages de numismatique de fréquentes descriptions de méreaux d'étain et de plomb, sortes de médailles estampées seulement sur une face, et munies au revers d'une agrafe ou attache qui servait à les fixer sur les chaperons ou sur d'autres parties du vêtement. Les Bourguignons et les Armagnacs en portaient de semblables comme signes distinctifs de ralliement (1).

Les sceaux des Bazoches de Paris et de Marseille portaient dans le champ les trois écritoires d'or, avec le casque ou la couronne, mais non pas l'effigie du Roi de la Bazoche, qu'il aurait été nécessaire de changer à chaque élection.

Le sceau de la Bazoche de Reims représentait une longue écritoire flanquée de deux canifs entr'ouverts en forme de faulx, entourés de deux plumes, avec ces mots en légende : *Bazoche de Reims*.

On a cru que la médaille ou le sceau du musée d'Autun

---

(1) *Monnaies inconnues des Évêques des Innocents, des Fous*, etc., par Rigollot et Leber : pages 129, 186; préface, 26.

était une pièce unique; c'était une erreur. On avait trouvé en 1808, et on conservait à Besançon, un sceau en cuivre jaune portant la même effigie, et la même légende rappelant la royauté d'Antoine I er.

Etait-ce là un sceau, une matrice ou un coin destinés à frapper les médailles ? Nous ne voulons pas nous prononcer. Nous avons décrit, en 1859, un coin semblable servant à la fabrication des médailles de Notre-Dame-d'Embrun, en matières de plomb ou d'étain (1). La médaille d'Autun est probablement l'empreinte du coin de Besançon, ce qui viendrait à l'appui de l'opinion de M. de Fontenay, empreinte qui pouvait, au surplus, se fixer sur la cire comme sur le plomb.

Que ce soit donc l'empreinte d'un sceau, que ce soit une médaille commémorative ou un signe de ralliement, ce méreau n'en est pas moins digne d'attention par son extrême rareté; il est une preuve de plus de l'affinité qui existait entre les Bazoches et les sociétés joyeuses qui étaient répandues dans toutes les villes un peu importantes de France. Lille et Tournay avaient un Empereur et un Prince de la Jeunesse. En Bourgogne, le Roi de la Jeunesse était en même temps le chef des Clercs du Palais. Il présidait à leurs travaux et à leurs plaisirs, et comme cette double royauté lui assurait un nombre considérable de sujets, le coin dont il s'agit dut frapper un grand nombre de médailles.

On doit en quelque sorte affirmer sans crainte d'être démenti, qu'il existait des sociétés de clercs dans toutes

---

(1) *Pèlerinage des Rois de France à Notre-Dame-d'Embrun*, Grenoble, Maisonville, 1860.

les villes ayant un parlement, un tribunal un peu important, prévôté, sénéchaussée, présidial ou bailliage, parce que là se trouvaient des avocats, des procureurs, des notaires et des clercs en assez grand nombre pour former une société.

Toutes avaient un sceau, et la plupart avaient frappé des médailles comme la Bazoche bourguignonne. Malheureusement jetons, méreaux et médailles, tout a disparu, comme choses de peu d'importance, et pour tout souvenir nous n'avons que la médaille de plomb du musée d'Autun, médaille plus précieuse à nos yeux que bon nombre de monnaies romaines.

CHAPITRE TROISIÈME

Les clercs d'avocats. — Bazoche du Châtelet. — Son origine. — Ses débats avec la Bazoche du Parlement. — Ses luttes avec les procureurs au Châtelet. — Les clercs de notaires. — La Bazoche de Lyon. — Élection d'un Roi de la Bazoche à Lyon. — Cérémonies. — Idylle de Pierre Girinet. — Maurice Scève, bazochien lyonnais. — La Bazoche à Toulouse.

IL résulte de nombreux documents que la Bazoche du Palais se composait spécialement de clercs de procureurs, de clercs d'avocats, de clercs de greffiers et de clercs de conseillers du Parlement. Les appels bazochiaux, nous l'avons vu, étaient jugés par un conseil, dans lequel siégeaient des procureurs et des avocats, anciens membres de la Bazoche. L'avocat Favier, dans le débat qui fut vidé par l'arrêt de 1528, avait dit avec raison :

« Il y a en la Cour de céans infini nombre de nobles

personnages qui sont venus de la Bazoche et de ses suppôts. »

Il ne faut pas perdre de vue que, jusqu'à 1523, c'est-à-dire pendant deux siècles, le Parlement se recruta à l'élection parmi les membres du barreau, et que la vénalité des charges ne commença que vers cette époque, après plusieurs tentatives infructueuses et l'opposition sans cesse renouvelée du Parlement, qui ne céda que sur l'exprès commandement du Roi.

Les avocats, avant d'être admis aux plaidoiries du Parlement, faisaient, comme clercs, partie de la société de la Bazoche. Ce fait s'explique par la raison toute simple que les attributions de procureur et d'avocat n'étaient pas franchement délimitées, et qu'il y eut, à ce propos, de nombreuses discussions entre ces deux compagnies. Les avocats, à cette époque, signifiaient les écritures aux procès. Ces écritures, au quinzième siècle, prenaient le nom de *griefs et moyens d'appel*, *contredits*, *réponses à causes et moyens d'appel*, *salvations*, *réponses à salvations*, *dupliques*, *répliques*, *avertissements*, *inventaires de production*, etc. Le Parlement fit, en 1345, un règlement, dans lequel il était enjoint aux procureurs de ne pas se charger de la direction des procès au préjudice de l'avocat de la cause. Le vague de cette disposition ne disparut que plus tard, en 1693. Un accord fut fait, cette année-là, et accepté, le 17 juillet, par les procureurs et les avocats. Il fixait la ligne de démarcation des deux compagnies, et attribuait à chacune les écritures qu'elle devait faire exclusivement, tout en désignant celles dans lesquelles il pouvait y avoir concurrence.

Il est facile de comprendre, dès lors, que les avocats,

comme les procureurs, avaient besoin d'auxiliaires.

Noël du Fail, dans ses *Contes et Discours d'Eutrapel*, au chapitre Iᵉʳ, intitulé *De la Justice*, nous raconte une visite à un avocat au XVIᵉ siècle (1).

On lira ce récit où éclate à chaque ligne la bonne gaîté de nos pères ; c'est une satire mordante pleine de verve et d'un comique achevé. L'auteur écrivit certainement ce petit conte au sortir du cabinet d'un avocat consultant ; on voit la nature prise sur le fait. Ce que nous en avons retenu, c'est la présence de ce jeune clerc avec son *pourpoint enflé de bourre, une plume à écrire pendante aux oreilles, et je ne sais quel parchemin en son poing signal d'un homme bien embesogné, lequel ayant fait une révérence à c.. ouvert, demanda ce qu'on voulait.*

Les études d'avocats ressemblaient, pour le personnel, à celles des procureurs, et, comme le nombre des premiers n'était pas limité, on comprend que leurs clercs devaient occuper une place considérable parmi les sujets du Roi de la Bazoche.

Mais à côté de la communauté des clercs du Palais, qui était la plus puissante, sans contredit, et la plus nombreuse, il en existait d'autres : il y avait la Bazoche du Châtelet, composée des clercs travaillant chez les notaires, les commissaires (1), les procureurs au Châtelet et les greffiers.

---

(1) Du Fail, seigneur de la Herissaye, avait été conseiller du Roi au Parlement de Rennes. C'est un des excellents conteurs du XVIᵉ siècle. Voir l'édition in-16 de Charles Gosselin, 1842, pages 131 et suiv.

(1) Les Commissaires du Châtelet étaient des officiers royaux subalternes. Ils faisaient les informations, apposaient les scellés, s'occupaient des ordres entre les créanciers, dressaient des comptes ; ils étaient aussi chargés de l'exécution des ordonnances de police.

Elle se qualifiait de *Bazoche régnante en tiltre et triomphe d'honneur*. C'est à peu de chose près la formule adoptée par les clercs du Palais. Les dignitaires de cette société se composaient d'un prévôt qui en était le chef et de quatre trésoriers, qui jugeaient les différends des suppôts de cette Bazoche.

Les clercs qui débutaient chez les notaires, commissaires ou procureurs au Châtelet, payaient pour leur bienvenue six sous parisis; s'ils s'y refusaient, ils étaient taxés à huit, et, en cas de nouveau refus, ils étaient exposés à voir saisir leurs manteaux, chapeaux et autres objets.

La Bazoche du Châtelet soutint de nombreux procès contre celle du Palais. Quoique elle fût subordonnée à celle-ci, elle faisait tous ses efforts pour se soustraire à cette espèce de vassalité. Elle alléguait vainement que les clercs du Châtelet ne relevaient que de l'autorité de son prévôt; la Bazoche du Palais prétendait qu'elle avait une supériorité sur l'autre, que son chef était un chancelier, que les officiers de cette société exerçaient leur charge sous le Parlement, qui était une justice souveraine, tandis que les clercs du Châtelet ne dépendaient que des baillis et prévôts, cours de justice inférieures au Parlement.

Il est vrai que, sous Philippe le Bel, lorsque le Châtelet eut cessé de faire partie des fortifications, il devint le siége des juridictions de la prévôté et vicomté de Paris; mais on ne saurait préciser l'époque de cette installation. Les clercs de cette corporation prétendaient que la juridiction du Châtelet était reconnue longtemps avant la réorganisation opérée au commencement du XIVe siècle, et qu'ils étaient réunis en confrérie depuis 1278; que, dès lors, ils ne devaient être soumis qu'à l'autorité qui régissait cette communauté.

Pendant deux siècles une rivalité ardente régna donc entre les deux sociétés; elles se prodiguaient les coups, les injures, et les épithètes les plus grossières. Les clercs du Parlement méprisaient fort ceux du Châtelet qu'ils appelaient les tripiers : quelques arrêts donneront une idée des débats qui existaient entre ces deux compagnies. Il en est un du 27 mars 1604, et voici dans quelles circonstances il fut rendu :

Un clerc fit appeler devant le prévôt des clercs du Châtelet un nommé Neson pour lui payer la somme de quatre écus. Neson déclina cette juridiction ; il dit qu'il était clerc de Lemée, procureur du Parlement, et demanda son renvoi par-devant le chancelier de la Bazoche. Le demandeur insista et prétendit que Neson ne s'était mis chez un procureur du Parlement que pour frauder la juridiction du Châtelet. Neson persista dans ses conclusions, qui tendaient à fin de non procéder. Le prévôt des clercs débouta Neson qui appela de ce jugement; mais, avant qu'il eût été statué sur cet appel, le prévôt, par un second jugement, le condamna à payer les quatre écus. Neson appela de ce jugement à la Bazoche, et, la cause se plaidant, le procureur général de la Bazoche se permit de dire que *c'était une ânerie et une ineptie du prévôt des clercs du Châtelet d'avoir jugé définitivement avant qu'il eût été statué sur l'appel.* Le prévôt des clercs du Châtelet se prétendit injurié ; il s'adressa au lieutenant civil, porta plainte et demanda permission d'informer. Le magistrat autorisa, et, après l'information, il décréta ajournement contre le chancelier et l'avocat général de la Bazoche.

Ces derniers en appelèrent de sa décision et décrétèrent, à leur tour, ajournement personnel contre le prévôt des clercs.

Cette cause présentait plusieurs questions à résoudre : d'abord, celle des injures, qui était de la connaissance de la Tournelle ; secondement, le conflit sur l'homologation des statuts et la suprématie prétendue de la Bazoche du Palais sur les clercs du Châtelet ; enfin, l'appel de la Bazoche du Palais sur le décret du prévôt de Paris ou de son lieutenant. Le Parlement rendit un arrêt qui cassait la décision du prévôt de Paris, condamnait les intimés aux dépens taxés à dix livres parisis ; et faisait défense au dit prévôt de prendre connaissance de ce qui serait ordonné par les officiers de la Bazoche.

Cependant, au commencement du XVIIIe siècle, la Bazoche du Châtelet paraît avoir secoué à peu près complétement le joug que lui imposait trop durement sa rivale. Un arrêt, du vendredi 4 mars 1701, donné *in extenso* par Brillon, révèle quelques détails qu'il faut rapporter.

Les bazochiens du Palais, offusqués de ce que l'avocat de la Bazoche du Châtelet prenait la qualité d'avocat général, avaient rendu un arrêt par lequel ils lui faisaient défense d'usurper ce titre. Ils le firent signifier le jour de la Saint-Nicolas, qui était la fête des clercs du Châtelet. L'huissier chargé de la signification arriva au moment où l'avocat de la Bazoche du Châtelet prononçait son discours : grande rumeur ; et, pour l'injure faite au Tribunal, l'huissier fut mis en prison. Permission d'informer de la part des bazochiens du Palais ; prise de corps contre sept ou huit bazochiens du Châtelet ; emprisonnement ; appel de ces derniers. Après des conclusions remarquables de Mʳ Portail, avocat général, le Parlement rendit un arrêt qui déclarait nulle la procédure faite par les bazochiens du Palais, sans dommages - intérêts, dépens compensés, et, quant à la supériorité de la Bazoche du Palais sur celle du Châtelet, il renvoya à la Grand'Chambre.

Un arrêt du Parlement, du 5 avril 1631, avait déjà porté un rude coup à l'autorité bazochiale du Palais. La Cour souveraine avait débouté de leurs prétentions les clercs de la Bazoche, qui demandaient que défenses fussent faites aux clercs de notaires de se distraire de la justice de la Bazoche.

Cependant Dareau soutient la supériorité de la Bazoche du Palais sur celle du Châtelet. Il se livre à un sérieux examen de cette question et tout en reproduisant les arguments pour et contre, il constate avoir eu en main la copie d'un ancien jugement dans lequel la Bazoche du Châtelet prend le titre de *Bazoche souveraine et primitive de France, régnante en tiltre et triomphe d'honneur au Châtelet de Paris.* Malgré cette formule exécutoire si retentissante et si respectable, il croit que la Bazoche du Châtelet, lors de sa création, n'était qu'une communauté sans juridiction, et il conclut ainsi :

« S'il est permis de dire notre façon de penser à cet égard, il semble, effectivement, d'après les pièces qui nous ont passé sous les yeux, que l'indépendance qu'affecte aujourd'hui la Bazoche du Châtelet est tout-à-fait déplacée, et que, quelque longue que puisse être sa possession de juger souverainement, cette possession n'a pas pu détruire l'espèce de hiérarchie fondamentale que l'on découvre dans l'institution de la Bazoche du Palais. »

L'opinion de Dareau, qu'il faut adopter, s'appuie d'un assez grand nombre de décisions judiciaires, qu'il n'a pas cru devoir invoquer ou qu'il ne connaissait pas (1). Aux XVIe et XVIIe siècles, la prétention du Châtelet ne s'était pas encore manifestée judiciairement, et les appels des décisions du prévôt se jugeaient par la Bazoche du Palais.

En 1757, les procureurs au Châtelet cherchèrent à anéantir la Bazoche, dont leurs clercs faisaient partie, mais leurs efforts amenèrent une vigoureuse résistance de la part de ces derniers. Ils fouillèrent dans leurs archives, et trouvèrent un grand nombre de pièces qui constataient l'existence de cette communauté.

« Me Ribert, avocat au Parlement, dit Dareau, nous a

---

(1) On peut invoquer, entre autres, les décisions suivantes des magistrats du Châtelet, impliquant la reconnaissance de l'autorité de la Bazoche du Palais :

Une sentence du Châtelet, du 7 août 1631, qui renvoie par-devant les chancelier et officiers de la Bazoche une cause entre un clerc d'avocat et un clerc de procureur ;

Une autre sentence du Châtelet, du 18 juin 1642, renvoyant devant le chancelier de la Bazoche une cause entre un clerc du Palais et un clerc du Châtelet ;

Un arrêt de la Bazoche, du 19 avril 1595, statuant sur un appel formé par un clerc du Châtelet, d'une décision d'un prévôt des clercs du Châtelet, dans un débat soutenu contre un autre clerc du Châtelet ;

Un arrêt de la Bazoche, du 31 mars 1661, sur un appel des clercs du Châtelet, contre d'autres clercs du Châtelet, d'une décision de leur prévôt ;

Un arrêt de la Bazoche, du 5 juillet 1603, statuant sur un appel formé par un clerc de la Bazoche du Palais, appelant de la décision rendue par le prévôt de la Bazoche du Châtelet en faveur d'un clerc du Châtelet.

communiqué un mémoire in-folio, à la fin duquel sont imprimées tout au long les pièces justificatives de l'existence de cette Bazoche ».

Ils trouvèrent même une preuve irrécusable de son existence dans les statuts de la communauté des procureurs, qui disposent formellement que nul ne sera reçu procureur, qu'il n'ait été clerc dix ans, *s'il n'a été prévôt ou trésorier de la Bazoche.*

Il paraît qu'il en était à la Bazoche du Châtelet comme à celle du Palais, où les fonctions de chancelier dispensaient de la justification des dix années de cléricature, lorsque ces dignitaires se présentaient pour remplir les fonctions de procureur.

Les clercs s'adressèrent aux magistrats du Châtelet et leur soumirent la contestation que leur faisaient les procureurs. Après avoir pris connaissance des pièces produites de part et d'autre, le Châtelet arrêta un règlement à peu près semblable à celui qui était intervenu entre les procureurs du Parlement et les clercs de la Bazoche du Palais. Ce règlement est à la date du 2 août 1757.

Voici ses principales dispositions :

Il exigeait, pour être nommé procureur, dix ans de cléricature, constatés sur un registre tenu par les officiers de la Bazoche et enfermé au Châtelet dans une armoire.

Les clercs étaient tenus de renouveler leurs inscriptions tous les ans.

Les procureurs devaient avoir un registre sur lequel le nom de leurs clercs serait inscrit, et ils ne pourraient donner leur admittatur qu'en visant le certificat de cléricature délivré par la Bazoche.

Les fils de procureurs étaient soumis à la nécessité de l'inscription et de la vérification pendant cinq ans.

Enfin, les difficultés entre les clercs et les procureurs au sujet de ce règlement devaient être jugées par les magistrats du Châtelet.

Les procureurs n'en furent pas satisfaits ; ils se pourvurent par appel devant le Parlement, sous prétexte que le Châtelet n'avait pas le droit de faire des règlements ; mais leurs prétentions ne furent pas accueillies. Il fut établi qu'avant que le Parlement eût été réorganisé, le Châtelet réglait, de son autorité, tout ce qui pouvait concerner la police de son tribunal ; qu'on pouvait d'autant moins disputer ce droit au Châtelet, qu'il l'avait toujours exercé sans que le Parlement le lui eût jamais contesté ; que le règlement qu'on attaquait ne devait pas l'offenser ; que les magistrats du Châtelet s'étaient conformés aux arrêts et règlements que le Parlement avait rendus entre les procureurs et les clercs du Parlement ; que, dès lors, il n'y avait rien que de très-sage et de très-conforme aux mesures prises par la Cour suprême.

A partir de ce moment, la Bazoche du Châtelet prit une nouvelle consistance ; elle tint régulièrement ses audiences, observa ses statuts et veilla à la conservation de ses droits. Comme les clercs du Palais, elle soutint des débats pour la délivrance des certificats de cléricature. Ainsi, en 1762, un clerc, qui avait travaillé longtemps chez un procureur au Parlement, se présenta pour obtenir l'office d'un procureur au Châtelet. Les officiers de la Bazoche du Châtelet soutenaient que ce clerc n'ayant pas fait tout son temps chez les procureurs au Châtelet, devait être refusé. Les magistrats du Châtelet furent de cet avis; mais, sur l'appel au Parlement, la Cour, par arrêt du 17 février 1762, déclara que le temps de demeure et de travail chez le procureur au Parlement serait compté à ce clerc pour compléter les dix années prescrites par les règlements.

Dans les siéges où il n'y avait pas de Bazoche, les procureurs eux-mêmes délivraient les certificats de cléricature. Le temps de cette cléricature pour les présidiaux et les bailliages était ordinairement de cinq ans.

Les clercs de notaires, nous l'avons vu, faisaient partie de la Bazoche du Châtelet. Dans les provinces où des Bazoches existaient, elles se composaient, en général, de tous les clercs, sans distinction. Ainsi, à Marseille, le Roi de la Bazoche était un clerc de notaire, tandis que les clercs de notaires de Paris s'étaient soustraits à l'autorité de la Bazoche du Palais. Nous avons déjà cité un arrêt du Parlement, du 5 avril 1631, qui la débouta de sa demande tendant à ce que défenses fussent faites aux clercs de notaires de se soustraire à sa justice.

Cependant, il résulte d'un arrêt de la Bazoche, en date du 24 mars 1599, que les clercs de notaires ne pouvaient aspirer à aucune des dignités bazochiales. Cet arrêt intervint sur la requête à elle présentée par Jean Barnabé, ancien suppôt et lieutenant de la Bazoche de Loches, qui voulait faire redresser les abus et cesser les injures auxquelles les dignitaires de cette Bazoche avaient été en butte.

Dulaure, dans son *Histoire de Paris*, dit que la communauté des clercs de notaires du Châtelet, en 1483, à l'entrée de la reine, joua un mystère, dont les frais s'élevèrent à 16 livres. Il ne faut pas perdre de vue qu'à cette époque le mot notaire n'avait pas la même signification qu'aujourd'hui. Les notaires près les tribunaux étaient des garde-notes, sortes de commis greffiers tenant les audiences et recevant les minutes des jugements, les actes, traités et conventions des parties ; ils réunissaient, par conséquent, deux sortes de fonctions qui n'étaient pas incompatibles.

Mais le notaire *(notarius)* qui avait reçu ces notes ou minutes n'était pas autorisé à les conserver ; il les portait à un officier public, connu sous le nom de tabellion, ou gardien de l'acte *(tabularius)*, qui rédigeait une table chronologique, ou alphabétique, à l'aide de laquelle il classait les minutes qui lui étaient remises par le notaire. C'était cet officier public qui délivrait des expéditions ou grosses de la minute. On disait d'un acte expédié par le tabellion, qu'il était tabellionné. Le tabellion avait foi en justice pour la sincérité de son expédition, comme le notaire l'avait sur la véracité de la minute.

L'office de notaire, tel qu'il existe aujourd'hui, se partageait donc en deux, primitivement. Peu à peu les notaires devinrent eux-mêmes tabellions ; les deux noms comme les deux fonctions, se confondirent : *plerumque pro eodem accipiuntur*.

La juridiction la plus importante pour l'office de notaire était celle de la prévôté de Paris, dont nous avons parlé sous le nom de juridiction du Châtelet. Saint Louis avait attaché à ce tribunal soixante notaires, qui s'appelaient notaires au Châtelet. Ce nombre avait été considérablement augmenté. Plus tard, Philippe le Bel maintint le chiffre fixé par saint Louis et fit rayer tous ceux qui lui avaient été dénoncés comme convaincus d'ignorance et de mauvaise vie. Les notaires à Paris jouissaient d'une assez grande considération, mais dans les justices subalternes le tabellionnat était dans un complet discrédit. C'était ordinairement le barbier ou le boucher du village qui en remplissait les fonctions. Philippe le Bel réprima cet abus par son ordonnance de juillet 1304 ; il fit défense de cumuler l'état de notaire avec celui de barbier ou de boucher, sous peine de destitution de l'office de notaire (1).

Nous n'en dirons pas davantage sur les notaires au moyen âge ; ce n'est pas ici le cas de faire l'historique de cette corporation. Notre but a été de faire connaître, en quelques mots, l'importance qu'avaient acquise ces fonctionnaires, pour déterminer, par comparaison, celle que leurs clercs pouvaient avoir dans la communauté des clercs du Châtelet.

Miraulmont a dit par erreur « qu'il n'y a Bazoche qu'à Paris. » Il y en avait dans beaucoup de villes de province; nous en avons cité plusieurs au chapitre II, nous pourrions y ajouter celles de Tours et de Marseille. Ainsi, en 1596, lorsque le siège de la sénéchaussée fut établi à Marseille, il se créa tout de suite une société de la Bazoche. Le Roi était ordinairement un clerc de notaire ; il nommait lui-même son successeur et se qualifiait *par la grâce du bonheur, Roi de la Baʒoche*. Il prêtait serment entre les mains de son chancelier. Les armoiries de la Bazoche de Marseille étaient trois écritoires surmontées d'une couronne fleurdelisée.

---

(1) L'article 25 de l'ordonnance de Philippe le Bel s'exprime ainsi :
Item. Tabelliones seu notarii publici, auctoritate nostrâ, nullo vili officio, vel ministerio sese immisceant vel utantur, nec *carnifices* vel *barbitonsores* existant. Quod si fecerint, ipsos post monitionem légitimam privari volumus officio supra dicto.

La Bazoche de Lyon était célèbre. Elle fut tour à tour autorisée, supprimée, rétablie. Brillon cite un édit portant rétablissement de la Bazoche en faveur des clercs et praticiens de la sénéchaussée de la ville de Lyon. Cet édit est de février 1652. Rétablie au mois de septembre de la même année, elle fut supprimée par un nouvel édit du mois d'août 1653.

L'historien anonyme parle souvent, dans son ouvrage, de la Bazoche de Lyon qui relevait de la Bazoche du Parlement de Paris. Il cite, entre autres, un arrêt de la Cour bazochiale sur l'appel porté devant elle par Mᵉ Isaac Charvière, appelant de l'élection faite de sa personne pour être prince de la Bazoche, le 5 avril 1588 (1). M. Péricaud aîné, ex-bibliothécaire, dans ses notes et

---

(1) Voici cet arrêt :

« Veu par la Cour le congé deffaut obtenu par les officiers de la Bazoche de la ville de Lyon, et le procureur de la principauté d'icelle, anticipans et demandeurs, et requérant le profit et adjudication dudit congé défaut, à l'encontre de Mᵉ Isaac Charvière appellant de l'esletion faite de sa personne pour estre prince de la dite Bazoche, le cinquiesme jour d'avril dernier, et de ce qu'en conséquence d'icelle, il a esté ordonné qu'il fera le serment, anticipé et adjourné pour voir adjuger le profit du dit congé défaut. La demande sur le profit du dit congé défaut, lettres d'anticipation et exploict fait en vertu d'icelles. Le dit congé défaut à faute de comparoir. Exploicts faits en vertu d'icelle. Sentence dont est appel, et tout ce qui a esté mis et produit par devers la dite Cour ; et, tout considéré, il est dit que le dit congé défaut a esté bien et deuement obtenu, et pour le proffit d'iceluy. La dite Cour a déclaré et déclare le dit appellant descheu de ses dites appellations, et ordonné que ce dont a esté appelé sortira son plein et entier effect, et les condamne en l'amende et ès despens des dites causes d'appel du dit congé défaut et de tout ce qui s'en est ensuivy. Prononcé le trentiesme septembre mil cinq cens quatre-vingts-huit. Signé Vincent. »

Les dignités bazochiales étaient excessivement onéreuses. Les élus cherchaient souvent à les éviter ; nous avons eu déjà plusieurs fois occasion de signaler ce fait.

documents pour servir à l'histoire de Lyon sous le règne de Henri III, reproduit à la date du 11 mai 1578 une note relative à la Bazoche de cette ville ; elle fournit des détails curieux sur cette société.

Il paraît en effet que les Bazochiens lyonnais n'imitaient en rien leurs confrères de Paris ; au lieu de faire du tapage, des montres, et de jouer des comédies, ils organisaient des cérémonies religieuses, des processions, faisaient dire des messes auxquelles leur prince et toute la confrérie assistaient dévotement.

Philibert Girinet, chevalier de l'Église de Lyon, nous a laissé, dans un poème latin, des détails fort intéressants sur cette Bazoche. Ce poème a pour titre : *Philiberti Girineti de Petri Gauteri in pragmaticorum Lugdunensium principem electum Idyllion* (1).

L'idylle de Girinet a été traduite par M. Breghot du Lut, conseiller à la Cour d'appel de Lyon, qui la publia avec des notes précieuses (2). M. Breghot du Lut, ainsi que Colonia, l'auteur de l'*Histoire littéraire de Lyon*, croyait cette idylle inédite ; mais elle se trouve imprimée dans une curieuse compilation de poèmes latins, due à Gilbert Cousin, de Nozeroy en Franche-Comté, connu sous le nom latin de *Cognatus* (3).

---

(1) Le titre, que nous reproduisons textuellement, est incorrect ; il faut lire *electione* au lieu de *electum*, et la phrase se fait ainsi : *Idyllion Philiberti Girineti de electione Petri Gauteri in principem pragmaticorum Lugdunensium.*

(2) Petite brochure de 27 pages, tirée à 100 exemplaires. Lyon, impr. d'Ant. Périsse, 1838.

(3) Ce volume rare porte le titre de *Bucolicorum auctores* xxxviii. Basileœ, 1546, in-8. En comparant la version de M. Breghot du Lut avec celle de l'édition de Gilbert Cousin, on trouve de notables différences. Cette dernière est beaucoup plus exacte.

Le poème de Girinet roule en entier sur l'élection d'un Roi de la Bazoche qui s'appelait Pierre Gauthier, et sur les fêtes de la plantation du mai qui l'accompagnèrent.

C'était au mois de mai, dit le poëte; les clercs se réunirent, suivant l'usage, pour se choisir un Roi. Nos suffrages unanimes se portèrent sur Pierre Gauthier, qui appartenait par sa naissance à une race noble et illustre.

Sitôt l'élection faite, deux de ses principaux sujets l'élevèrent sur leurs épaules et le portèrent en triomphe, escortés d'une foule nombreuse, puis l'assirent sur un trône superbe, et mirent dans sa main droite un sceptre doré.

Cette marche triomphale rappelle celle qui se faisait dans Paris pour le Pape des Fous après son élection; il parcourait la ville aux flambeaux, suivi de tous ses sujets. Il est probable que la Bazoche de Lyon avait emprunté cette cérémonie à cette ancienne coutume. Du reste, nous n'avons rien trouvé dans l'histoire des Bazoches de Paris qui permette de supposer que les clercs du Parlement et du Châtelet eussent adopté le même cérémonial.

Le Roi nouvellement élu, après avoir désigné les fonctionnaires de son Royaume (1), donna des ordres pour la cérémonie du mai. Trois sapins furent apportés dans la ville. L'un fut planté devant la demeure de Jean du Peyrat, qui était alors lieutenant-général de la sénéchaussée, et au Gouvernement de Lyon, en l'absence du

---

(1) Nouvelle différence avec les Bazoches de Paris, où les fonctions étaient soumises à l'élection.

maréchal de Saint-André ; le second devant celle de Jean Tignat, juge ordinaire de Lyon, et le troisième, devant le palais du Roi de la Bazoche (1).

Nous ne suivrons pas le poëte dans la description animée qu'il fait de la visite du jeune monarque à toutes les églises de la ville, où il fut reçu en grande pompe par le clergé, et des fêtes auxquelles il assista à Saint-Just et à l'Ile-Barbe. S'il faut en croire l'historien, le voyage de l'Ile-Barbe se serait fait dans de petites barques, au bruit du canon. Le Roi de la Bazoche aurait été accompagné d'un brillant cortége de soldats, commandés par leurs officiers, en tête desquels figurait le lieutenant du Peyrat. Un festin splendide aurait été offert par le monarque à ses nombreux suppôts et à une foule d'invités, dans une maison de campagne située au milieu de l'espace qui sépare l'île de la ville. Enfin, son entrée dans la ville, au retour de son excursion, fut, dit Girinet, accueillie par les applaudissements d'une foule empressée.

Il faut faire la part de l'exagération poétique, et admettre que Philibert Girinet a coloré un peu chaudement son récit. Cependant son idylle, par les détails précis qu'elle donne, soit sur les hommes, soit sur les événements qui se passèrent à cette occasion, ne laisse pas de présenter une valeur historique qu'on ne peut lui contester. Il est hors de doute que ce Pierre Gauthier appartenait à une famille honorable de l'époque. La fête splendide qu'il offre à ses amis n'est pas de celles que

---

(1) La plantation du mai dans la Bazoche de Paris et l'élection du Roi ne se faisaient jamais simultanément. La première avait lieu au mois de mai, et l'élection du Roi ou du chancelier au mois de novembre.

peut donner un Roi de la Bazoche ordinaire, réduit aux simples ressources d'un étudiant.

La société des clercs de Lyon était, sans doute, à l'époque où cette idylle fut composée, dans sa plus grande splendeur. Ce devait être sous François Ier, du vivant d'un poëte célèbre de Lyon, Maurice Scève, qui avait fait partie lui-même de la société de la Bazoche, en sa qualité d'avocat (1). Clément Marot, à son passage à Lyon, s'était lié d'amitié avec Scève, et lui avait même adressé une épigramme à propos de la musique, que celui-ci l'engageait à apprendre.

Les oreilles de tous, dit Girinet, furent charmées par les discours de l'éloquent Maurice Scève, ce poëte divin, que couronne à juste titre le laurier d'Apollon.

Ce qui frappe à la lecture de cette idylle, c'est le détail caractéristique que nous avons déjà signalé. Les clercs lyonnais donnaient à leurs manifestations tout l'éclat possible, mais leurs cérémonies s'alliaient à un sentiment religieux qu'on chercherait vainement dans les élections, montres et plantations de mai des clercs parisiens. Le Roi de la Bazoche de Lyon, après son élection, visitait toutes les églises de la ville, et il y était reçu en grande pompe par le clergé.

Une autre remarque importante, c'est la présence de

---

(1) Maurice Scève a laissé plusieurs poésies, entre autres deux églogues, dont l'une a pour titre *Arion*, et l'autre *la Saulsaye*, *églogue de la vie solitaire*; puis d'autres productions, et un poème du *Microcosme, ou Petit monde*. On doit encore à ce poète un recueil de dixains sur l'amour, intitulé *Delie object de plus haulte vertu*.

Une réimpression de la *Delie* a été faite à Lyon, par N. Scheuring, chez Louis Perrin, en 1862, sur papier teinté et d'après l'édition de 1544. La notice biographique qui la précède est de notre ami Alfred de Terrebasse, qui a voulu garder l'anonyme.

Maurice Scève et de Philibert Girinet dans la Société des clercs lyonnais. Maurice Scève lut une pièce de vers et Girinet se fit l'historiographe poétique de l'élection de Pierre Gauthier, à laquelle l'un et l'autre prirent part.... *Illo dignamur honore.* « Nous le jugeâmes digne de cet honneur. » — La version de M. Breghot du Lut est celle-ci : *Illo dignantur honore :* « Ils le jugèrent digne de cet honneur. » Ce qui est bien différent.

Les détails que donne Girinet sont ceux d'un témoin oculaire ; *Gauterum acclamant,* « ils nomment Gauthier par acclamation ; » *una fuit sententia,* « il n'y eut qu'une seule voix ; » et dans sa latinité on retrouve l'écolier, le jeune homme tout plein de souvenirs classiques, de réminiscences virgiliennes, que les années n'ont point encore fait oublier. L'auteur était alors un jeune bazochien de 18 à 25 ans, ce qui fixerait sa naissance dans les quinze premières années du XVI⁰ siècle.

L'idylle de Girinet, qu'on nous pardonne d'insister sur ce sujet, fut composée suivant nous de 1530 à 1535 : dans tous les cas ce poème est antérieur à l'année 1546, qui est celle de l'édition de Bâle. Sa date se rapproche de 1535, car il y est question de Hugues du Puy, qui était conseiller échevin à Lyon vers 1537.

On pourra s'en convaincre par la suite ; l'histoire de la Bazoche dans toutes les provinces amènerait quelques détails nouveaux au point de vue local, quelques différences dans les coutumes et les cérémonies, mais le fond de l'institution, comme société, son but et son utilité sont partout les mêmes.

Nous avons dit précédemment que la Bazoche du Palais avait le pouvoir d'accorder des lettres d'érection aux juridictions bazochiales de la province (1); elle les octroyait volontiers, mais elle était très-jalouse de cette prérogative, et résistait énergiquement à toutes les entreprises qu'elle pouvait considérer comme une usurpation. On en trouve la preuve dans un arrêt rendu par elle dans un débat entre la Bazoche de Verneuil, celle de Moulins et quelques clercs, sur l'appel d'un jugement rendu par ces deux juridictions: Un doute s'éleva sur la question de savoir s'il y avait Bazoche, et si le président et le trésorier, mis en cause, n'avaient pas usurpé leurs fonctions. La Cour prit une décision, par laquelle il était ordonné que, dans le mois de sa signification, Jamin, se disant président de la Bazoche de Verneuil, déposerait au greffe de la Cour les lettres et titres de l'érection de cette juridiction; à défaut de quoi, l'exercice en demeurerait interdit. Cet arrêt est à la date du 24 novembre 1601.

Le Parlement de Toulouse était, sans contredit, après celui de Paris, la Cour souveraine la plus importante. Sa juridiction s'étendait sur un territoire immense, jusqu'à quelques lieues de la ville de Lyon, sur les bords du Rhône, à Annonay.

---

(1) Voici en quels termes se faisait cette érection :
La Bazoche régnant de triomphe et tiltre d'honneur, salut, sur la requeste judiciairement faite par le procureur de communauté, tendant à ce qu'il pleust à lettres d'érection, création et establissement d'un siége, cour et juridiction bazochiales, donnée et concédée aux clercs du dit siége de Chaumont en Bassigny, suivant et conformément aux statuts attachez ausdites lettres, sous le contre-scel de notre chancellerie. La Cour, en entérinant la dite requeste, ouy sur ce le procureur général, a ordonné et ordonne que sur le reply des dites lettres sera mis, leués, publiées et enregistrées, pour en jouyr par les impétrans, aux charges y contenuës, et que les appellations qui seront interjettées ressortiront au dit Royaume, conformément ausdits statuts. Fait au dit Royaume, le vingt-uniesme jour de février mil cinq cens quatre-vingt-six. Signé Bernard.

La Bazoche de Toulouse était aussi, après celle de Paris, une des plus célèbres. Elle se recrutait parmi les étudiants en droit qui affluaient dans cette capitale du midi.

Nous n'avons pu recueillir sur cette association que des documents épars, mais suffisants si l'on considère le cadre étroit dans lequel nous nous sommes placé, et en dehors duquel reste l'historique complet des associations bazochiennes de la province.

La Bazoche de Toulouse était organisée comme celle de Paris; elle était aussi une des plus anciennes avec celles de Grenoble, Dijon et Bordeaux, ainsi que le constate la poésie d'André de la Vigne, *Complaintes et épitaphes du Roy de la Bazoche*, dont nous avons parlé au chapitre premier et sur laquelle nous aurons à revenir. La Roche Flavin lui a consacré un chapitre dans son histoire des treize Parlements de France.

Un écrivain contemporain, M. Amédée-Thomas Latour, mort il y a quelques années, juge au tribunal de Toulouse, a consacré quelques pages à l'histoire de la Bazoche de cette ville (1) toujours prête à appuyer la résistance du Parlement dans ses luttes avec l'autorité royale. Nous rapportons d'après lui le fait suivant :

M. Baour, père de M. Baour-Lormian, membre de l'Académie Française, avait imprimé une notice détaillée sur la Bazoche, sur son origine, ses statuts, ses droits. Cette publication excita l'humeur des bazochiens Il est à regretter que M. Thomas Latour ne nous ait pas dit la cause de cette colère. La Cour bazochiale rendit, le

---

(1) Sa brochure est cataloguée dans notre chapitre bibliographique.

22 avril 1776, un arrêt qui défendait au sieur Jean-Florent Baour, écuyer, imprimeur-libraire, scelleur de la grande chancellerie de France, de rien imprimer dans la *Gazette* dite *de Toulouse*, ni dans tout autre ouvrage, qui fût relatif à la Bazoche et à ses priviléges, sous peine d'amende, de prison et de dommages-intérêts. Les bazochiens ne s'en tinrent pas là : ils persécutèrent le malheureux imprimeur, qui eut recours au Parlement et demanda la cassation de l'arrêt de la Bazoche. La Cour rendit, en assemblée générale, le 28 août de la même année, un arrêt qui cassa le prétendu arrêt de la Bazoche, *comme abusif, attentatoire aux droits du Parlement, et contraire en sa forme et teneur aux priviléges et concessions octroyés à ladite Bazoche par l'édit de son institution, rendu par le roi Philippe le Bel, en 1303, et par celui du 2 janvier 1548, du roi Henri II.*

Nous le répétons : nous avons vainement cherché cette ordonnance de 1303 ; elle a été introuvable pour nous. Il est à présumer que le Parlement de Toulouse, en 1776, adopta de confiance un édit qui n'a probablement jamais existé.

Il est remarquable, au surplus, que Duluc, Gastier, Miraulmont, n'en disent pas un mot. Quant à l'édit de Henri II, du 2 janvier 1548, son authenticité est encore plus problématique : c'est la première fois que nous le trouvons cité. Les historiens que nous avons consultés à ce sujet se taisent unanimement. L'aurait-on confondu avec la prétendue donation faite par ce prince aux bazochiens du Pré aux Clercs à la suite de l'expédition de la Guyenne ? Nous savons déjà à quoi nous en tenir sur la valeur de cet autre document.

Nous ne suivrons pas M. Amédée-Thomas Latour dans les détails qu'il nous donne sur la Bazoche de la ville de Toulouse ; nous aimons mieux renvoyer le lecteur à sa brochure, qui est remarquable sous plus d'un rapport. Qu'il nous soit permis d'émettre le vœu qu'un écrivain toulousain consacre quelques-uns de ses loisirs à des recherches sur les bazochiens de la province ; il serait peut-être curieux de remettre au jour la publication de M. Baour ; il serait possible aussi de trouver dans les archives du Parlement de Toulouse des documents relatifs à l'association des clercs dans le midi de la France. Toulouse fut une ville de poésie et de troubadours : les clercs de la Bazoche y ont donné sans doute des représentations théâtrales, mystères, moralités, farces et sotties. Puisse l'étude à laquelle nous nous livrons inspirer à quelque chercheur des antiquités nationales le désir de compléter notre œuvre.

Dans ses complaintes et épitaphes du roi de la Bazoche, André de la Vigne cite les Bazoches de Dijon, de Grenoble et de Bordeaux comme étant le plus en renom de son temps avec celle de Toulouse. Malgré nos efforts nous n'avons rien trouvé sur celle de Grenoble, et c'est avec peine que nous le constatons, en qualité de Dauphinois qui ne voit rien au-dessus de sa belle et intelligente province. Le Parlement de Grenoble étant un des plus anciens, il est certain que la société des clercs devait y être prospère. Elle existait à Vienne et son chef prenait le nom d'abbé de la Bazoche et jouait un certain rôle, car nous le trouvons à cheval se rendant avec les autorités au devant des grands personnages faisant leur entrée dans cette ville.

Depuis que notre travail sur les Bazoches s'est répandu, nous avons constaté avec une vive satisfaction la publication d'un certain nombre de monographies sur les sociétés de clercs de province.

La plus importante est celle de M. Charles Muteau sur les clercs de Dijon, travail excellent et d'une certaine étendue (1). Nous ne signalerons de cette étude que le passage dans lequel il constate que, parmi les sociétaires de la Mère-Folle de Dijon, on trouvait, à côté des ouvriers et des marchands, des bourgeois, des avocats, des procureurs, des officiers du Parlement et de la Chambre des comptes, et nous pouvons ajouter des clercs du Palais. On aura beau le contester, la Bazoche dijonnaise existait depuis longtemps et André de la Vigne n'eut garde de l'oublier dans ses complaintes et épitaphes. Nous aurons plus tard à tirer un argument de la présence des clercs du Palais parmi les membres des sociétés joyeuses comme la Mère-Folle et les Enfants sans souci.

La Bazoche de Dijon prend deux fois la parole sur la tombe du roi Pierre.

> Puisque la mort a si tôt endormi
> Le chef royal et le seigneur haultain
> Qui mon espoir tenait sur et certain;
> . . . .
> Je prie à Dieu qu'en vray repos soit l'ame.

Ce n'est pas très-brillant comme poésie, mais ces vers, tout mauvais qu'il sont, démontrent que la société des clercs de Dijon existait sur la fin du XV° siècle; c'est

---

(1) Muteau Charles. *Les Clercs à Dijon, note pour servir à l'histoire de la Bazoche*. Dijon, Jules Picard, 1857, in-8°, 70 pp.

important à retenir pour ceux qui voudraient nier de nouveau son existence.

La Bazoche de Bordeaux a eu également son historiographe en M. Brive-Cases, magistrat comme M. Muteau : son travail ayant pour titre *Notice historique sur la Bazoche de Bordeaux du XVe au XVIIIe siècle*, se trouve dans les archives de l'Académie de législation de Toulouse, qui en a publié de nombreux passages dans son recueil (1).

Nous regrettons beaucoup que la notice tout entière n'ait pas été imprimée. L'histoire des sociétés de clercs touche à celle des Parlements; elle en est en quelque sorte le complément et la partie familière, la seule qui nous fasse bien connaître les mœurs et les usages des corps judiciaires du temps passé. A ce titre nous désirons très-vivement que cette étude nous soit donnée dans tous ses développements.

M. Augustin Fabre a publié une étude sur la Bazoche de Marseille. Il en existe une sur celle d'Avignon qui date de 1869. Celle d'Aix est bien connue par son intervention dans les processions de cette ville, sous le roi René, et par la notice de M. A. Joly, sur Benoet du Lac et le théâtre de la Bazoche (2). On peut encore consulter les recherches auxquelles des écrivains de la province se sont livrés sur celles de Chartres et de Reims.

---

(1) Tome VII du Recueil, année 1858, pages 447 et suiv.
(2) Scheuring, libraire; Lyon, impr. de L. Perrin, 1862, in-8°.

CHAPITRE QUATRIÈME

Les clercs de la Chambre des comptes. — Empire de Galilée. — Pourquoi cette dénomination. — Opinion de l'abbé Lebeuf. — Fêtes de l'Empire de Galilée. — Juridiction de cette communauté. — Règlement du protecteur Nicolas Barthélemy. — Les procureurs du Parlement au moyen âge. — Les Atournés. — Les clercs de procureurs. — Ils ne reçoivent aucun salaire, vivent avec le patron. — Portrait d'un clerc de procureur. — La fête de saint Nicolas célébrée au Châtelet et au Parlement. — Confrérie de ce saint, sa chapelle, sa légende. — Saint Yves, patron des avocats et de procureurs. — Sa confrérie, sa chapelle, ses légendes. — Une épigramme latine. — La résurrection de Jenin Landore.

UNE autre communauté avait été formée presque en même temps que celle des clercs du Palais, c'est celle des clercs de procureurs de la Chambre des comptes, qui prenait le titre d'Empire de Galilée. Elle est moins connue que celle des clercs de la Bazoche, soit que les dignitaires de cette société n'aient pas eu soin de conserver ses titres, soit qu'ils aient péri lors de l'incendie du Palais en 1618.

Son but et son organisation judiciaire sont à peu près semblables à ceux de la société des clercs du Palais. Il s'agit, en effet, comme dans cette dernière, de conférences pour l'instruction des jeunes clercs. Elle est aussi ancienne qu'elle; son chef s'appelait l'Empereur de Galilée.

Nous nous trouvons, comme pour le royaume de la Bazoche, en présence d'une étymologie contestée. Notre devoir est de faire connaître les diverses opinions émises sur le sens qu'il faut attacher à cette dénomination d'Empire de Galilée, et de proposer ensuite la nôtre: le lecteur en décidera.

Boucher d'Argis et l'abbé Lebeuf ont été les seuls qui se soient occupés de cette intéressante question. Selon le premier, l'explication la plus plausible de la dénomination d'Empire de Galilée est que cette communauté tenait ses séances et rendait la justice dans une maison située dans le quartier juif, qui se trouvait derrière le Palais de justice, dans l'île de la Cité. L'enclos du Palais était, suivant lui, un lieu d'asile où les Juifs vinrent s'établir avec la permission des concierges du Palais. Il y avait une rue de Galilée comme il y avait une rue de Nazareth et de Jérusalem. On peut lire son mémoire inséré dans le *Mercure* du mois de décembre 1739.

L'abbé Lebeuf, dans le *Mercure* du mois de mars 1740, répondant à l'article de Boucher d'Argis, combat cette opinion. Selon lui, *Galilea*, dans la basse latinité, veut dire bâtiment oblong et même galerie. Les nefs des églises les plus anciennes portaient ce nom parce qu'elles étaient fort étroites. Quelquefois les galeries des portiques étaient appelées galilées. Il faut donc admettre, dit l'abbé Lebeuf, que les clercs de procureurs ont choisi le nom d'Empire de Galilée parce que leur résidence, ou leur lieu de réunion, était dans quelque galerie, dans quelque salle oblongue du bâtiment de la Chambre des comptes. Lebeuf ajoute que s'il y avait autrefois, près du Palais de justice, une rue de Galilée, c'est que, probablement, il régnait dans toute sa longueur une notable galerie, et ce qui le confirmait dans la pensée qu'à la Chambre des comptes il y avait des noms singuliers à chaque appartement, c'est qu'on les trouve mentionnés dans les chartes du temps. Ainsi, suivant un de ces documents, un conseil de Charles, régent de France, fut tenu à la Cour des comptes, dans le dernier étage appelé *Galathas* (1).

L'opinion de Lebeuf a pour elle l'autorité de du Cange. En effet, d'après ce savant, il est incontestable que le mot Galilée se prenait souvent dans le sens de galerie: *galileam porticum hoc loco interpretatur, quam nostri galerie vocant*. Il se prenait aussi dans le sens du vaisseau d'une église: *interpretatur ecclesiæ navem*. On usait aussi de ce mot pour désigner le portique d'un cloître: *et defunctus in galileâ tumulari meruit, id est in claustri porticu*.

De même que les clercs du Palais avaient pris pour dénomination de leur communauté un mot qui désignait le lieu dans lequel ils se rassemblaient, et qui était une basilique, une salle où se rendait la justice, de même il ne faut voir dans ce mot Galilée que le nom de la salle où les clercs de la Cour des comptes étaient autorisés à se réunir; cette coïncidence est frappante.

Le titre de haut et souverain Empire, donné à cette

---

(1) Le mot *galetas*, dont on se sert encore aujourd'hui, vient-il de là? C'est l'opinion de du Cange: *Contignationem tegulis proximam hodiè dicimus galetas*. Littré l'accepte.

communauté, quelque fastueux qu'il paraisse, s'explique, parce qu'il désigne seulement une juridiction en dernier ressort. Les clercs de la Bazoche avaient un roi, les clercs de la Cour des comptes voulurent avoir un empereur. Il s'était établi une sorte d'émulation entre les deux compagnies rivales. C'était un assaut de titres honorifiques, de manifestations publiques, de luxe dans le costume, de splendeur dans les jeux et les montres générales. Les priviléges accordés par Philippe le Bel à l'Empire de Galilée ne le cédaient en rien à ceux de la Bazoche.

La Cour des comptes fut d'abord établie par saint Louis, et organisée de nouveau par Philippe le Bel à l'époque où il rendit ses ordonnances sur le Parlement de Paris. Il est à présumer que l'institution des procureurs à la Cour des comptes remonte à la même époque. On voit, dans un arrêt de la Chambre, donné sous le sceau du Roi, du 22 juillet 1344, que l'évêque de Châlons avait un procureur qui avait défendu pour lui. Cependant, il arrivait quelquefois que les procureurs au Parlement occupaient devant la Chambre des comptes. Ils furent érigés en titre d'office, comme les autres procureurs, par l'édit de Charles IX, du mois de juillet 1572.

En 1344, il y avait dix procureurs à la Chambre des comptes. Ce nombre fut porté par la suite jusqu'à vingt-neuf.

On ne sait pas cependant au juste le temps vers lequel les procureurs de la Chambre commencèrent à avoir des clercs. Admettons comme probable que ce fut à l'époque de l'organisation judiciaire fondée par Philippe le Bel. Ce qu'il y a de certain, c'est que, d'après une ordonnance de 1454, ils existaient à cette époque. Cette ordonnance porte que les comptables dresseront ou feront dresser par leurs procureurs ou clercs leurs comptes de bon et suffisant volume. Si l'on en croit le préambule d'un règlement fait par M. Barthélemy, maître des comptes, en qualité de protecteur de l'Empire, il aurait reconnu dans les anciens mémoriaux de la Chambre que cet Empire y figurait depuis plus de trois cents ans. Ce règlement, dont nous parlerons par la suite, est du commencement du dix-huitième siècle.

Les clercs de procureurs de la Chambre des comptes, comme les clercs du Palais, tenaient des assemblées et conférences pour leur discipline. Ils ont été toujours maintenus dans l'exercice d'une juridiction en dernier ressort sur les membres et suppôts de la communauté.

Nous avons dit que le premier officier de l'Empire s'appelait Empereur. Le 5 février 1500, la Chambre des comptes fit emprisonner un clerc, Empereur de Galilée, pour n'avoir pas voulu rendre le manteau d'un autre clerc, auquel il l'avait fait ôter en vertu d'une décision judiciaire. Le 20 décembre 1536, sur la requête de l'Empereur et des officiers de l'Empire de Galilée, la Chambre leur défendit de faire les cérémonies accoutumées à l'occasion des gâteaux des Rois. Ce titre d'Empereur aurait été supprimé par Henri III à l'époque où il abolit le titre de Roi de la Bazoche (1). L'autorité suprême se trouva dévolue au chancelier, qui jouissait du même privilége

---

(1) A propos de cette abolition des titres du Roi de la Bazoche et de l'Empereur de Galilée, nous avons reproduit la version la plus accréditée; nous devons cependant ne l'accepter que sous réserve, comme nous l'avons déjà dit.

que le chancelier des clercs du Palais et que le prévôt des clercs du Châtelet. Ce privilége consistait pour eux à faire sceller gratis à la chancellerie leurs provisions lorsqu'ils se faisaient recevoir procureurs. L'Empire de Galilée eut toujours pour chef protecteur et conservateur né le doyen des conseillers maîtres des comptes. Le procureur général de la Chambre des comptes était chargé de l'observation des statuts.

Une des fêtes de la communauté paraissait être fixée au 6 janvier, jour des Rois. Ce jour-là, ou la veille, tous les dignitaires, en grand costume, et précédés de musiciens, allaient donner des aubades à tous les membres de la Chambre des comptes, et leur offraient des gâteaux des Rois. On trouve encore de nombreux arrêts de la Chambre, qui, tour à tour, autorisent ou défendent la célébration de cette fête. Ainsi, dans un compte de l'ordinaire de Paris, fini à la Saint-Jean 1519, le fermier porte en dépense ce qu'il avait payé à Étienne Lefèvre, trésorier et receveur général des finances de l'Empire de Galilée, pour l'aider à soutenir et supporter les frais qu'il lui a convenu et conviendra faire, tant pour les gâteaux, jeux et états faits à l'honneur et exaltation du Roi, à la fête des Rois, que pour autres affaires.

Dans le compte de l'ordinaire de 1532 on trouve qu'un sieur Guillaume Rousseau, Empereur de Galilée, obtint du roi François Ier vingt-cinq livres parisis pour danses morisques, momeries (1) et autres triomphes, que le Roi veut et entend être faits par eux pour l'honneur et récréation de la Reine.

---

(1) Déguisements, mascarades de gens qui se disposent à danser.

Le 22 décembre 1525, sur une requête présentée par les trésoriers afin d'obtenir des fonds pour le gâteau des Rois, la Chambre leur défendit d'en faire pour cette année, ni de se livrer aux autres joyeusetés accoutumées, à peine de privation de l'entrée de la Chambre.

Les magistrats eurent raison d'agir ainsi: François Ier était prisonnier à Madrid; ce n'était pas le cas de se réjouir, et les conseillers avaient un meilleur emploi à faire de leurs deniers.

En quoi consistaient les joyeusetés auxquelles se livraient les clercs de la Cour des comptes? Nous l'avons vu déjà: c'étaient des danses morisques (1), des momeries et autres triomphes. Il est certain que, comme les clercs de la Bazoche, ils avaient leurs montres et leurs cérémonies publiques. L'autorisation accordée par François Ier en 1532 annonce qu'ils jouaient la comédie comme les bazochiens, comme la société des Enfants Sans Souci et comme les Confrères de la Passion. L'autorisation de ce monarque est très-catégorique, puisqu'elle explique que « le Roi veut et entend ces triomphes être faits par eux

---

(1) Danses morisques doit s'entendre ici des danses mauresques. Parmi les sujets représentés dans les danses macabres figure presque toujours un Maure, c'est-à-dire un nègre coiffé d'un tortil, vêtu d'une tunique courte, les jambes et les bras nus, tenant un javelot d'une main, et de l'autre élevant un cor qu'il tenait embouché, avec lequel il appelle les hommes à la ronde finale. Quelques auteurs ont pensé que cette allégorie roulait sur un jeu de mots, qui consistait à faire venir de *mori* mourir l'expression *danse des morts* ou *des Maures*. Langlois, dans son *Essai historique sur la Danse des Morts*, semble partager cette opinion. Les clercs de la Cour des comptes avaient-ils le privilége de ces sortes de représentations, qui, comme les mystères, avaient un but religieux? Nous n'osons nous prononcer sur cette question délicate; nous n'avons rien trouvé qui nous permette d'émettre autre chose qu'un doute. — Voir l'ouvrage de M. Langlois, page 126, tome Ier. Rouen, Lebrument, libraire, 1852.

pour l'honneur et récréation de la Reine. » Les clercs de la Cour des comptes étaient, en quelque sorte, pour cette fois, les comédiens de sa Majesté.

Dans les années 1535 et 1536, la cérémonie des Rois leur fut interdite, et, en abolissant cette ancienne coutume, il leur fut fait défense « d'aller dans les maisons des officiers de la Chambre, ni autour de la Cour du Roi, distribuer des gâteaux, ni donner des aubades, à peine de privation de l'entrée de la Chambre pour toujours et de l'amende. »

En 1538, cette autorisation leur fut accordée, à la condition qu'ils célébreraient leurs fêtes modestement. Enfin, le 27 novembre 1542, la Chambre fit de nouvelles défenses de porter les gâteaux. Elle ordonna néanmoins que sur les deniers qui avaient coutume d'être pris à cet effet, il serait prélevé cinquante livres au profit de la boîte des aumônes pour faire prier Dieu pour le Roi; ce qui fut ordonné, nonobstant les remontrances faites par les auditeurs.

Ces défenses et ces autorisations successives coïncident, ainsi qu'on le verra plus tard, avec les époques où le Parlement en agissait de même à l'égard des clercs du Palais. Il faut dès lors voir dans ces défenses des mesures générales contre le déchaînement des représentations théâtrales et contre la violence des satires et des personnalités auxquelles les clercs se livraient alors.

Les édits des Empereurs de Galilée portaient une formule exécutoire qui rappelait celle des édits royaux (1).

---

(1) A tous présents et à venir, salut, etc.... Nous avons par ces présentes, signées de notre main, dit, déclaré et ordonné, déclarons et

Les jugements que rendaient les officiers de l'Empire sur les contestations qui survenaient entre ses sujets et suppôts furent de tout temps tellement considérés comme de véritables arrêts, que quelques clercs, ayant voulu, en diverses occasions, éluder les condamnations prononcées contre eux, s'étaient inutilement pourvus devant différents tribunaux, et même en la Chambre des comptes, sans pouvoir faire annuler les décisions prises contre eux; ils s'étaient aussi pourvus en cassation au conseil du Roi; et, sur leur requête, par arrêt du conseil, les parties furent renvoyées devant Messieurs du grand bureau de la Chambre des comptes, comme commissaires du conseil en cette partie pour y juger les contestations.

Le dernier monument historique, relatif à l'Empire de Galilée, est le règlement du mois de janvier 1705, donné par Me Nicolas Barthélemy, chevalier seigneur d'Èves, conseiller du Roi, maître ordinaire et doyen de la Chambre des comptes, qui remplissait les fonctions de protecteur de l'Empire depuis 1699.

D'après ce règlement, le corps de l'Empire était composé de quinze clercs, savoir: le chancelier, le procureur général, six maîtres des requêtes, deux secrétaires des finances, un trésorier, un contrôleur, un greffier et deux huissiers.

Les fonctions de chancelier étaient soumises à l'élection de tous les officiers de l'Empire et de tous les clercs travaillant chez les procureurs.

---

ordonnons, voulons et nous plaît.... Si mandons à nos amés et féaux chancelier et officier dudit Empire que ces présents articles de règlement, en forme d'édit, ils fassent lire, publier et enregistrer.

Voici quelles étaient les cérémonies relatives à son installation.

Celui qui était nommé chancelier prenait des provisions du protecteur de l'Empire, et, lorsqu'elles étaient signées et scellées, il les remettait à un maître des requêtes pour faire son rapport.

M. le doyen des maîtres des comptes, protecteur, prenait place au bureau de la Chambre, où il occupait le siége du premier président. A sa droite était assis le procureur général de la Chambre. Le maître des requêtes faisait alors son rapport devant ces deux magistrats et en présence de l'Empire assemblé. Le chancelier était ensuite introduit; il faisait une harangue et allait s'asseoir à côté du protecteur. Il se couvrait d'une toque, ou petit chapeau, d'une forme assez bizarre. Le protecteur l'exhortait à faire observer les règlements, et le conduisait dans la Chambre du conseil, où il prêtait serment entre les mains du plus ancien des chanceliers de l'Empire. Là il faisait encore un discours.

Les fonctions de chancelier étaient très-onéreuses, et sa réception seulement lui revenait, d'ordinaire, à quatre ou cinq cents livres.

Deux clercs de la même étude ne pouvaient remplir ensemble des charges dans cette communauté, et l'on n'admettait aux offices que des clercs de bonnes vie et mœurs et de la religion catholique, apostolique et romaine.

Les officiers de l'Empire et tous les clercs, lorsqu'ils entraient à la Chambre ou dans la salle des audiences, étaient obligés de porter le bonnet de clerc, espèce de petit chapeau, ou toque, et le manteau percé, c'est-à-dire une robe noire qui ne leur descendait que jusqu'aux genoux. Les infractions à ce règlement se payaient quinze sols la première fois, trente la seconde, et un écu la troisième.

Les officiers statuaient sur les procès entre les suppôts, et, quand il n'y avait pas de contestations à juger, les maîtres des requêtes proposaient au tribunal quelques difficultés sur les finances.

Le règlement de Mᵉ Nicolas Barthélemy ajoute : que les officiers ne pouvaient se dispenser de leur service à peine de cinq sols d'amende, encore devaient-ils, dans la huitaine, déclarer, sous serment, quel avait été leur empêchement. Les clercs nommés devaient accepter leur charge, à peine de quinze livres d'amende, et, s'ils passaient un mois ou deux sans faire leur service, ils étaient déclarés indignes d'occuper une charge de l'Empire, condamnés en quinze livres d'amende, destitués de leurs offices et obligés de remettre leurs provisions au protecteur. Ceux qui donnaient des marques de mépris ou tenaient des propos injurieux contre l'Empire, étaient punis arbitrairement après information du procureur général. Ceux qui dévoilaient le secret des délibérations étaient condamnés en soixante sols d'amende, pour la première fois, et, pour la seconde, ils étaient privés de leurs charges et déclarés indignes.

Les clercs de la Chambre des comptes étaient tenus de faire enregistrer au greffe de l'Empire le jour de leur entrée; ils payaient un droit de réception comme les clercs du Palais. Les fils de procureurs étaient dispensés de l'acquittement de ce droit. Les officiers de l'Empire percevaient un droit sur les commis des comptables qui entraient à la Chambre, sur les officiers, commissionnaires, comptables, contrôleurs, et tous ceux qui prêtaient serment lorsqu'ils s'y faisaient recevoir. Enfin, le règlement dont il est question faisait défense à tout clerc de porter l'épée à la Chambre des comptes, à peine d'une amende de trente-deux sols, pour la première fois, et de trois ou quatre livres, pour la seconde.

Par les anciens comptes on voit que les officiers de l'Empire avaient droit de prendre, tous les ans, deux cents livres sur le domaine; mais à l'époque où Boucher d'Argis écrivait son mémoire ils ne jouissaient plus de ce droit.

On faisait, tous les ans, dans la Chambre de l'Empire, la lecture des derniers règlements, la veille de la Saint-Charlemagne, ou un des jours suivants, en présence de tous les membres de la communauté. Enfin, pour terminer ce que nous avons à dire sur cette association, mentionnons que les officiers de la communauté et les suppôts célébraient, tous les ans, dans la chapelle basse du Palais, la fête de l'Empire, le 28 janvier, jour de la mort de Charlemagne. Ils avaient choisi ce patron parce qu'il avait été empereur, ou, ce qui est plus probable, parce que, de tout temps, Charlemagne a été considéré comme le protecteur des écoliers.

Il ne serait pas trop possible de faire une étude complète sur les clercs sans consacrer quelques lignes à leurs patrons par excellence, les procureurs. C'est à ces officiers ministériels qu'ils doivent l'existence, si l'on en croit l'historien anonyme et Miraulmont; c'est, au reste, une paternité qu'ils ne peuvent, ni ne veulent renier.

Prenons donc les procureurs à la même époque,

c'est-à-dire sous Philippe le Bel, avec d'autant plus de raison que leur origine n'est guère plus ancienne que celle de leurs clercs, et qu'elle se confond avec elle.

Ce n'est que dans les établissements de saint Louis que nous trouvons mentionné pour la première fois ce nom de procureur, encore ne désignait-il que des mandataires pour un fait spécial. Tout individu était apte, ou à peu près, à remplir les fonctions de *procurator ad lites;* c'étaient, en général, les ecclésiastiques qui les exerçaient. L'ordonnance de Philippe le Bel, de 1287, qui les éloigna des justices temporelles et des emplois de procureurs, ne faisait que confirmer la décision du concile de Latran, qui leur avait interdit toutes fonctions judiciaires dans les tribunaux laïques. Ces mesures étaient nécessaires; des abus s'étaient introduits, des fortunes avaient été acquises d'une manière rapide et scandaleuse. La censure publique, dès cette époque, flétrissait avec violence ces honteuses spéculations. Pour en avoir une idée on peut lire le testament de Jean de Meung, continuateur du Roman de la Rose, au chapitre où il parle des religieux qui, au lieu d'*aprandre, courent à la lucrative et deviennent avocats et plument le peuple.*

C'étaient là des faits exceptionnels, sans doute, qui ne doivent pas être présentés comme une règle générale; et, pour être juste, il faut reconnaître que les mandataires laïques n'en usaient pas avec plus de discrétion à l'égard de leurs commettants.

Ces mandataires, ou *procuratores*, s'appelaient aussi atournés ou atornés, ainsi que nous l'apprend du Cange, qui cite un vieux coutumier de Normandie.

On trouve dans le testament de Pathelin la preuve que ce mot s'employait pour désigner un procureur.

> Mes Seigneurs oyez l'apointement (1)
> Ennuyt (2) donné en nostre court,
> Fut présent Mathelin le sourt
> *Attourné* de Gauthier faict nyent.

Cette qualification d'atourné se donnait encore, dans quelques provinces, au maire d'une commune; elle s'est conservée assez longtemps.

Un avoué, au moyen âge, était le patron, le protecteur laïque d'une église ou d'un monastère. Il défendait les droits confiés à sa garde, soit devant les tribunaux, soit les armes à la main. Les plus nobles seigneurs ne dédaignaient pas ces fonctions; Charlemagne prenait le titre d'avoué de Saint-Pierre. *Advocatus* veut presque toujours dire avoué lorsqu'il s'applique à un de ces nobles personnages, et c'est par erreur que Chorier, l'historien du Dauphiné, a quelquefois traduit ce mot par celui d'avocat. Ce n'est que depuis la révolution de 89 que la qualification d'avoué a été donnée aux procureurs.

Au commencement du XIVme siècle, les procureurs prirent une position importante au Palais; ils se réunirent en confrérie sous l'invocation de saint Nicolas et de sainte Catherine, et obtinrent, en 1342, des lettres patentes qui autorisèrent les statuts de leur compagnie. Dans l'acte constitutif de leur société, passé devant notaire, le 17 juin 1341, ils se qualifièrent de *Compai-*

---

(1) *Apointement* veut dire arrêt convenu.
(2) Aujourd'hui.

gnons clercs et écrivains fréquentant le Palais. Quelques années plus tard, ils s'appelaient procureurs généraux, *procuratores generales in Parlamento*. Le règlement fait en 1345 par le Parlement leur donne ce nom, et les oblige à une prestation de serment pour exercer leurs fonctions. Ils étaient, en conséquence, inscrits sur un tableau, à la suite de l'ordre des avocats.

Les procureurs avaient, dans la grande salle des Pas-Perdus, des bancs spéciaux qui leur appartenaient. C'était là qu'ils passaient une partie de la journée à recevoir le client, à donner des consultations, à rédiger des placets. Ils se rendaient de grand matin au Palais et assistaient à la messe qui précédait chaque audience.

Les clercs de procureurs restaient ordinairement à travailler dans l'étude lorsque le patron était au Palais ou au Châtelet ; ils logeaient avec lui et mangeaient à sa table. Les pères de famille confiaient leurs fils à un procureur comme à un chef d'institution ou à un maître d'apprentissage (1). Ainsi, un arrêt du Parlement d'Aix, du 21 novembre 1644, condamne un père de famille à remettre son fils chez un procureur, ou, faute de ce, à lui payer des dommages-intérêts pour l'avoir quitté avant le temps convenu. Un autre arrêt, du 28 mars 1667, condamne un apprenti clerc de procureur à payer à son patron une somme de cent livres qu'il lui devait pour aliments.

---

(1) Voir la satire intitulée *La Misère des Clercs de Procureurs*. Elle a été composée par un bazochien qui a caché son véritable nom sous celui de Tournabons. S'il faut en croire ce bazochien, les clercs de procureurs n'étaient pas très-heureux chez leurs patrons. Le lecteur lira cette satire avec intérêt; elle mérite l'attention par les détails et les traits de mœurs qu'elle renferme.

Une déclaration du 10 juillet 1685, enregistrée au Parlement le 26 du même mois, fait défense à tous juges, avocats, notaires, procureurs et sergents, de se servir de clercs faisant profession de la religion prétendue réformée.

Le clerc de procureur ne recevait aucun salaire. La délibération de la communauté des avocats et procureurs du Parlement de Paris, du 30 avril 1689, confirmée par arrêt du 28 juillet suivant, contient sur ce sujet des détails précis. Par cette délibération, les avocats et les procureurs s'engageaient à ne recevoir dans leurs études aucun clerc salarié, et à renvoyer immédiatement ceux qui recevaient un traitement au moment où elle fut prise.

En 1691, le Parlement prononça un arrêt en forme de règlement, relatif au délai dans lequel les clercs devaient se faire pourvoir aux offices de procureurs lorsqu'ils les avaient acquis. Enfin, des arrêts des 23 octobre 1625, 6 février 1698 et 3 août 1718, font défense aux clercs de procureurs du Parlement, à ceux du Châtelet et autres juridictions, et aux clercs d'huissiers, de porter, dans le Palais, des épées ou des cannes et bâtons, et, partout ailleurs, des épées, aux peines, savoir: de cent livres d'amende, pour la première fois, et d'être privés de l'entrée du Palais pendant six mois, et, en cas de récidive, de deux cents livres d'amende, et d'être déclarés incapables d'être procureurs, etc.

Les poëtes et les écrivains de l'époque s'accordent à représenter le clerc de la Bazoche comme le type de l'écolier fréquentant l'Université. Brave, entreprenant et hardi, beau parleur, il avait l'esprit caustique et l'air narquois; prompt à la répartie, il ne l'était pas moins à mettre l'épée à la main dans l'occasion; instruit, il était assidu au Palais et laborieux dans l'étude, mais, à ses moments de liberté, il se dédommageait de la contrainte que sa condition lui imposait, il devenait l'âme des révoltes des universitaires; extrêmement chatouilleux sur le point d'honneur, il était jaloux par vanité dans ses amours; frondeur dans ses épigrammes et dans ses chansons, il narguait le prévôt et ses sergents; enfin, critique audacieux, satirique mordant, comédien moraliste, quoiqu'il ne prêchât pas d'exemple, il attaquait avec une sorte de fureur les vices de son époque et de ceux qui l'entouraient, et poussait même la satire jusqu'à la hauteur d'une injure ou d'un affront publics.

Le clerc du Palais était bien vêtu; il affichait même un luxe de toilette qui cadrait peu avec ses modestes ressources; il tranchait du brave et du mauvais garçon, portait l'épée ou le poignard à la ceinture, avait la barbe longue sous François Ier, si longue même qu'on put dire :

>Clercs du palais, Bazochiens,
>Pour faire des couples aux chiens,
>Leur barbe sera bien propice (1).

Comme on le voit, l'histoire de la jeunesse est toujours la même en France à toutes les époques.

Saint Nicolas paraît avoir été le patron des clercs aussi bien que celui des écoliers. La Bazoche du Châtelet faisait célébrer, le jour de la fête de ce saint, une messe

---

(1) *Blason des barbes de maintenant, chose très-joyeuse et très-récréative.* Recueil d'anciennes poésies françaises, t. II., p. 210, édit. Jannet.

solennelle, donnait un dîner et des fêtes auxquels assistaient des magistrats du Châtelet; les frais du dîner étaient payés par le domaine.

Cette fête était célébrée avec grande pompe par les procureurs au Parlement. Dès 1341 ils s'étaient organisés en confrérie sous l'invocation de saint Nicolas et de sainte Catherine. Cette confrérie comprenait aussi les avocats. Le bâtonnier des avocats était élu, tous les ans, le 9 du mois de mai; les procureurs de la communauté étaient appelés à l'élection. Ce nom de bâtonnier lui est venu parce que, en sa qualité de chef, il portait le bâton de la confrérie, sur lequel était sculptée l'image de saint Nicolas.

Depuis la réorganisation du Parlement, les religieux des quatre ordres mendiants avaient coutume de dire, dans la chapelle de St-Nicolas, fondée par le roi Robert, une ou plusieurs messes avant les audiences de la Cour.

Jusqu'en 1541 cette chapelle ne consistait qu'en un autel portatif, qui se plaçait le plus souvent dans la grande salle du Palais, d'où on le retirait après l'office. Le Parlement fit, vers 1555, construire une véritable chapelle, qui fut dévorée par l'incendie de 1618. C'est plus tard que les procureurs de communauté obtinrent, par arrêt du 14 janvier 1681, l'autorisation du Parlement de changer la chapelle qu'ils avaient ci-devant fait élever en la grande salle et d'en faire construire une nouvelle qui pût servir tant pour l'office de rentrée et les deux fêtes de Saint-Nicolas que pour y célébrer deux messes tous les jours de Palais (1).

(1) M. Séguier a rétabli cet ancien usage, car on lisait, vers le mois d'août de cette année, dans un journal de Paris, la note suivante: « M.

C'est dans cette chapelle que les procureurs faisaient dire, le lendemain de la Saint-Martin, la messe solennelle dite la Messe Rouge, parce que les conseillers y assistaient en robe rouge. Après la messe, le Parlement s'assemblait dans la Grand'Chambre et recevait le serment des avocats et des procureurs. La communauté des procureurs faisait distribuer des bougies à ceux qui avaient prêté serment. Les messes de la Saint-Nicolas d'hiver et de la Saint-Nicolas d'été amenaient, chaque fois, la pratique de certains usages qu'il serait hors de propos d'énumérer ici, quoiqu'ils soient pour la plupart fort singuliers. Ainsi, à la Saint-Nicolas d'hiver, le bâtonnier de la confrérie distribuait des bougies au clergé, aux avocats et aux procureurs. Cette distribution de bougies existe encore dans certaines corporations d'avoués lorsque la compagnie entière se réunit. Cet usage tire, sans doute, son origine des coutumes dont il vient d'être parlé.

Personne n'ignore que, de nos jours, les écoliers fêtent saint Nicolas ou saint Charlemagne, qu'ils considèrent tous les deux comme leurs patrons. Comment le premier de ces deux saints a-t-il mérité des clercs et des écoliers toute la vénération qu'ils lui portent? C'est ce qu'explique une légende fort curieuse. Elle trouve ici naturellement sa place.

Voici ce que raconte cette légende, tirée d'un manus-

« Séguier, ancien président de la Cour royale, décédé le 3 août 1848, a
« laissé dans l'acte de ses dernières volontés un témoignage solennel de
« son amour pour la Sainte-Chapelle. Il a affecté une rente perpétuelle
« de mille francs pour la fondation d'une messe, dite de justice, devant
« être célébrée chaque matin dans l'oratoire de Saint-Louis, avant l'heure
« des audiences, par un chanoine de l'église métropolitaine. »

crit du XIIe siècle, et qui appartenait à la bibliothèque de l'abbaye de Saint-Benoît-sur-Loire.

Trois écoliers ou clercs (le manuscrit se sert des mots *clericus* (1), *clerici*) quittant leur pays, allaient au loin suivre les cours de l'Université.

La nuit les surprit en route, dans une contrée inconnue. Ils frappèrent à la porte d'une maison de chétive apparence pour demander l'hospitalité. Un vieillard de mauvaise humeur leur ouvrit, et leur refusa brusquement ce qu'ils demandaient. Ils s'adressèrent alors à sa femme, qui était aussi âgée que lui, la suppliant avec instances de les recevoir, et ajoutant que Dieu la récompenserait et la rendrait mère d'un fils. Touchée de leurs prières plutôt que de ce dernier argument, la vieille les fit entrer.

Après leur souper les clercs allèrent se coucher. Ils étaient plongés dans un profond sommeil, lorsque l'hôte, entrant dans leur chambre avec sa femme, les égorgea et leur prit leur argent. A peine le crime était-il consommé, que saint Nicolas frappe à la porte et demande à entrer. Il fut accueilli comme les trois clercs, et demanda à manger de la viande fraîche. L'hôte assura qu'il n'en avait pas. « Tu mens, répondit saint Nicolas; tu as de la viande fraîche que tu t'es procurée par un crime; l'amour de l'or t'a fait commettre un meurtre. »

Le vieillard et sa femme, voyant qu'ils étaient découverts, se jetèrent aux pieds du saint en demandant pardon. Saint Nicolas leur dit de prier et de se repentir,

---

(1) On désignait aussi quelquefois le clerc sous le nom latin d'*amanuensis*, mais ce nom ne s'appliquait, le plus souvent, qu'aux écrivains copistes.

fit apporter les corps des victimes et les ressuscita.

Cette légende de saint Nicolas, mise en vers léonins, sorte de drame liturgique, se représentait comme un mystère. Elle était notée en plain-chant, et se terminait par un *Te Deum*, ainsi que l'annonce une note qui se trouve sur le manuscrit :

Et post omnis chorus dicat: *Te Deum laudamus.*

Voilà l'explication des images où l'on voit saint Nicolas bénissant trois enfants dans un grand bassin, ou vase en bois. Ces jeunes gens sont les clercs coupés en morceaux par le vieillard et ressuscités par le saint évêque (1).

Cette légende détermina-t-elle les procureurs à se mettre sous la protection de ce saint, ou bien faut-il croire, comme l'ont prétendu plusieurs écrivains, que le saint évêque de Mire avait été avocat? Nous n'avons trouvé nulle part la preuve de cette allégation, et il est plus rationnel de penser que la communauté des avocats et des procureurs prit en considération la légende que nous venons d'analyser quand elle le choisit pour patron, et que ce ne fut pas seulement parce qu'il existait déjà au Palais une chapelle dédiée au saint évêque. N'oublions pas d'ajouter que cette confrérie était aussi sous l'invocation de sainte Catherine, qui a toujours été la patronne des jurisconsultes, parce que son histoire raconte que, dans une discussion, elle confondit cinquante docteurs.

Quoi qu'il en soit, les clercs fêtaient religieusement saint Nicolas, mais il n'était pas le seul: saint Yves par-

---

(1) Voir sur la fête de saint Nicolas les curieux détails donnés par le docteur Rigolot, d'Amiens, dans son ouvrage sur les *Monnaies inconnues des Évêques des Innocents, des Fous*, page 118 et suiv.

tageait avec lui les prières et les offrandes des clercs, des procureurs et surtout des plaideurs. Il y avait à Paris, rue Saint-Jacques, au coin de celle des Noyers, une chapelle élevée en l'honneur de saint Yves. Elle fut fondée, dit-on, vers 1348, par les clercs et étudiants bretons qui se trouvaient à Paris.

Yves, surnommé l'Avocat des pauvres, était d'une famille noble de Kaermartin, près de Tréguier, en Basse-Bretagne, où il naquit, le 17 octobre 1253. Son père se nommait Ahëlory, et était seigneur de Kaermartin. Il fit à Paris ses études de théologie et de droit canon, et à Orléans celles de droit civil, et parut avec éclat au barreau de Paris vers 1275, sous le règne de Philippe le Hardi. Il s'y fit remarquer par son savoir et son ardent amour de la justice; puis il retourna en Bretagne, où il exerça la profession d'avocat avec un rare désintéressement, se chargeant par préférence de la défense des pauvres, des veuves et des orphelins. Ses parents avaient voulu le marier, mais il préféra le célibat, et se détermina à embrasser l'état ecclésiastique.

L'archevêque de Reims le fit official, et le nomma, quelque temps après, curé de Tresdres, et ensuite de Loanec. Ses biographes racontent que, quand il ne pouvait accorder deux plaideurs, il leur disait la messe; qu'il appelait des sentences qu'il avait rendues comme juge, et plaidait lui-même devant les tribunaux pour les faire réformer; qu'il portait un cilice d'étoupes, mais que, grâce à sa pieuse négligence d'en changer, il était couvert de vermine (1).

(1) Voir Millin, *Antiquités nationales*, tome IV, 1792.

Il faisait aux pauvres d'abondantes aumônes, et avait pour maxime qu'il ne faut point laisser attendre ceux que l'on peut assister d'abord. Sitôt que la moisson était faite, il vendait le blé qu'il avait récolté, et en distribuait le prix aux indigents (1).

Peu de temps avant la démolition de sa chapelle, on voyait encore une multitude de vieux sacs attachés aux voûtes de l'église. Un plaideur, dont le procès était terminé, suspendait son sac, comme un boîteux suspend sa béquille dans la chapelle d'une madone. Au commencement du XVIe siècle, l'Université tenait ses assemblées dans l'église de Saint-Yves.

Cette chapelle avait un sceau sur lequel saint Yves était représenté sur un fond semé de fleurs de lis, vêtu d'une longue robe de procureur fourrée d'hermine, tenant un sac de procès suspendu à son bras, un livre dans la main droite et une pièce d'écriture dans la gauche. Sa tête était coiffée d'un bonnet carré entouré d'une auréole; on lisait autour de ce sceau : *Sigillum ecclesiæ regiæ sancti Yvonis. Parisiis* (2).

Saint Yves n'était pas seulement honoré en France, mais encore à l'étranger. Lorsque Frédéric III fonda l'académie de Wittemberg, il institua une fête en l'honneur de saint Yves, que le collège des jurisconsultes célébrait le 3 mai. Il en fut de même dans les académies de Bâle et de Fribourg.

Saint Yves mena une vie très-austère; il prêchait

---

(1) Voir l'excellente notice publiée sur saint Yves par M. Péricaud, bibliothécaire de la ville de Lyon, à la suite de son *Calendrier de Thémis*, de 1821.

(2) Voir Millin.

souvent, tantôt en français, tantôt en breton; il fit, en latin, quelques harangues synodales.

La veille de l'Ascension de l'année 1303, il prêcha ses ouailles, dit la messe, soutenu par deux ecclésiastiques, et mourut le dimanche suivant, 19 mai. Yves fut canonisé par Clément VI en 1347. Il paraît, par les anciens comptes du Domaine, que le Roi, pour récompenser sa capacité et ses travaux, lui faisait une pension ordonnée en ces termes : *Magister Yvo sex denarios per diem (1)*.

Les avocats et les avoués avaient pris saint Yves pour patron ; mais il faut remarquer que la chapelle dont il est ici question n'avait aucun rapport avec la communauté des avocats et des procureurs, et, par conséquent, avec la confrérie de saint Nicolas et de sainte Catherine. Quelques savants ont douté qu'il ait exercé la profession d'avocat et de juge. Pour lever tous les doutes, il suffit de lire le panégyrique de ce saint, écrit en latin par Louis Sergardi.

On peut invoquer encore une autre autorité, celle d'Antoine Loisel, qui, dans son *Dialogue des Avocats du Parlement de Paris*, raconte longuement comment saint Yves fit rendre, par ses conseils, à une hôtesse, une somme importante qui lui avait été dérobée, et qui termine son récit par ces mots :

« N'est-ce pas là un chef-d'œuvre d'advocat ? et cette histoire ne merite-t-elle pas d'estre racontée, et notre saint Yves canonisé et mis au nombre de nos advocats?... ».

---

(1) Voir la notice de M. Péricaud.

Cependant la réputation de sainteté qu'avait acquise l'avocat Yves n'était pas telle que la calomnie n'ait tenté de lui contester la place qu'il occupe dans la vie des saints. Elle s'est traduite en cette vieille légende, qui nous raconte de quelle manière il pénétra au bienheureux séjour.

Une version prétend qu'au moment où saint Yves se présenta à la porte du ciel, il se trouvait avec lui un grand nombre de religieuses : « — Qui êtes-vous, demanda saint Pierre à l'une d'elles ? — Religieuse, répondit celle-ci. — Vous avez le temps d'attendre, il y en a déjà assez dans le paradis. — Et vous, qui êtes-vous, demanda-t-il à saint Yves ? — Avocat. — Il n'y en a point encore, vous pouvez entrer. »

Selon l'autre version, saint Yves, après sa mort, arriva aux portes du ciel avec son sac à procès et ses écritures ; saint Pierre ne voulut pas le laisser entrer, mais Yves trouva le moyen de passer avec la foule. Il ne put cependant si bien faire qu'on ne le reconnût. Saint Pierre le pria de sortir, mais Yves, qui connaissait les lois et la procédure, résista, et s'obstina à dire qu'il y resterait jusqu'à ce qu'un huissier lui eût signifié son expulsion. Saint Pierre, ne voyant aucun autre moyen de se débarrasser de ce chicaneur, chercha partout un huissier, mais il n'en trouva pas un seul, attendu qu'il n'en est jamais entré au paradis. Yves demeura ainsi au nombre des saints (1).

Un fragment de psaume, sorte d'épigramme latine, que M. Péricaud dit être une strophe d'une hymne en

---

(1) Voir Millin.

l'honneur de saint Yves, trouvée dans les anciens bréviaires de Rennes et de Vannes, prouve surabondamment que saint Yves avait été avocat :

>Sanctus Yvo
>Erat Brito.
>Advocatus,
>Et non latro ;
>Res miranda
>Populo.

Que ces vers soient une hymne ou une épigramme, ils n'en contiennent pas moins un éloge de saint Yves et une amère critique des avocats, qui l'avaient pris pour patron, et qui, au dire de Mézeray, n'imitaient pas son désintéressement. Il existe, dit-on, un autre panégyrique de saint Yves, qui aurait été prêché devant une réunion d'avocats, et qui commençait par ces mots : *Saint Yves faisait le bien, et vous le prenez... pour votre patron.* On ignore quel est l'auteur.

On reconnaît, à l'épigramme qui précède et aux légendes que nous avons reproduites, les plaisanteries familières à nos aïeux. Il ne faut y voir qu'une sorte de bouffonnerie faite par les clercs de la Bazoche et dirigée contre leurs patrons (1).

Il y avait une confrérie de Saint-Yves, indépendante de celle de Saint-Nicolas. Elle avait été fondée par des

___

(1) Pour avoir des détails plus étendus sur saint Yves, il faut consulter les *Bollandistes*, la *Vie* de ce saint, écrite par Jean de l'Œuvre, Paris, 1695, in-12 ; le *Panégyrique* de ce saint, qu'Heidenius prononça à Tubinge, en 1595, et l'ouvrage que Jean Robert publia à Liège, en 1632, ouvrage dans lequel il fait l'éloge de cinquante jurisconsultes canonisés, malgré l'opinion commune qui veut que saint Yves soit le seul homme de loi qui ait eu cette gloire. (Notice de M. Péricaud).

avocats et des procureurs, dans la chapelle dont nous avons parlé. Ils en restèrent longtemps les administrateurs. L'édifice était très-élégant; il ne fut démoli qu'en 1796.

Voici un conte qui a la plus grande analogie avec les légendes de saint Yves; il se trouve dans une farce des plus curieuses, jouée vers le milieu du XVIe siècle. Elle a pour titre : *Farce nouvelle, très-bonne et fort joyeuse, de la résurrection de Jenin Landore, à quatre personnaiges, Jenin et sa femme, le curé et le clerc (1).*

Cette farce est, comme celle que composaient et jouaient les bazochiens, pleine d'esprit et de traits piquants, mais assaisonnée d'expressions qui ne supporteraient pas la lecture aujourd'hui, encore moins la représentation.

Jenin est censé revenir du paradis après une mort de quelques heures. Il a appris une foule de choses plus curieuses les unes que les autres, et de plus il a vu toute sorte de gens. Le clerc lui demande si on plaide au paradis, il répond que non par la bonne raison qu'il n'y a qu'un avocat.

LE CLERC.
Combien y a-t-il de procureurs?
Dictes nous s'il y en a point?

JENIN.
Ma foy, je n'en mentiray point.

(1) Elle fait partie du recueil célèbre acquis, en 1845, par le British Museum de Londres. Voir *Ancien théâtre françois*, édition Jannet, 1854, tome 2, pages 27 et 28.

Le mot clerc désigne ici le jeune homme servant la messe du curé.

Je le dirai devant chascun,
Je n'y en ay veu pas un ;
La vérité vous en rapporte.
Il en vint un jusqu'à la porte ;
Mais, quand vint à entrer au lieu,
Il rompit tant la teste à Dieu,
Qu'on le chassa hors de leans.

LE CLERC.

Çà, Jenin, quant est de sergents,
Paradis en est bien pourveu ?

JENIN.

Corbieu, je n'y en ay point veu.

Est-il nécessaire d'ajouter que le seul avocat que Jenin ait vu est saint Yves, et que ce qui a trait aux procureurs et aux sergents se trouve si bien en harmonie avec ce qui est dit de ces derniers en la légende, qu'il est impossible de ne pas y reconnaître une origine commune. Il ne nous appartient pas d'affirmer que cette légende et la farce de Jenin Landore soient les œuvres des clercs de la Bazoche ; mais il nous sera permis de dire en terminant que s'ils n'en ont pas été les auteurs, on verra par la suite qu'ils en étaient bien capables.

CHAPITRE CINQUIÈME

Les clercs auteurs et comédiens. — Un mot des Confrères de la Passion. — Moralités, Représentations dans les fêtes publiques. — Les clercs du Châtelet jouent des comédies. — Ils luttent avec les bazochiens du Palais. — Les Crys de Roger de Collerye. — Licences des clercs. — Sévérités du Parlement. — Ils se font emprisonner sous Charles VIII. — Le procès d'Henri Baude. — Indulgence de Louis XII. — La table de marbre. — François Ier protége les Bazochiens. — Une épître de Clément Marot. — Le Parlement paie les frais des représentations. — Les rigueurs recommencent. — La censure dramatique. — La Bazoche cesse ses représentations. — Sa loge au théâtre de Bourgogne.

NOUS venons de voir quelle avait été l'importance de la société des Clercs du Palais dans son organisation matérielle, dans sa juridiction, dans ses habitudes, dans ses coutumes, dans ses fêtes, dans son existence légale, entourée des sérieuses prérogatives dont les lois et ordonnances de l'époque l'avaient investie. Étudions-la sous une autre face pour nous plus intéressante, quoique les écrivains qui se sont occupés d'elle aient, pour la plupart, négligé ce côté comme trop futile ou indigne de leur attention.

Au point de vue du théâtre et de la critique, les sociétés de clercs ont laissé dans les lettres des traces profondes, et il est très-regrettable que Miraulmont et l'auteur anonyme du *Recueil des Statuts* ne nous aient pas donné sur ce sujet des détails et des renseignements qui seraient aujourd'hui infiniment précieux. Cependant Miraulmont en dit assez pour que l'intervention de la société de la Bazoche dans le mouvement dramatique du moyen âge et de la Renaissance, puisse être considérée comme incontestable, alors même que son opinion ne s'appuierait pas sur les nombreux arrêts du Parlement, qui constituent l'autorité historique la plus complète :

« Les clercs du Palais, sur lesquels s'estend le pouvoir et autorité du Roy de Bazoche, jouoient publiquement jeux quelques jours de l'année par permission de la Cour, esquels ils rapportoient et représentoient fort librement les fautes des suppots et subjects du Royaume de Bazoche, et plusieurs autres plaisantes et secrettes galantises des maisons particulières indifferemment, sans respect, ny exceptions des personnes ; ce qui aurait meu quelquefois la Cour, sur les plaintes d'aucuns, qui par aventure se sentoient offensez en leur honneur et famille, et scandalisez par ces actes et jeux publics, de leur faire defense de plus joüer sans congé. »

Serait-il exact de dire que les clercs de la Bazoche aient été les premiers comédiens en France? Non sans doute. Ils comptent parmi les premiers interprètes publics de la comédie ; mais on se tromperait grossièrement si on leur en attribuait l'invention d'une manière absolue.

Le drame et la comédie ont existé chez tous les peuples

et presque à toutes les époques. En France ils se produisaient souvent sous des formes grotesques. L'Église, qui avait combattu les spectacles avec une infatigable ardeur dans les premiers siècles de notre ère, finit par s'en emparer comme moyen d'action sur les masses. Dès les IX⁰ et X⁰ siècles, elle donnait des représentations de sujets pieux dans les temples; c'étaient des scènes muettes. Au onzième siècle, Hroswitha, la religieuse de Gandersheim, écrivait des mystères dans la solitude de son cloître, et les jouait avec ses compagnes. Pendant les XII⁰ et XIII⁰ siècles, les religieux et les prêtres en composaient en latin, et les représentaient eux-mêmes dans les cathédrales. Enfin, vers le commencement du XIV⁰ siècle, ils devinrent publics. Telles sont les phases du drame sacerdotal (1).

Vers la même époque, à peu près, les trouvères, dans le nord, et les troubadours, dans le midi, accompagnés de jongleurs et de ménestrels, sortes de déclamateurs et de musiciens, voyageaient par toute la France, allant de ville en ville, de château en château, et récitaient devant les nobles et les seigneurs tantôt leurs chansons de geste, tantôt leurs pièces satiriques. Leurs productions, désignées sous le nom de chants, chansons, sonnets, lais, pastorales, tensons, sirventes et comédies, constituent une partie du drame aristocratique.

Les pèlerins qui revenaient de la Terre-Sainte et de

---

(1) M. Victor Luzarche a publié, en 1854, le drame d'*Adam* qui est du XII⁰ siècle, et écrit en langue vulgaire, avec des notes latines sur la manière de le jouer. C'est une des découvertes les plus intéressantes qui aient été faites de nos jours au point de vue dramatique.

Saint-Jacques-de-Compostelle, armés de leur bourdon, le chapeau et le manteau chargés de coquillages, voyageaient par bandes nombreuses, et s'arrêtaient dans les villes et les villages, où ils chantaient les incidents de leurs pérégrinations, en y mêlant quelques tableaux pieux de la mort de Jésus-Christ, ou quelques sujets de l'histoire sacrée. Les populations les entouraient avec une avide curiosité, leur faisaient raconter ce qu'ils savaient du Saint-Sépulcre, leur offraient l'hospitalité, et les congédiaient avec quelques pièces d'argent. Le succès de ces spectacles en plein air suggéra, dit-on, à quelques bourgeois de Paris l'idée d'élever un théâtre, où serait représenté le drame de la mort de Jésus-Christ, autant pour l'instruction que pour le divertissement du peuple. Ils prirent le titre de Confrères de la Passion, en appliquant ainsi à leur confrérie le nom du premier sujet qu'ils produisirent sur la scène.

Cette version peut être vraie en partie, mais non d'une manière complète. Les mystères sont antérieurs aux croisades. Le clergé peut en revendiquer l'invention. Les pèlerins ne faisaient que représenter dans les carrefours ce qui se jouait depuis bien longtemps dans les couvents et les églises.

L'histoire de la ville de Paris fournit une date assez précieuse : en 1313, Philippe le Bel, ayant donné une fête au roi d'Angleterre, Édouard II, les mystères entrèrent pour beaucoup dans le programme des fêtes. Cet usage se conserva, et, à l'entrée des Rois de France dans leur capitale, il y avait toujours des représentations gratuites, qui n'étaient pas la partie la moins goûtée de la cérémonie.

Les premiers essais des Confrères de la Passion se seraient faits à Saint-Maur, vers 1398. Le prévôt de Paris s'étant opposé à leurs représentations, ils demandèrent au roi Charles VI l'autorisation de les continuer. Ce prince assista à quelques-unes d'elles, et en fut si satisfait, qu'il leur accorda, le 4 décembre 1402, des lettres pour leur établissement à Paris.

La charte octroyée par Charles VI est datée de l'hôtel Saint-Paul. Nous aurons à nous en occuper plus tard pour lui restituer son véritable sens, qui, selon nous, a été mal compris.

Il serait inutile de suivre les Confrères de la Passion dans tous leurs démêlés avec l'autorité prévôtale et le Parlement; qu'il suffise de savoir qu'il dressèrent successivement leur théâtre à l'hôpital de la Trinité, puis à l'hôtel de Flandre, puis, en dernier lieu, à l'hôtel de Bourgogne, qu'ils achetèrent pour y établir une salle de spectacle. Cette acquisition se fit d'un commun accord avec la société des Enfants Sans Souci.

Le peuple se lassa bientôt des mystères comme trop sérieux. Les auteurs de ces pièces informes y introduisirent alors des éléments profanes qui leur attirèrent de sévères réprimandes du Parlement. Ces pièces étaient appelées par un quolibet vulgaire *jeux de pois pilés*, à cause du mélange du sacré et du profane qui régnait dans ces sortes de jeux. Un extrait suffira pour donner une idée de leur licence.

Dans un mystère un ange apostrophait ainsi le Père éternel :

> Père éternel, vous avez tort,
> Et devriez avoir vergogne;

Votre fils bien aimé est mort,
Et vous dormez comme un ivrogne.

DIEU.

Il est mort?

L'ANGE.

Oui, foi d'homme de bien.

DIEU.

Diable emporte qui n'en savait rien.

Les Confrères de la Passion, trop scrupuleux pour jouer ces pièces, en confiaient l'exécution aux Enfants-Sans-Soucis, dont le chef prenait la qualité de Prince des Sots. Enfin, en 1548, le Parlement les ayant obligés à jouer eux-mêmes et à faire choix de sujets licites et honnêtes, avec défense de représenter des mystères, ils se retirèrent et louèrent leur théâtre.

Nous arrivons à la partie la plus importante de notre étude. Nous allons chercher quelle fut la part prise par les clercs dans le mouvement dramatique de leur temps.

Ce qui est démontré par les arrêts du Parlement, c'est que les clercs du Palais n'étaient pas les seuls à donner des *jeux* ou représentations. Les clercs du Châtelet se livraient aussi à cet amusement, mais nous n'avons pu découvrir si leur genre de spectacle était différent de celui de la Bazoche du Parlement. Nous ne le croyons pas, nous pensons au contraire que tous jouaient des *farces* et *sotties*, et que ces sortes de divertissements, aussi bien que la suprématie que la Bazoche du Parlement s'attribuait sur celle du Châtelet, furent bien souvent entre ces deux sociétés des causes de discorde.

Nous en trouvons une preuve manifeste dans les

poésies de Roger de Collerye dont M. Charles d'Héricault vient de publier une remarquable édition.

Roger de Collerye, contemporain de Clément Marot, avait, comme ce poëte, des relations très-suivies avec les bazochiens du Palais et ceux du Châtelet. Il est probable même qu'il fut, comme lui, un membre actif de ces deux sociétés, car il a composé pour elles deux ballades, qu'il intitule *Cryz*, sortes de provocations, avec grand renfort d'injures, que les deux Bazoches s'adressent réciproquement. Ces deux ballades ont été certainement composées à des époques différentes, et font allusion à deux querelles distinctes. La première est le *Cry de la Bazoche contre les clercs de Chastellet*, la seconde *Cry des clercs du Chastellet contre les Bazochiens* (1).

Ces *Cryz* ne sont autre chose que des défis publics, sortes de proclamations en forme de cartel qui surexcitaient les esprits des clercs, et qui inévitablement amenaient des rixes entre ces jeunes gens.

Nous avons déjà eu occasion de signaler l'ardente rivalité qui existait entre les deux sociétés. Les poésies de Roger de Collerye nous en fournissent un témoignage irrécusable ; en les lisant attentivement il semble que le *jeu* ou comédie du mois de mai soit la cause de cette grande colère de dame Bazoche contre les clercs du Châtelet. Elle leur prodigue les injures et les épithètes les plus grossières :

> Ce sont poissards, pipereaulx, mal mondains,
> Puneot, infectz et puans comme dains.

(1) Œuvres de Roger de Collerye. Collection Jannet, 1855, pages 270 et suiv.

Tout le monde s'attend à ce que vous *jourrez* ce joli mois de mai, dit la Bazoche à ses suppôts, grands et petits vous y conviez.

> Empoignez-moi ces tripiers à beaulx crins
> Des aujourd'hui contre eulx je me présente.

Cette qualification de tripiers donnée aux clercs du Châtelet, tient à ce que la grande boucherie de Paris était tout à fait proche du Grand-Châtelet ; c'est aussi pour cela que les jeunes clercs du Parlement appelaient infects, punais, puants, leurs rivaux du Châtelet, sans qu'ils fusssent plus parfumés et plus recherchés dans leur toilette les uns que les autres.

Nous trouvons encore cette dénomination de tripiers dans les *Complaintes et épitaphes du roi de la Bazoche*, attribuées à André de la Vigne.

Après les strophes récitées par les Bazoches de Bordeaux, de Toulouse, de Grenoble et de Dijon ; après celle du Cardinal-Le-Moyne (il s'agit ici du collège de ce nom), le Tripier du Chastelet débite la sienne et l'auteur a bien soin de nous dire : *La présente Epitaphe faite pour ledit tripier contre le Roy de la Bazoche*.

De leur côté les clercs du Châtelet ne restaient pas inactifs, ils se préparaient bravement en *francs chastelains*.

> Or, après ce Lendit (1)
> Jourrez vos *jeux* dehet à la friscade (2).

Ils relevaient le gant que mainte fois les clercs du

---

(1) On appelait ainsi la foire de Saint-Denis, à laquelle le recteur de l'Université se rendait en grande pompe.
(2) D'une manière gaie, gaillarde.

Parlement leur avaient jeté, et le Prévôt leur rendait provocation pour provocation, injure pour injure : *Leur bourse est malade, ce sont tous des retroux, qui ont eu la cassade,* et auxquels on fera *un brouet et salade,* etc.

Nous le croyons, c'est dans le jeu des farces et sotties qu'il faut chercher la cause de cette animosité ; c'est une rivalité de comédiens, un amour excessif de popularité, c'est, outre la gloriole, un assaut de luxe et de dépenses pour les fêtes publiques données par les sociétés.

Cette rivalité, du reste, n'existait pas toujours, et il est certain que les pièces des Enfants-Sans-Soucis se jouaient aussi bien sur la Table de marbre qu'au Châtelet. Les brouilles quoique vives n'étaient pas éternelles; il y avait de fréquentes réconciliations.

Il est assez difficile de fixer une date précise aux premières représentations théâtrales des bazochiens. C'est sûrement avant l'époque de la formation de la société des Enfants-Sans-Soucis. Ce qui est incontestable, c'est que, vers 1442, ils jouaient exclusivement des moralités qu'il ne faut pas confondre avec les mystères, ni avec les farces qui avaient le privilége d'attirer de nombreux spectateurs, grâce aux sujets burlesques qu'ils traitaient et qui étaient ordinairement, comme le dit Miraulmont, *les fautes des supposts et sujets de la Bazoche et plusieurs autres plaisantes et secrettes galantises des maisons particulières indifferemment, sans respect ni exception des personnes.*

Nons ne citerons qu'à titre de mémoire le mystère joué par les clercs du Châtelet, en 1424, à l'entrée du duc de Bedford; ce fut seulement un spectacle mimé « et fust fait sans parler ne sans signer, comme se ce feussent images eslevées contre ung mur. »

Il faut même admettre qu'ils jouaient déjà depuis longtemps, car c'est de 1442 que datent les premières défenses du Parlement. Les licences que se permirent les clercs de la Bazoche ne s'introduisirent que peu à peu. On ne peut admettre que, dès leurs débuts, ils se soient exposés aux rigueurs de la justice. On verra par la suite qu'il y a lieu de croire que leurs représentations commencèrent vers le milieu du quatorzième siècle.

L'abbé d'Aubignac, dans son *Traité de la pratique du théâtre*, exprime cette idée que la comédie a commencé par des histoires saintes jouées dans les temples, mais que l'honnêteté des mœurs fut *maltraitée par les Bazochiens qui furent comme les premiers comédiens en ce royaume.*

Nous verrons par la suite ce qu'il faut penser de cette allégation. Quant aux farces et aux sotties, elles ne brillèrent jamais par le côté chaste et moral de leur facture ; si au début elles furent honnêtes, ce fut une honnêteté relative.

Plus tard, soit que les mœurs de ces comédiens se fussent relâchées, soit que l'époque de guerres civiles et de dissensions au milieu desquelles ils donnaient leurs représentations, leur eût fait prendre une direction moins réservée, ils jouèrent des pièces tellement immorales, que la lecture en est insoutenable. Leur satire dégénéra en invectives violentes et en insultes si grossières, que plusieurs fois le Parlement fut obligé d'interposer son autorité : *Quorum ingeniis*, dit Duluc, *semper hæc libertas concessa fuit ut in communem hominun vitam salibus impunè luderent. Sed licentia in rabiem exeunte et vetere comediá redintegrari incipiente, necessarium fuit amplissimum ordinem parteis suas interponere.*

Au nombre de leurs meilleures pièces il faut ranger les moralités. Dans ces drames sans art il y avait un côté moral ; les auteurs personnifiaient les vertus et les vices, dépeignaient ces derniers dans toute leur horreur, et montraient au spectateur l'avantage que tout homme de bien retire en suivant la vertu. Mais il paraît que le genre de ces pièces se rapprochait trop du caractère des mystères, et contrastait trop vivement avec la licence et le relâchement des mœurs de l'époque. Aussi le succès des moralités ne fut pas de longue durée ; les farces les firent tomber dans un complet abandon. Ces pièces singulières n'étaient pas sans mérite ; elles ridiculisaient d'une façon vive et plaisante les vices de l'espèce humaine, tels que l'avarice, la fourberie et la débauche. Puis, abandonnant cet excellent fonds de comédie, les auteurs mirent en scène les tours de jeunesse de quelques clercs du Palais, ou les scandaleuses aventures de certains personnages mal famés. Enfin, ce fut un déchaînement intolérable contre les prêtres et la religion, contre la noblesse et l'autorité royale elle-même.

C'est surtout sous les règnes de Charles VI et de Charles VII que l'abus fut porté à son comble ; pendant les guerres civiles et les guerres étrangères qui désolèrent la France à cette époque, les lois n'étaient plus écoutées, et le Parlement avait autre chose à faire qu'à s'occuper des clercs et de leurs représentations.

Villaret ne fait pas remonter au-delà de Charles VI l'origine des moralités. D'après lui, sous le règne de ce prince, les bazochiens firent éclore le drame appelé Moralité. Ces compositions, que la froideur de l'allégorie rendait insipides, avaient besoin d'être réchauffées par des scènes plus piquantes; de là serait né un accord entre les Clercs et les Enfants-Sans-Soucis qui jouèrent réciproquement les pièces de leur répertoire. Des jeunes gens qui n'étaient point praticiens de profession se mêlaient, comme auteurs et acteurs, aux clercs du Parlement et du Châtelet. « On trouve même, dit cet écrivain, dans le nombre des associés volontaires, des hommes célèbres, tels que Jean de Serre et le fameux Clément Marot, qui composa pour la Bazoche ainsi que pour les Enfants-Sans-Soucis » (1).

Villaret regarde Clément Marot et de Serre comme des associés volontaires aux représentations de la Bazoche. Nous verrons par la suite que cet historien ne commet pas une erreur, et que ces deux célébrités appartenaient tout à fait à la communauté des clercs. Quant à la date qu'il donne à l'origine des moralités, elle est acceptée en général; toutefois, nous avons de fortes raisons de croire qu'il faut la rechercher plus haut, même avant le roi Jean. Les moralités se lient à la représentation des mystères avec lesquels elles ont beaucoup de rapports; elles sont comme le trait d'union, la transition, en quelque sorte, entre le drame hiératique et les pièces entièrement profanes. Notre conviction est que les farces commencèrent à être jouées par les bazochiens, plus d'un demi-siècle avant la charte octroyée aux Confrères de la Passion.

---

(1) Velly et Villaret, *Histoire de France.*

Nous aborderons plus loin cette importante question.

Au mois d'août ou de septembre 1442, le Parlement condamna à quelques jours de prison, au pain et à l'eau, des clercs qui avaient joué malgré sa défense, et il leur enjoignit de ne faire aucune satire ou comédie à l'avenir, sans son autorisation et sans tenir compte des choses défendues.

Cet arrêt que nous avons trouvé rapporté par plusieurs auteurs et notamment par Duluc, peut être considéré à bon droit comme une des plus anciennes manifestations de la censure dramatique.

L'année suivante et le 17 août 1443, il en rendit un second par lequel il ordonne :

« Que s'ils (les Clercs) veulent faire jeux ou esbatements, en demandent congé à ladite Cour, elle y pourvoira ainsi qu'elle avisera être expedient ou necessaire (1) ».

Il paraît que déjà, dès le milieu du XVe siècle, le spectacle donné par les Clercs était fort répréhensible au point de vue des mœurs ou de la satire.

A partir de ce moment et pendant la seconde moitié du XVe siècle et tout le XVIe, le Parlement rendit un nombre très-considérable d'arrêts en matière de censure théâtrale, tantôt défendant les représentations, tantôt les autorisant, et allouant des subventions pour en payer les frais, tantôt les refusant ; ordonnant des poursuites, permettant à certains clercs de jouer, défendant à d'autres ; le tout aussi bien à l'encontre des clercs du Parlement que de ceux du Châtelet.

---

(1) C'est cet arrêt qui a été cité par Adam de Cambray et que nous avons déjà rapporté page 13.

Ainsi, le 12 mai 1473, il aurait prescrit à la Bazoche la continuation de ses jeux et comédies. Cet arrêt que nous n'avons pu vérifier a été peut-être mal interprété. En avril 1474, le Parlement défend aux clercs de conseillers, procureurs et avocats de la Cour, et aux clercs de conseillers, avocats, procureurs et examinateurs du Châtelet, sous peine de prison et de bannissement « qu'ils ne jouent ne fassent *farces ne moralitez* publiquement ne aultrement le premier mai sans le congé et licence de la Cour » (1).

Mêmes défenses, en 1475. En 1476, le Parlement va plus loin encore. Non-seulement il leur défend de représenter farces, sotties ou moralités au *Palais* ou *Châtelet*, mais encore de demander la permission de les jouer à peine de bannissement et de confiscation de tous leurs biens (2). L'année suivante, le Parlement, toutes chambres assemblées, défend à Jehan Lesveillé, roi de la Bazoche, à Martin Houssey et Théodart de Coatnanpran et autres ayant personnages, de jouer farces, moralités ou sotties au *Palais* ni ailleurs sous peine d'être battus de verges par les carrefours de la ville et de bannissement du royaume. Mais il permet aux avocats procureurs et à leurs clercs de s'assembler et délibérer, *touchant certains jeux publics que aucuns clercs particuliers s'efforcent jouer, contre les défenses à eux faites par la Cour* (3).

L'arrêt du Parlement visait particulièrement Jehan

---

(1) Arch. nat., sect. jud., tom. x, 1486, fol. 162.
(2) Arch. nat., sect. jud., tom. x, 1427, fol. 59.
(3) Arch. nat., sect. jud., t. x, 1487, fol. 198, V° arrêt du 15 mai 1476.

Lesveillé, lequel contre le gré des autres clercs persistait à vouloir donner une représentation qui n'était pas du goût de tous ses camarades. Comme il était roi et qu'en cette qualité il avait le droit, dans une certaine mesure, d'imposer sa volonté, le Parlement intervint pour faire prévaloir son autorité contre Jehan Lesveillé. C'est ce qu'explique la dernière disposition de l'arrêt.

Il ne faut pas perdre de vue que nous sommes sous le règne de Louis XI. La main de fer de cet ombrageux monarque explique les sévérités du Parlement; il ne s'agit plus de quelques jours de punition au pain et à l'eau : c'est la prison, le bannissement, la confiscation des biens et la peine du fouet dans les carrefours de la ville. Ces peines s'accentuent et deviennent plus graves d'années en années, à mesure que l'audace et la licence des acteurs grandissent et justifient les mesures énergiques prises contre eux.

Après la mort de Louis XI, les clercs recommencèrent leurs représentations, mais de nouvelles licences ne tardèrent pas à leur attirer de sévères punitions. En 1486, ils dirigèrent dans une de leurs pièces quelques traits un peu trop vifs contre le gouvernement de Charles VIII. Le roi fit arrêter cinq des plus coupables qui furent emprisonnés au Châtelet puis à la Conciergerie. Le procès fait à ces bazochiens entre trop dans notre sujet pour que nous hésitions à en parler avec quelques développements. Les archives nationales nous ont conservé, avec les noms de ces clercs, une bonne partie de la procédure criminelle dirigée contre eux.

Parmi les coupables se trouvait le poète Henri Baude, qui, bien que promu, en 1458, à l'office d'élu des aides pour le Limousin (1), est cependant qualifié de clerc et une autre fois de bourgeois dans les actes d'instruction du procès suivi devant le Parlement (2).

Or donc, le premier mai 1486, les clercs, avec la permission du Parlement, jouèrent une sottie et une moralité, probablement sur la Table de marbre. Ces *jeux* ne furent pas du goût de certains personnages, car Charles VIII, prenant l'initiative des poursuites, chargea par lettres patentes Jehan de la Porte, lieutenant criminel au Châtelet, d'instruire contre les auteurs et acteurs des moralité et farce.

« Pour ce que nous avons été informé que en notre ville de Paris, le premier jour de ce present mois, aucuns, sous ombre de jouer ou faire jouer certaines moralités et farces ont publiquement dit ou fait dire plusieurs paroles séditieuses sonnant commotion, principalement touchant à nous et à nostre estat. »

En conséquence de ces lettres patentes, Jean de la Porte, lieutenant criminel, fit arrêter et enfermer au Châtelet cinq des principaux coupables, et, conformément à l'ordre du roi, se disposait à les faire conduire sous bonne garde au château de Mélun, lorsque le Parlement, sur requête à lui présentée par les détenus, fit défenses au lieutenant criminel de les conduire et transférer hors de Paris et ce

---

(1) Election, circonscription territoriale soumise à un tribunal jugeant les questions financières. Les élus connaissaient en première instance de l'assiette des tailles et des aides, ou impôts prélevés sur les personnes, les propriétés et les denrées.

(2) Voir la très-intéressante publication de M. Quicherat sur Henri Baude, avec une notice et des pièces justificatives à l'appui. Elle a pour titre : *Les vers de M° Henri Baude, poète du XV° siècle*. Paris, Aubry, 1856.

nonobstant les lettres patentes du roi, autorisant toutefois le lieutenant à instruire la poursuite contre eux.

Les prisonniers, outre le poëte Henri Baude, étaient Genet Duluc, Christofle Lefèvre, Regnault Sauvin, et Jehan de Pons.

A l'exemple du Parlement, le Prévôt des marchands forma opposition au transfert des prisonniers hors de Paris, en se fondant sur les priviléges accordés aux bourgeois, manants et habitants de la ville par les rois de France.

L'évêque lui-même ayant juridiction sur les écoliers prit les mêmes conclusions et s'opposa à ce que les gens du roi emmenassent à Melun les personnes arrêtées.

L'autorité du roi fléchit devant ces actes énergiques, et le Parlement ayant évoqué l'affaire, nomma, par son arrêt du 17 juin 1486, maistres Jehan Avin, Martin Bellesaye, Jean Bochart, conseillers et Robert Thiboust, avocat du roi, pour faire l'instruction de cette affaire et interroger Henri Baude et ses complices (1). L'instruction suivit son cours, les clercs et Henri Baude furent mis en liberté sous caution, puis définitivement élargis.

Henri Baude n'était plus jeune à cette époque, il avait au moins cinquante ans; ancien clerc de procureur, poëte à ses heures, peut-être même un peu bohème, il suivait la même voie que Villon et Gringore, sacrifiant tout à la muse. Comme auteur de la pièce incriminée, il était le plus compromis. C'est lui-même qui nous l'apprend.

D'après l'accusation, il était poursuivi à raison de

---

(1) Arch. nat., sect. jud. Tome x, 1493, fol. 217. Cet arrêt paraît n'avoir pas été connu de M. Quicherat.

paroles séditieuses sonnant commotion, ce qui, traduit en langage du XIX⁰ siècle, veut dire qu'il s'était rendu coupable du crime d'excitation à la guerre civile, à la haine et au mépris du gouvernement.

Nous n'avons pas la moralité qu'il avait composée, mais dans une lettre au duc de Bourbon, connétable de France, il nous donne l'explication de la poursuite et cite les passages incriminés. Il paraît que dans la pièce il faisait l'éloge du roi qu'il comparait à une source féconde qui devait fertiliser le royaume; mais il se plaignait de ce que le cours de la justice comme le cours d'un ruisseau était troublé par des bourbiers et des gravois qui l'encombraient, et par des herbes et racines qui obstruaient son lit et donnaient lieu à des pêches trop abondantes.

> Et tout ainsi qu'herbes, racines,
> Roche, pierre, boue et gravois
> La course des fontaines vives
> Empeschent bien souvantes fois.

Baude était l'ami du Parlement. L'année précédente, il avait fait jouer une moralité dans laquelle la cour de Charles VIII était fort maltraitée par les gens de justice; il avait aussi les sympathies du peuple de Paris qui avait applaudi les hardiesses de son langage satirique; c'est ce qui explique l'évocation faite par la Cour souveraine, la mise en liberté provisoire et en définitive l'abandon de la poursuite. Le Parlement, nous le répétons, avait autorisé la représentation; il y avait assisté, il avait ri, il ne pouvait qu'être indulgent.

Les hauts personnages auxquels Baude faisait allusion et qui s'étaient reconnus comme pêcheurs en eau trouble, comme étant les mauvaises herbes et racines, pierres, boue et gravois, avaient fait tous leurs efforts pour obtenir une condamnation et prolonger la détention préventive, mais il ne purent aboutir; le Palais fut le plus fort.

> Palais, Palais tu te reposes
> Et toujours contre moi proposes
> Par grand despit quelque malice (1),

disait la Cour dans la petite pièce jouée, en 1485. C'était peut-être vrai et les gens de robe n'étaient pas fâchés de faire sentir aux courtisans que la justice était quelque chose et qu'il fallait compter avec elle.

Interrompus fréquemment sous Charles VIII, les spectacles recommencèrent de plus belle sous un monarque plus indulgent. Louis XII, appelé le Père du peuple, rétablit les théâtres et rendit aux clercs du Palais toutes les libertés dont ils avaient joui antérieurement; il aurait même souffert des satires dirigées contre lui personnellement. D'après Jean Bouchet, il accorda l'entière liberté des théâtres et permit qu'on signalât dans les pièces les abus qui se commettaient tant à la cour que dans le royaume. « Je veux, répondit-il à un courtisan qui se plaignait des licences des clercs, que les jeunes gens déclarent les abus qu'on fait à ma cour, puisque les confesseurs et autres qui font les sages n'en veulent rien dire; pourvu qu'on ne parle pas de ma femme, car je veux que l'honneur des femmes soit gardé. »

Brantôme rapporte le même fait, et constate qu'un

---

(1) Pragmatique entre gens de Cour et la salle du Palais, page 67. Ext. des *Vers de Henri Baude*.

jour on lui rapporta que les clercs du Palais et les écoliers avaient *joué des jeux* où ils parlaient du roi, de sa cour et de tous les grands; il n'y prit pas garde, mais qu'il ne voulait pas qu'ils parlassent de sa femme en aucune façon, autrement qu'ils les ferait tous pendre (1).

Le langage de Louis XII a besoin d'être expliqué. Il paraît que la reine Anne de Bretagne, sa femme, fut accueillie avec assez de froideur dans l'entrée solennelle qu'elle fit à Paris plusieurs années après son mariage avec Louis XII. Les clercs du Palais osèrent même l'attaquer en face dans une pièce satirique qu'ils jouèrent devant elle sur la Table de marbre. Ils ne craignirent pas de faire des allusions hardies au procès du maréchal de Gié, qui lui avait déplu et avait été emprisonné. Le roi fut très-blessé de la licence des auteurs et acteurs; il en fit punir quelques-uns, et, pendant un certain temps, il interdit d'une manière absolue les représentations des Bazochiens.

Ces défenses ne furent que temporaires, car nous voyons sous son règne, le 13 février 1508 et 14 mai 1510, le Parlement ordonnancer chaque fois trente livres parisis pour être remises aux trésoriers de la Bazoche pour leur aider à payer les frais de leurs spectacles (2).

Louis XII, comme ses prédécesseurs, ne s'opposa pas à ce que le Parlement autorisât les représentations des clercs dans l'intérieur du Palais, sur la Table de marbre. Sous Louis XI, ils jouissaient déjà de cette faveur, les arrêts de 1476 et de 1477 le constatent, et ce n'était

---

(1) Brantôme, *Vie des Dames illustres: Anne de Bretagne*.
(2) Arch. nat., sect. jud., tome X, 1512, 1513, fol. 120.

déjà, à cette époque, que la continuation d'une tolérance qui se perpétuait depuis fort longtemps.

Cette Table de marbre avait été placée dans la grand' salle du Palais, et servait aux festins d'apparat que les rois de France donnaient aux souverains étrangers qui venaient leur rendre visite. Elle servait à deux usages bien contraires, raconte Sauval; *pendant deux ou trois cents ans les clercs de la Bazoche n'ont point eu d'autre théâtre pour leurs farces et leurs momeries, et cependant c'était le lieu où se faisaient les festins royaux* (1).

Il faut donc tenir pour certain que les représentations des clercs se donnaient au Palais avec les clercs de procureurs du Parlement, au Châtelet avec les sociétaires de la Bazoche, dans certains lieux publics, aux halles notamment, et au Pré aux Clercs.

Le 5 janvier 1515, les clercs voulurent donner une représentation : le Parlement s'y opposa par le motif que Louis XII venait de mourir et que son deuil n'était pas expiré.

C'est sous le règne de François Ier que la société de la Bazoche jouit de la plus grande faveur. A son avènement au trône, ce monarque fit son entrée à Paris suivi de toute sa cour, et se rendit à l'Hôtel-de-Ville où il assista à un splendide festin qui lui avait été offert par le prévôt des marchands et les échevins. Les clercs représentèrent une farce et exécutèrent des danses dont le roi fut très-satisfait (2). Encouragés par ce succès, ils se préparaient à jouer de nouvelles pièces, mais le

---

(1) Sauval, *Histoire des Antiquités de Paris*, tome II, livre VII, page 3.
(2) Félibien, *Hist. de la ville de Paris*, tome IV, page 633.

Parlement s'y opposait par la raison que le deuil du roi durait encore. Cette opposition ne les découragea pas; ils s'adressèrent directement à François Ier et lui présentèrent une épître que Clément Marot avait composée pour eux (1).

Avec cette épître les clercs soumettaient au roi le manuscrit de leur pièce, pour qu'il s'assurât par lui-même qu'elle ne contenait rien de blessant pour sa personne:

> Et s'il y a rien qui pique ou mesdie,
> A votre gré l'aigreur adoucirons.

Ils le conjurent de leur permettre de jouer, comme firent les autres rois, en conservant leurs libertés et droits.

> Si vous tiendra pour père la Bazoche,
> Qui ose bien vous dire sans reproche,
> Que de tant plus son règne fleurira,
> Votre Paris tant plus resplendira.

Les clercs du Palais ne brillaient certes pas par la modestie quand ils affirmaient au roi que la splendeur de Paris dépendait de la prospérité du royaume de la Bazoche et de la conservation de ses *libertés et droits*. Quoi qu'il en soit, le roi parut les prendre au sérieux, et leur épître ayant produit le résultat qu'ils en attendaient, ils s'adressèrent de nouveau au Parlement, et demandèrent une gratification pour leur aider à supporter les frais *qu'il leur avait convenu faire pour jouer et danser la veille des Rois, ce qui ne leur avait été permis faire par la Cour au moyen du décès du feu Roy.*

---

(1) Elle porte pour titre: *La Bazoche au roy François Ier*.

Le Parlement se montra généreux; au lieu de trente livres parisis, il doubla la somme et en accorda soixante pour faire face soit aux anciens frais, soit aux nouveaux, *mais dans le cas où ils joueraient leur pièce.*

« La Cour a ordonné et ordonne que, en jouant par ceux de la Bazoche, et dansant, ainsi qu'il est accoustumé, l'amende de soixante livres parisis leur sera baillée et délivrée pour leur aider à supporter lesdits frais (1). »

Nous l'avons déjà dit, le règne de François Ier fut certainement un de ceux sous lesquels ces représentations furent le plus fréquentes et le plus largement subventionnées par le Parlement. En mai 1521, il fit remettre aux clercs soixante livres parisis pour les *montres et jeux*, autant en juin 1526 pour les *jeux et sotties* représentés par eux à l'époque du retour de François Ier. En juin 1528 et en juillet 1531 il leur accorde chaque fois cent vingt livres parisis pour les *montres et jeux* (2).

Constatons cependant que François Ier ne poussa pas jusqu'à la faiblesse sa tolérance à l'égard des auteurs et acteurs de comédie. Il ne voulait pas qu'on élevât la critique jusqu'à sa mère. Amoureux des plaisirs et du luxe, il supportait difficilement les plaisanteries des écrivains sur ce sujet, et, au mois de décembre 1516, il fit arrêter et conduire devant lui, à Amboise, trois joueurs de farces, Jacques, clerc de la Bazoche, Jehan Serac et maistre Jehan du Pont-Alais, qui, dans une de leurs sotties, avaient attaqué violemment les grands person-

---

(1) Arch. nat., sect. jud., tome X, 1517, fol. 58. Cet arrêt est du 1er février 1515, au matin.

(2) Arch. nat., sect. jud, tome X, 1525, fol. 190. 1531, 1534, fol. 288.

nages de la Cour et insulté sa mère en la représentant sous le nom de Mère Sotte, pillant l'État et le gouvernant à sa guise. Ces comédiens firent quelques mois de prison et furent relâchés; mais la surveillance, dès lors, s'exerça activement sur les représentations théâtrales, et le Parlement ne toléra que ce qui devait être toléré.

Les clercs du Palais n'étaient pas les seuls à donner des représentations théâtrales : les écoliers de l'Université, les collégiens, avaient cette habitude, et les historiens Crevier et du Boulay nous apprennent que fort souvent des défenses leur furent faites de jouer leurs pièces. Comme les clercs, ils allaient trop loin dans leurs attaques. En 1515 et 1525, ces défenses furent plus énergiques, et Félibien nous fournit à ce sujet des renseignements très-précis (1). Mais ces défenses étaient parfois inefficaces, elles ne pouvaient prévenir tous les abus. En 1533, François Ier fut obligé de faire emprisonner des écoliers qui avaient outragé sa sœur, la reine Marguerite, dans une méchante pièce jouée au collège de Navarre, en la représentant sous le personnage d'une furie.

Les associations laïques de la province suivaient l'exemple des clercs du Palais et des écoliers de Paris. Fondées, pour la plupart, au XIVe siècle et même antérieurement, elles se transformaient en troupes dramatiques une fois ou deux par an. La troupe des Conarts de Rouen, de l'abbé de Maugouvert à Poitiers, de l'abbé de Liesse à Arras, étaient des associations qui jouaient la comédie et qui se composaient surtout des bazochiens de la localité.

---

(1) Félibien, tome II, page 728.

Roger de Collerye, que nous avons déjà cité, nous fournit un document précieux sur cette matière. Ce poëte, qui était associé à plusieurs bandes joyeuses de Paris et de la province, pour lesquelles il composait sans aucun doute, nous a laissé un *cry* pour *l'Abbé de l'Eglise d'Ausserre et ses suppostz* (1). Il fut *proclamé* dans la ville d'Auxerre la veille d'une représentation, et rappelle beaucoup le *cry* du *Prince des Sotz*, qui annonça la sottie que Gringore fit jouer en 1511. Ces *cryz* étaient, en quelque sorte, une annonce du spectacle. Ils sont aujourd'hui remplacés par les affiches. Les cris des mystères se faisaient quelquefois à cheval, aux flambeaux, avec une nombreuse suite de comédiens en costume, au son du tambour et des trompettes, avec l'autorisation des prévôt et échevins.

Clément Marot nous a laissé également *le cry du jeu de l'Empire d'Orléans*, ou annonce d'une représentation théâtrale qui devait être donnée dans cette ville (2).

L'Empire d'Orléans était-il une société joyeuse qui rivalisait avec les clercs de la Bazoche? ou bien une société de clercs d'une administration financière, ou d'une chambre des comptes? Nous inclinerions pour cette dernière hypothèse. La Cour des comptes de Paris avait sa société de clercs qui avait pris le nom d'Empire de Galilée; l'Empire d'Orléans devait être une de ses émanations ou une société semblable. La ville d'Orléans était

---

(1) Voir les Œuvres de Roger de Collerye, édition Jannet, page 275.
(2) Voir les Œuvres de Clément Marot. Ballade II, à la suite de celle des *Enfants-Sans-Soucy*.

un centre fort important, et le chef-lieu d'un vaste gouvernement provincial; à côté d'un bailliage, d'un présidial, on trouvait une trésorerie de France et une chambre des monnaies; en voilà assez pour expliquer l'existence d'une de ces associations qui prenaient le nom pompeux d'*Empire*, comme la société des clercs de la Cour des comptes de Paris.

Le cry de Clément Marot, comme celui de Roger de Collerye, est une poésie assez médiocre, qui n'a d'intérêt qu'au point de vue où nous nous plaçons, et qui nous donne un de ces nombreux témoignages de la rivalité existant entre les sociétés de clercs.

> Prince, le temps et le terme s'approche
> Qu'Empiriens par-dessus la *Bazoche*
> Triompheront,

dit Clément Marot en adressant sa ballade au chef des Empiriens, nous apprenant par là que cette société, depuis longtemps, donnait des spectacles, et que près d'elle, dans la ville d'Orléans, il y avait aussi une société de clercs du Palais.

Comme on peut s'en convaincre, souvent le Parlement était obligé d'interposer son autorité pour faire respecter la morale, outrageusement attaquée dans les farces et sotties. Les mesures qu'il prenait gênaient beaucoup les auteurs et acteurs. Ils cherchaient par tous les moyens possibles à éluder les difficultés sans braver ostensiblement les défenses qui leur étaient faites. Ils avaient imaginé de prendre des masques représentant les traits de la personne qu'ils voulaient mettre en scène, et ils ajoutaient des écriteaux qui donnaient le véritable sens aux phrases équivoques glissées dans leurs pièces.

Ces écriteaux avaient pour objet principal l'explication de certaines situations qu'ils n'osaient pas cependant exposer aux yeux des spectateurs. Cette tentative fut réprimée par un arrêt du Parlement, du 20 mai 1536, qui punissait les contrevenants du bannissement et de la prison (1). Dès le mois de janvier de la même année, il leur avait été permis de jouer à la manière accoutumée, avec la condition, toutefois, qu'ils remettraient au Parlement leurs manuscrits quinze jours avant la représentation. Cet arrêt accorde aux bazochiens la permission de faire jouer leurs pièces à la Table de marbre, ainsi qu'il est accoutumé, en observant d'en retrancher les choses rayées (2).

La censure se continua par la suite, et le Parlement maintint sa prohibition, *sous peine de la hart*, à l'égard des bazochiens, par un arrêt du 7 mai 1540. « Toutefois, y est-il dit, n'entend leur défendre qu'ils « se réjouissent honnestement et sans scandale. »

Il serait injuste, cependant, de mettre sur le compte de la licence et de l'immoralité toutes les mesures sévères du Parlement, et il faut aussi admettre que, quand il menaçait de la *hart* ces jeunes étourdis, c'était quelquefois pour les rendre plus circonspects à l'égard des hauts personnages de l'État. Le Parlement avait peu à se plaindre des clercs ; il n'en était pas de même de l'entourage du Roi.

---

(1) L'arrêt de la Cour défend de jouer ou faire jouer à la montre de la Bazoche aucun jeu, ni faire monstrations et spectacles, *ni écritaux taxants ou notants quelque personne que ce soit.*
Arch. nat., sect. jud., tome X, 1539, fol. 282.

(2) Arrêt du 23 janvier 1536. Arch. nat., sect. jud., tome X, 1540, fol. 131.

La Cour avait, sur le chapitre de la satire, l'épiderme d'une grande sensibilité, et les clercs le chatouillaient trop vivement; sans respect pour leurs seigneuries, ils les chansonnaient et les traduisaient sur la scène d'une façon si peu équivoque et sous des dehors si transparents, qu'ils étaient immédiatement reconnus.

Le 15 octobre de la même année 1540, les défenses se renouvelèrent, et il fut signifié au chancelier et aux trésoriers de soumettre d'avance à la Cour le *jeu de leurs sotties* :

« Et quant à la farce et sermon, attendu la grande difficulté par eux alléguée, de les monstrer à ladite Cour, ayant égard à leurs remontrances pour cette fois, et sans tirer à conséquence, la dite Cour leur a permis et permet de jouer ladite *farce* et *sermon* (1), sans les monstrer à ladite Cour; cependant avec défense de taxer ou scandaliser particulièrement aucune personne, soit par noms ou surnoms, ou circonstances d'*estoc* (2), ou lieu particulier de demourance et autres notables circonstances par lesquelles on peut désigner ou connaître les personnes. »

Duluc rapporte sur ce point spécial un arrêt du 14 mai 1550, qui contient plusieurs dispositions intéressantes.

Il ordonne, en premier lieu, la restitution d'un manteau pris à un clerc qui refusait de s'inscrire pour faire la montre, et défend aux officiers de la Bazoche d'user, à cet égard, de contrainte envers les clercs. Il défend,

---

(1) Sermon joyeux, sorte de monologue facétieux en forme de sermon bourré de citations latines.
(2) Estoc, famille, souche, origine.

en outre, de désigner les personnes dans les comédies, soit par leur nom, soit par des emblêmes, et interdit aux clercs de faire battre le tambour pour se réunir avant le 9 mai et l'heure de six après midi.

En 1545, une maladie épidémique qui s'était répandue dans Paris obligea le Parlement de refuser d'une manière absolue aux bazochiens la permission de représenter leurs jeux.

Cette interdiction nous rapproche de l'époque où les Confrères de la Passion achetèrent, le 30 août 1548, de Jean Rouvet, une partie de l'hôtel de Bourgogne, dans laquelle ils firent construire une salle de spectacle, d'un commun accord avec la société des Enfants-Sans-Souci.

L'apparition sur la scène des pièces de Jodelle, vers 1552, donna un autre cours à la littérature dramatique. Cet écrivain fécond, nourri de la lecture des anciens, substitua aux farces la comédie et la tragédie dans le goût des Grecs et des Romains. Le théâtre de l'hôtel de Bourgogne commença à tomber en discrédit, les acteurs, y compris les Enfants-Sans-Souci, n'étaient plus qu'un ramassis de libertins, de gens mal famés; leurs pièces n'attiraient plus la foule.

A partir du milieu du XVIe siècle, les clercs du Palais n'avaient plus, comme acteurs et comédiens, qu'une trentaine d'années à vivre. On trouve encore de nombreux arrêts du Parlement, mais ils contiennent toujours les mêmes dispositions ; ce sont des permissions de jouer sur la Table de marbre ou en *la salle des procureurs*; ce sont des indemnités pour leurs frais ; c'est l'interdiction de donner un spectacle en janvier 1559, à cause de la mort de Henri II. En 1561, la Cour permet le spectacle en la salle du Palais, à la charge de ne rien ajouter, *et sera, à cette fin, le dit jeu, paraphé et biffé au bout de chaque article, et la copie laissée au greffe pour y avoir recours, s'il y échet* (1).

Les difficultés semblent s'accroître depuis lors ; la censure, les retranchements, le dépôt au greffe du manuscrit, les autorisations plus difficilement accordées, la lassitude, peut-être, de leur genre de spectacle, tout concourait à les détourner de cette espèce d'amusements: enfin, au mois de juin 1582, le Parlement permet encore aux clercs de représenter *Eglogues, tragédies et comédies* sur la Table de marbre (2).

Depuis cette époque on ne trouve plus aucune trace des représentations scéniques des clercs de la Bazoche. Elles avaient duré près de deux siècles. Vers 1586, date de la réformation des statuts de la société, on les voit en possession d'une loge au théâtre de Bourgogne. S'ils eussent continué leurs représentations, l'historien anonyme n'eût pas oublié de le rappeler.

Dans les attributions et charges des trésoriers entrait l'entretien de la loge destinée aux dignitaires de la société. Les Confrères de la Passion, après avoir cédé aux Enfants-Sans-Souci le droit de jouer des pièces sur leurs

---

(1) Arch. nat., sect. jud., t. X, 1599, fol. 348.

(2) Les archives nationales contiennent deux arrêts du mois de juin 1582, l'un du 12, l'autre du 20. Ils sont rapportés au t. X, 1675, folios 309 et 367. Il est probable que le même spectacle fut donné deux fois. On sent l'influence du théâtre latin et de Jodelle. Ce ne sont plus farces, moralités et sotties, mais bien *églogue, tragédie, comédie*. A la charge qu'il n'y aura en icelles, choses quelconques contre la religion, le Roi et l'état du royaume, et de n'y nommer et scandaliser aucuns, sous peine d'en répondre en leurs noms privés.

théâtres, avaient accordé au Prince des Sots une loge particulière dans la salle où ils donnaient leurs représentations. Est-ce la même loge dont il est ici question ? et le Royaume de la Bazoche avait-il le droit de se servir de cette loge comme appartenant à un de ses suppôts ? Il est à croire que c'était une loge spéciale, car il est dit, dans les statuts conservés par l'historien anonyme, que cette loge avait été accordée à la prière du Prince des Sots. Chaque année, vers le carême, les trésoriers de la société se rendaient à l'hôtel de Bourgogne pour y prendre une collation et fournir les tapisseries et armoiries nécessaires à l'ornement de la loge. Ils invitaient les administrateurs de l'hôtel à se rendre au Palais de justice pour assister à la plaidoirie de la cause solennnelle, et à donner à la Bazoche la représentation à laquelle ils étaient obligés.

Cette obligation, comment avait-elle été imposée aux administrateurs de l'hôtel de Bourgogne ? Ce fut, sans doute, un accord entre eux et les bazochiens, en vertu duquel ceux-ci renoncèrent complétement à jouer la comédie.

Un arrêt du Parlement, du 16 septembre 1639, rapporté par l'historien anonyme et par Brillon, maintient non-seulement à la Bazoche son droit à la loge de l'hôtel de Bourgogne, mais il reconnaît encore formellement la juridiction des clercs, tant au civil qu'au criminel.

L'intervention de la corporation des clercs dans le mouvement dramatique des XVe et XVIe siècles paraît avoir été toujours considérée par les sociétaires eux-mêmes comme un divertissement sans importance. Cela est tellement vrai que l'auteur anonyme des statuts ne regarde pas comme digne d'attention la partie historique de la société qui touche aux spectacles; il ne s'en occupe pas, et considère cette question comme bien au-dessous de l'importance de son sujet. Il cite avec complaisance les cérémonies de la plantation du mai et des montres générales de la corporation entière, mais pas un mot sur les pièces de théâtre. Il aurait pu rapporter un des nombreux arrêts du Parlement relatifs à cette partie intéressante de la société; mais il semble qu'il cherche à éviter tout ce qui a trait à cette question.

« J'omettais, dit-il, de parler d'un autre privilége, celui d'avoir une loge à l'hôtel de Bourgogne; » mais il n'explique pas comment ce privilége fut concédé. C'est qu'avant l'époque où il écrivait son essai, malheureusement trop incomplet, les comédiens étaient tombés dans un grand discrédit. « Maintenant, dit-il, que la comédie est en grande recommandation, que les acteurs sont entretenus par Sa Majesté, ils cherchent à s'exempter de nous donner la comédie le premier jour de carême. » Ce sont à peu près tous les aveux que fait l'historien anonyme sur ce côté éminemment curieux de la société dont nous esquissons l'histoire.

CHAPITRE SIXIÈME

Pourquoi les clercs firent des comédies. — Singuliers ouvrages de jurisprudence. — La procédure et les poëtes. — Leurs testaments, leurs plaidoyers. — Les causes grasses, leur influence. — Bazochiens célèbres. — Martial d'Auvergne. — Bouchet. — André de la Vigne. — Villon. — Pierre Blanchet; son épitaphe. — François Habert. — Jean d'Abundance, notaire, auteur bazochien. — La poésie et le barreau au seizième siècle.

CHERCHONS maintenant pourquoi les clercs firent des comédies: les causes en sont multiples. L'organisation de la société de la Bazoche, les travaux auxquels les membres de cette communauté se livraient au Palais et dans les études des procureurs, les conférences qu'ils suivaient pour se familiariser avec le langage du droit, leurs caractère, leur âge, leur fréquentation avec les poëtes de l'époque, les traditions universitaires, tout concourait merveilleusement à leur inspirer le goût de la satire et des spectacles.

Le drame hiératique vint provoquer leurs heureuses dispositions. Avant les représentations théâtrales, le Parlement et le Palais de justice, les bailliages, les prévôtés, les sénéchaussées, étaient, pour ainsi dire, le rendez-vous de toutes les personnes inoccupées, qui, par récréation et curiosité, assistaient aux scènes émouvantes de la plaidoirie. Les luttes oratoires du Palais étaient, en quelque sorte, des spectacles populaires, et déjà l'éloquence des avocats passionnait l'esprit public.

Après la translation de la papauté à Avignon, les jurisconsultes et praticiens de l'Italie s'empressèrent de composer, pour l'instruction du barreau, des ouvrages élémentaires, dans lesquels la procédure était présentée dans tous ses détours et sous toutes ses faces.

Pour rendre cette étude plus attrayante ils imaginèrent des sortes de procès entre les grands personnages de l'antiquité, qui s'attaquaient, se défendaient par le ministère de procureurs et d'avocats, développant aux yeux du lecteur toutes les ressources des discussions judiciaires. Puis ils prirent dans la Bible et dans l'Évangile des plaideurs et des sujets de contestations. Telle fut l'origine de ces traités singuliers qui parurent de 1300 à 1350, où l'on voit aux prises Satan et Lucifer, Dieu le père, Jésus-Christ, la sainte Vierge, les prophètes et les apôtres, tantôt demandeurs, tantôt défendeurs, tantôt avocats, tantôt procureurs, juges ou greffiers, se donnant des citations, se repoussant par des exceptions, provoquant des enquêtes et des interrogatoires sur faits et articles, signifiant des écritures, rendant des arrêts, faisant la police de l'audience, la troublant au besoin, et se faisant rappeler à l'ordre (1).

---

(1) Les livres les plus curieux en ce genre sont :
Le procès de Satan contre la sainte Vierge en présence de Jésus, attribué

Il n'est pas besoin d'insister sur la coïncidence que l'on trouve entre l'apparition de ces ouvrages et la représentation des mystères, imaginés aussi pour l'édification et l'instruction du peuple. Cette analogie est frappante ; il suffit de la signaler comme une tendance générale chez les écrivains de l'époque. Cette tendance, du reste, existait encore au seizième siècle. En voici un des témoignages les moins équivoques : c'est le *Formulaire fort récréatif de tous les contrats, donations, testaments, codicilles et aultres actes qui sont faicts et passez pardevant notaires et témoings, faict par Bredin le cocu, notaire rural*, etc.

« Ces miens contrats, dit-il dans sa préface, pourront instruire et édifier un jeune notaire, sortant tout fraîchement de la première partie de la grammaire, et n'ayant pour toute théorique qu'un morceau de cire au poing, de dresser son style en toutes sortes de contrats... »

Mais, au fond, ces modèles du Notaire rural ne sont que des comédies, dont la lecture est plus divertissante qu'instructive. Dans la pièce *la Ratification* on trouve le sujet de la fable de La Fontaine : *la Goutte et l'Araignée*. *Le Compromis et Sentence arbitrale* lui a fourni l'idée du conte intitulé le *Bât* (1).

à Barthole, ayant pour titre : *Bartholi à saxo ferrato jurisconsulti Perusini processus Satanæ contra D. Virginem coram judice Jesu.*

Le procès de Bélial à l'encontre de Jésus-Christ, qui eut un succès prodigieux et fut traduit en plusieurs langues ; il parut en 1482. Moïse plaidait pour Jésus-Christ devant Salomon ; le diable se défendait lui-même, il était plus fort que tout le barreau.

Le Songe du Verger, livre de jurisprudence, sous la forme du *Roman de la Rose*, en faveur de la juridiction séculière contre la juridiction ecclésiastique.

(1) M. Péricaud attribue avec raison ce livre à Benoît du Troncy,

Ces drôleries convenaient parfaitement à l'esprit naïf de nos aïeux. Les fantaisies de ces jurisconsultes avaient été provoquées par les poëtes, qui affectaient dans leurs écrits d'employer les formules judiciaires. Ainsi, nous voyons les troubadours porter leurs tensons et jeux-partis devant les cours d'amour qui rendaient des arrêts. Jean de Meung, le continuateur du *Roman de la Rose*, laisse un long testament en due forme ; François Villon, *le paoure escholier*, formule aussi son *grand Testament* et son *petit Testament*, dans lesquels il fait plusieurs legs à différentes personnes, legs gracieux ou satiriques, suivant qu'il avait à se louer ou à se plaindre des personnes qu'il désigne :

> Item donne à mon advocat
> Maistre Guillaume Charruau,
> (Quoy qu'il marchande ou ait estat),
> Mon branc (1) ; je me tays du fourreau...
> Item mon procureur Fournier
> Aura pour toutes ses corvées...

Henri Baude, dont nous avons déjà parlé, laisse aussi son testament et des requêtes en vers adressées au Parlement. On peut même lire à titre de curiosité une de ses poésies qui est une imitation des protocoles de la chancellerie romaine : sa bulle du cardinal de Guérande.

D'autres poëtes encore avaient adopté ces formules de procédure. Ainsi, Jean Le Fevre (2), avocat en la Cour de Parlement, avait composé un poème philosophique,

---

contrôleur des domaines du Roi et secrétaire de la ville de Lyon. Il fut imprimé pour la première fois, en 1610.
(1) Mon branc, mon épée.
(2) Ce poëte vivait sous Charles V.

auquel il avait donné la forme d'une ordonnance, et qui commençait ainsi :

    A tous ceux qui ce dit orront,
    Salut; sachent tous qu'ils morront,
    Etc....................

Le Fevre avait dédié son poëme, qui est assez médiocre, à tous ses amis et à tous ceux qui fréquentaient le Palais:

    Sociis suis dilectis
    In rhethorica provectis,
    Optantibus solacium,
    Parisiis Pallatium
    Regale frequentantibus,
    Se recommendat omnibus.

Avant lui, Gaston Phœbus, comte de Foix, dans son livre sur la chasse (1), dont la seconde partie est en vers, simule une contestation entre plusieurs personnages, dont les uns plaident en faveur des oiseaux, et les autres en faveur des chiens. *Raison*, qui est une des personnes allégoriques de cette pièce, conclut qu'on doit chérir également les chiens de chasse et les oiseaux de proie, et prononce un arrêt en forme, où les dires des parties sont énumérés sommairement et par ordre.

On se rappelle cette pièce de Charles d'Orléans, où il parodie d'une manière si ingénieuse le langage de la chancellerie et des édits royaux à propos de lettres patentes qu'il est censé recevoir.

    Savoir faisons que le duc d'Orléans,
    Charles nommé, à présent jeune d'ans,

---

(1) *Livre des Deduiz de la chasse des bestes sauvaiges et des Oyseaux de proye.*

Nous retenons pour l'un de nos servans,
Par ces présentes, etc...

Parmi les poésies de Guillaume Coquillart, official de l'église de Reims, se trouve le *Débat entre la simple et la rusée*, dans lequel, à propos de deux femmes qui se disputent un amant, le poëte nous fait assister aux plaidoiries de M⁵ Simon pour la *simple* et de M⁵ Ollivier pour la *rusée*, plaidoirie longue et passablement immorale quant aux détails, suivie d'une enquête et d'un jugement. Enfin, qu'on lise les arrêts d'amour de Martial d'Auvergne, procureur au Parlement de Paris. Ils traitent presque toutes les questions de droit sous une apparence futile, et lui furent inspirés certainement par la lecture des arrêts des cours d'amour.

Cette manie fut poussée si loin que les notaires et tabellions rimèrent jusqu'à des contrats de mariage et des terriers (1).

Ces poésies, ainsi que ces ouvrages des jurisconsultes, offraient des espèces de scènes comiques, qui pouvaient, jusqu'à un certain point, se représenter sur le théâtre. La lecture de ces productions littéraires, si toutefois elles méritent ce nom, et celle des conteurs, qui étaient nombreux alors, excitaient les clercs du Palais à mettre en scène les passages satiriques et plaisants qu'ils trouvaient, soit dans leurs récits, soit dans les fabliaux.

Il ne faut pas oublier une autre raison déterminante : l'influence qu'exerçaient sur ces jeunes gens les montres et les plantations du mai, souvenirs joyeux des fêtes de l'Ane. Ces montres, toujours accompagnées d'une certaine

---

(1) Legrand d'Aussy, préface des Fabliaux, tome 1ᵉʳ, page 7. Édition de 1829.

mise en scène et d'une grande pompe de costumes, suivies de danses, composaient une sorte de spectacle public auquel ils avaient habitué les habitants de Paris. Il y avait encore là une prédisposition aux productions scéniques. Enfin, comme dernier élément, il importe de faire figurer la cause solennelle qui se plaidait le jour de carême prenant.

Parmi les attributions des trésoriers de la Bazoche était celle de présenter, aussitôt après la Saint-Martin d'hiver, le sujet de la cause solennelle ; ils devaient même faire les frais de sa première répétition. Le sujet de la cause grasse, ainsi qu'on l'a appelée depuis, était toujours un sujet facétieux, qui rappelait les circonstances d'une aventure comique ou désagréable, arrivée soit à un clerc, soit à un avocat, à un procureur, ou à une personne connue. Ainsi, dans le cinquante-deuxième arrêt d'amour, attribué à Martial d'Auvergne, il est parlé de plaidoiries faites devant la Bazoche, dans lesquelles deux maris, *ayant chascun la femme de son compaignon*, s'étaient rencontrés derrière le palais de justice, la nuit, alors qu'ils cherchaient un endroit favorable pour se tromper mutuellement.

Nous avons dit déjà que l'insuffisance des affaires sérieuses à plaider devant la Bazoche obligeait les clercs d'en imaginer pour entretenir l'exercice de la juridiction et se former à la plaidoirie. Voici ce que dit à ce sujet l'avocat Dareau dans son article sur la Bazoche (1) :

« Il est comme de fondation à la Bazoche du Palais d'y plaider tous les ans une cause solennelle un des jours gras, depuis neuf heures jusqu'à midi, et c'est pour cela

---

(1) *Répertoire de Jurisprudence*, de Guyot.

qu'on l'appelle la *cause grasse*. Le sujet est inventé. Il porte ordinairement sur un fait de sédition ou sur le mécontentement d'un mari. La pudeur y était très-peu ménagée anciennement. M. le premier président de Lamoignon donna des ordres pour qu'on y mît plus de décence, et, depuis ce temps-là, on y a plaidé ces sortes de causes avec plus de circonspection. »

L'usage de plaider des causes grasses s'était introduit dans les bailliages et dans les cours souveraines ; elles étaient alors sérieuses. Brillon rapporte dans son *Dictionnaire* qu'on trouve au registre d'un plaidoyer, fait au Parlement de Paris le 6 mars 1469, que le Roi de la Bazoche demanda par un avocat le renvoi d'une cause grasse devant sa cour.

On trouve un exemple de ces causes dans un des plaidoyers de Hénrys, avocat du Roi au bailliage de Montbrison. Il s'agissait dans celle-ci de l'état d'un enfant, né d'une femme qui, sous prétexte de l'impuissance de son mari, avait fait déclarer son mariage non valablement contracté, et qui, cependant, était enceinte lors de la séparation.

Le président Expilly, quand il était avocat général au Parlement de Grenoble, porta la parole en cette qualité dans une cause plaidée le mardi gras 1605. La question était de savoir si un enfant né six mois après le mariage consommé devait être tenu pour légitime. Ce magistrat disait : *On ne doit pas blâmer l'usage de ces sortes de causes, car l'antiquité fournit des exemples de délassements semblables* (1).

---

(1) *Plaidoyers* d'Expilly. Plaidoyer huitième, 5e édition, page 79

Dans un des registres de la Bazoche du Châtelet de Paris on trouve une sentence, du 6 décembre 1694, par laquelle il fut ordonné qu'un enfant serait *séquestré et conduit avec sa nourrice en la maison d'un clerc, officier de la Bazoche, lequel, par provision, serait tenu de payer cent vingt-cinq livres par quartier pour la nourriture de la nourrice et de l'enfant, sauf à faire droit en définitive* (1).

Les plaidoiries de la cause solennelle attiraient un grand concours d'auditeurs ; elles se faisaient avec un certain apparat ; la Cour bazochiale siégeait en son costume habituel, les avocats portaient la robe, les rôles du demandeur et du défendeur étaient confiés aux clercs ayant le plus de faconde et d'esprit ; les magistrats du Parlement y assistaient quelquefois. C'était, ce jour-là, comme un rendez-vous général de toutes les personnes attachées par leur profession au service de la justice.

La caussse grasse était donc une véritable comédie judiciaire. Il n'en est plus de même de nos jours, quoique les tribunaux correctionnels et les cours d'assises nous offrent souvent des drames dont la réalité dépasse toutes les effroyables péripéties qu'enfante la fiction. Dans nos justices de paix, dans nos tribunaux civils, comme dans le cabinet de l'avoué et de l'avocat, que de sujets de comédies pour un observateur ! C'est à cette école qu'il faut apprendre ce que vaut l'homme. Les bazochiens ne pouvaient manquer d'acquérir dans leur fréquentation du Palais et des plaideurs la même expérience du cœur humain.

---

(1) *Répertoire de Jurisprudence*, de Guyot.

Les clercs du Palais ne produisaient pas seulement des acteurs et des auteurs dramatiques : un avocat plaidant devant le Parlement protestait de son respect pour la Bazoche, *quia illi debetur honor*, disait-il, *et aussi parce qu'il y a en la Cour de céans infini nombre de nobles personnages qui sont venus de la Bazoche et de ses suppôts.*

En effet, bien des personnages éminents ont commencé leur carrière judiciaire dans la société des clercs. Les citer tous serait entreprendre l'histoire des procureurs et des avocats, et, par conséquent, ce serait sortir du cadre dans lequel cette étude doit se restreindre ; mais, sans parler de Jean-Baptiste Vernier, procureur du duc d'Orléans, qui fut nommé par le Parlement tuteur des princesses, ses filles, de Jean-Baptiste Maupassant, procureur au Parlement, un des conseillers de la tutelle du prince de Condé, et de bien d'autres encore, disons un mot de ceux qui se sont plus spécialement attachés à la culture des lettres (1). Ainsi Martial, de Paris, dit d'Auvergne, a jeté le plus grand éclat sur la compagnie à laquelle il appartenait. Né vers 1440, il exerça pendant cinquante ans la charge de procureur au Parlement. Ses ouvrages consistent en ses *Arrêts d'amour*, au nombre de cinquante-un. Mais l'œuvre qui a fait sa réputation est son poème historique de Charles VII, intitulé *Les Vigiles de la mort du roi Charles VII*. Cet ouvrage, où sont classés, année par année, les faits mémorables de la vie de ce prince, contient des tableaux très-animés et des portraits

---

(1) Il ne faut pas perdre de vue que tous les procureurs, à cette époque, avaient appartenu forcément à la communauté des clercs de la Bazoche avant d'être pourvus d'offices.

frappants de ressemblance. Son style n'est pas toujours riche, il est parfois obscur; mais on y trouve certains passages qui brillent par une grande invention et par une imagination vive et abondante.

Si les poëtes et les écrivains des ordres religieux attaquaient avec une certaine vivacité les hommes de loi, avocats, procureurs ou magistrats, Martial d'Auvergne le leur rendait avec usure, et sa satire sur les gens d'église du XVe siècle peut être considérée comme une des plus acerbes qui ait été dirigée contre eux.

Martial a fait précéder ses *Arrêts d'amour* d'une pièce de vers servant d'introduction, qui commence ainsi:

> Environ la fin de septembre,
> Que faillent violettes et fleurs,
> Je me trouvay en la Grand'Chambre
> Du noble Parlement d'amours.....

Comme description, cette pièce de vers est charmante. Les poésies de Martial d'Auvergne contiennent de très-belles pensées, et expriment parfois des sentiments d'une grandeur et d'une noblesse rares à l'époque où il vivait.

On se laisserait entraîner à parler longuement de Martial d'Auvergne; il méritait quelques lignes de plus que tout autre, comme procureur, comme bon citoyen, aimant son pays et son prince, comme philosophe indulgent, sachant allier à un jugement sain une critique sage, un peu vive, mais toujours juste, des vices de son époque.

On ne peut lire sans intérêt ses poésies peu connues et qui sont d'autant plus dignes d'attention qu'elles furent composées pendant le cours du XVe siècle, alors que Marot n'avait pas encore paru sur la scène littéraire. Martial était contemporain de Villon, et ses œuvres sont presque aussi remarquables que les siennes; dans tous les cas elles dénotent un esprit supérieur. Il mourut le 13 mai 1508, après avoir exercé pendant cinquante ans la profession de procureur au Parlement; c'est son épitaphe qui nous le dit.

Mais Martial d'Auvergne n'est pas le seul procureur qui ait cultivé les lettres. Il en est un autre, plus connu peut-être, et son contemporain: nous voulons parler de Jean Bouchet, l'auteur des *Annales d'Aquitaine* et d'une foule d'autres ouvrages en vers et en prose, qui ne sont pas moins recherchés aujourd'hui qu'ils le furent de son temps. Fils de Pierre Bouchet, procureur à Poitiers, lequel fut empoisonné par la femme d'un de ses amis, Jean Bouchet embrassa la profession de son père. Sans entrer dans l'énumération de ses œuvres, nous nous bornerons à quelques extraits de ses poésies, en faisant remarquer qu'il alterna, un des premiers, dans ses vers, les rimes masculines et féminines.

Nous avons parlé déjà de lui dans notre premier chapitre, et, à propos de l'étymologie du mot Bazoche, nous avons cité quelques vers de son *Epitre de justice*.

Bouchet était porté à la satire et n'épargnait personne; c'était une habitude qu'il avait sans doute contractée dans la société des clercs de la Bazoche. La ballade suivante est curieuse comme émanant d'un procureur. Elle roule sur le *bon temps*, comme celle de Martial, mais l'esprit en est fort différent :

    Quand justiciers par équité
    Sans faveur procès jugeront,
    Quand en pure réalité
    Les avocats conseilleront;

> Quand procureurs ne mentiront
> Et que chacun sa foi tiendra,
> Quand pauvres gens ne plaideront,
> Alors le bon temps reviendra.

Nous bornerons notre citation à cette strophe ; elle en dit assez pour faire connaître l'homme. Qu'on n'oublie pas que c'est un procureur qui parle ainsi de ses confrères, des avocats et des juges. La censure est aussi sévère que juste, tant à l'égard des gens de robe, que pour la noblesse, les grands dignitaires et le clergé. Son envoi au roi serait d'une bien heureuse application aujourd'hui.

> Prince, quand les gens s'aimeront,
> Je ne sçais quand il adviendra,
> Et qu'offenser Dieu ils craindront,
> Alors le bon temps reviendra.

Louis XII ne craignait pas la satire, et nous avons vu de quelle faveur jouissait la Bazoche sous le règne de ce prince. Les poëtes ne mettaient pas, à cette époque, moins d'ardeur à attaquer les vices de la cour, de la noblesse et du clergé, que les auteurs des farces et des sotties. Leurs censures ont laissé bien derrière elles, pour l'aigreur de leurs attaques, pour la vivacité de leurs expressions, tout ce qui a été essayé depuis ; si elles ont été parfois rudes et grossières jusqu'à l'injure, elles rachetaient ces défauts par la droiture de leurs intentions, par la justesse et la solidité de leurs appréciations.

Du reste, nous verrons plus tard, à propos de Gringore, que ce n'était pas simple bonhomie chez Louis XII et que sa tolérance avait un but secret, celui de se servir du théâtre comme moyen d'action sur l'esprit public.

Pierre Blanchet, né à Poitiers vers 1459, suivit le Palais dans sa jeunesse, se fit prêtre à quarante ans, et mourut, en 1519, dans sa ville natale. Avant d'embrasser la prêtrise il composait des farces et des sotties qu'il représentait avec ses camarades. C'est à lui que M. de Beauchamps, dans ses *Recherches sur les théâtres de France*, et plusieurs autres écrivains ensuite, ont attribué la célèbre pièce de l'*Avocat Pathelin*, dont nous parlerons longuement.

Pierre Gervaise, assesseur de l'Official de Poitiers, s'exprime en ces termes sur Pierre Blanchet :

> Regarde aussi maistre Pierre Blanchet,
> Qui sceut tant bien jouër de mon huchet,
> Et composer satyres proterveuses,
> Farces aussi qui n'étaient ennuyeuses.

Jean Bouchet est le seul auteur qui nous ait fait connaître, avec quelques détails, la vie de Pierre Blanchet, son comtemporain et son ami. Il a composé son épitaphe qui est fort curieuse ; nous en reproduirons quelques vers, avec d'autant plus de raison que, comme poëte et comme joueur de farces, Pierre Blanchet est, après Clément Marot, un des bazochiens les plus célèbres dont nous ayons à nous entretenir. Il mourut d'une manière exemplaire ; toutefois, sa fin se ressentit des habitudes et de l'esprit de sa jeunesse ; par son testament il légua à ses amis, dont Jean Bouchet faisait partie, le soin de faire dire, *mais à leurs frais*, trois cents messes pour le repos de son âme :

> Cy gist dessoubz ce lapideux cachet
> Le corps de feu maistre Pierre Blanchet,
> En son vivant poëte satyricque,

. . . .
Lui jeune estant il suivit le Palais
Et composait souvent rondeaux et laiz,
Faisait jouer sur eschaffaulx Baʒoche,
Et y jouait par grand art, sans reproche;
En reprenant par ses satyricz jeux
Vices publics et abus outrageux.

Villon est trop connu pour que nous ayons la pensée de faire ici sa biographie ; pour nous c'est un bazochien aussi célèbre par ses écrits que par ses infortunes et son inconduite.

Guillaume Colletet pensait qu'il avait été procureur et il fondait cette conjecture sur les propres écrits de Villon, et notamment sur ce qu'il avait un clerc écrivant sous sa dictée en quelque sorte, *Fremin l'étourdi*, comme il l'appelle. Il en trouve encore la preuve dans ses *Repues franches* qu'il adressa à ses associés et confrères, qu'il nomme ensuite *clercs, sergents, procureurs, et autres estaffiers de Madame Chicane*.

Il est certain que Villon fit un peu toute espèce de métiers, même les moins honorables; mais nous ne pensons pas qu'il ait été procureur en titre. Il est certain encore qu'il était fort versé dans le style du Palais et dans l'intelligence des affaires; mais Colletet se montre tellement injuste envers les procureurs et les praticiens que nous n'avons pas besoin de les défendre en cette circonstance. Il est absurde, en effet, de soutenir que Villon a été voleur et pilier de mauvais lieux parce qu'il avait été procureur : les injures ne prouvent rien.

Nous pensons qu'il fut, sinon procureur, du moins clerc de la Bazoche. Il ne faut pas perdre de vue que le nombre des procureurs n'était pas limité par les lois, et que les rois de France, jusqu'à la fin du XVIe siècle, furent obligés, à diverses époques, de les réduire. Villon, comme clerc ou praticien, pouvait avoir une clientèle, *une pratique*, pour employer l'expression du temps, dont il était le mandataire, le *procurator*. Ses écrits laissent de nombreuses traces qui attestent son passage dans la société des clercs du Palais. Dans son *Petit Testament* il parle probablement d'un de ses collègues :

> Et à maistre Robert Vallée,
> Paouvre clergeault au Parlement,
> Qui ne tient ne mont ne vallée,
> J'ordonne principalement
> Qu'on luy baille légalement
> Mes brayes............

Dans son *Grand Testament* il fait un legs à un procureur qui lui avait probablement prêté de l'argent :

> Item à Maistre jean Cotard
> Mon procureur en court d'église
> Au quel doy encore un patard...

Il nous serait facile d'étendre ces citations, mais il nous semble que nous avons suffisamment établi les relations qui existaient entre Villon et les clercs de la Bazoche. Ces relations apparaîtront encore davantage à tous ceux qui prendront la peine de lire ses poésies. Nous ne chicanerons pas Colletet sur la question de savoir s'il était procureur ou simplement clerc de la Bazoche ; les arguments qu'il a donnés sont trop peu sérieux pour qu'ils puissent se discuter. Nous aimons mieux considérer Villon comme un type du bazochien spirituel et satirique. Quant à ses infortunes judiciaires, nous n'entreprendrons pas de les pallier ou de les excuser.

La biographie de Villon est à faire ; déjà même on annonce de nouvelles publications qui vont jeter un grand jour sur la vie de ce poëte. Les arrêts du Parlement, comme pour Henri Baude, sont la source où les chercheurs puiseront leurs documents.

André ou Andry de la Vigne fut secrétaire du duc de Savoie, puis de la reine Anne de Bretagne. Il accompagna Charles VIII dans son expédition de Naples, et mourut vers 1527. Auteur de plusieurs pièces de théâtre, et entre autres de *la Moralité de l'Aveugle et du Boîteux* et de la farce du *Meunier de qui le diable emporte l'âme en enfer*, il composa les complaintes et épitaphes du Roi de la Bazoche. La preuve que c'est bien à lui qu'il faut les attribuer se trouve dans ces trois vers qui font partie de cette curieuse pièce :

> Dont attendant qu'on expulse et decespe
> De mes raisins le maculé verjus,
> Cy jes*tandray de la vigne* ung vert jus.

Cette poésie, dont nous avons eu déjà occasion de parler, n'a rien de remarquable ; on peut même dire qu'elle est plus que médiocre ; elle ne peut être consultée qu'à titre de curiosité. Il est impossible de donner un sens aux nombreuses expressions hybrides ou latinisées que l'auteur a en quelque sorte accumulées comme à plaisir, et qui, à l'époque de transition et de transformation de notre langue, paraissent avoir été dans le goût de l'époque. Elle a pu être composée dans le cours du règne de Charles VIII, alors qu'André de la Vigne n'était pas encore au service d'Anne de Bretagne. Elle est surtout utile pour l'histoire des sociétés de clercs, en ce sens qu'elle nous apprend qu'il y avait des Bazoches, sur la fin du XV⁰ siècle, à Toulouse, à Bordeaux, à Dijon, à Grenoble.

Ces complaintes et épitaphes ne sont autre chose que des invocations à tous les dieux de la mythologie, des objurgations contre Atropos, des apostrophes à diverses nations, aux Suisses, aux Albanais, aux Maures. L'auteur s'adresse à l'univers entier, aux châteaux et aux chaumières, *fenetres*, *tourelles et eschaffaulx*, à tous les corps d'état, au clergé, aux magistrats, à l'armée, aux jeunes filles surtout; il les conjure de pleurer le *bon petit Roy*, *le Roy basilical*.

Cette divagation a plus de six cents vers; de notre temps on mettrait l'auteur aux petites maisons, elle eut alors, il paraît, un grand succès.

Plus tard on attribua cette complainte à Clément Marot, qui en répudia énergiquement la paternité dans une lettre qu'il écrivit à Etienne Dolet. A propos de certaines pièces de vers telles que l'*Hôpital d'Amours*, la *Plainte de saint Valentin* et la *Pastourelle de Grandson*, que beaucoup d'écrivains pensaient être d'Alain Chartier, Clément Marot disait : « Ces œuvres sont indignes de son nom, et autant sorties de lui comme de moi la complainte de la Bazoche. »

Quoi qu'il en soit, les exemplaires de ce singulier poème sont rarissimes. Brunet, qui n'en signale qu'une édition, commet une erreur, car nous en avons vu deux, toutes les deux en lettres gothiques différentes de format. L'une d'elles, qui fut imprimée sur la fin du XV⁰ ou au commencement du XVI⁰ siècle, plus problablement, est un petit in-8 allongé, avec une gravure sur bois représentant dame Bazoche pleurant son roi. C'est une femme en habits de deuil se promenant dans un jardin devant son palais sur lequel plane la mort. Cet exemplaire nous fut

communiqué par M. Le Roux de Lincy, auquel il appartenait ; il était incomplet, deux ou trois feuillets avaient été arrachés à la fin, et c'étaient les plus intéressants,

L'autre, dont nous avons vu un exemplaire d'une parfaite conservation dans le cabinet d'un bibliophile distingué, M. le baron Jérôme Pichon, est un petit in-12 sans lieu ni date, et sans nom d'imprimeur, comme la précédente ; nous croyons qu'elle est postérieure à la première.

La gravure sur bois de cette édition, qu'on trouvera reproduite en tête de ce volume, représente un roi de la Bazoche écoutant attentivement deux de ses suppôts qui discutent devant lui ; il porte une couronne et une longue barbe et il rappelle assez exactement les rois des jeux de tarot.

Citons encore quelques noms.

François Habert, né à Issoudun, en Berry, fit ses études à Paris. Il se destinait à la carrière du droit, lorsque la mort de son père interrompit le cours de ses études ; il revint dans sa ville natale, où il s'associa avec Jean Lebrun, greffier de cette ville, pour travailler aux jeux de la Bazoche, dont on amusait quelquefois les habitants d'Issoudun. Lebrun était l'ordonnateur de ces jeux ; il en faisait ce qu'on appelle de nos jours la charpente ; François Habert fournissait les vers. Comme la satire était l'âme de ces pièces de théâtre, ils trouvèrent des adversaires dans ceux qu'ils attaquaient. Les acteurs ayant été mis en prison, Habert, qui n'avait pas été inquiété, refusa, à partir de ce moment, de se mêler de ces divertissements satiriques, et ne s'occupa plus que de ses propres ouvrages, qui sont fort nombreux.

Il était encore *écolier*, *étudiant* à Toulouse, lorsqu'il publia le premier recueil de ses poésies. Il se déguisa sous le nom de Banni de Lyesse, et prit pour devise : *Fy de soulas*.

Nous avons encore à citer beaucoup de ces poëtes bazochiens. Nous n'en dirons que quelques mots, réservant Gringore et Clément Marot pour un autre chapitre.

Nicolas Petit, originaire de Normandie et qui naquit vers 1497, étudia le droit à Paris ou à Orléans. Jean Bouchet, son contemporain, nous apprend dans une de ses épîtres qu'il était orateur et poëte, et même poëte dramatique.

Jehan d'Abundance, bazochien et notaire royal au Pont-Saint-Esprit, vivait vers 1540. Il avait composé quelques farces et moralités, entre autres : *Le Gouvert d'humanité*, — *Le Monde qui tourne le dos à chacun*, — *Plusieurs qui n'a point de conscience*, — *Le Mystère des trois Roys*, — et le mystère composé sur ces mots : *Quod secundum legem debet mori*. Il a laissé aussi la farce de *la Cornette*, qui ne se distingue des autres pièces de ce genre que par un peu plus d'immoralité.

Nicole ou Nicolas Bargedé, natif de Vezelai, dans le Nivernais, licencié ès lois, et, plus tard, président au présidial d'Auxerre, est encore au nombre de ces poëtes sortis des rangs de la Bazoche. Il vivait sous François Ier. Entre autres productions on connaît de lui: *L'Arrêt des trois Esprits sur le trespas de Claude de Lorraine, duc de Guise*, espèce de plaidoyer entre le Ciel, la Terre et le Génie de la France. Le prince était attaqué d'une maladie mortelle; la Terre demandait son corps, le Ciel réclamait son âme, et le Génie de la France sollicitait son retour à la santé. Trois Esprits, sortis du corps de François Ier, de Marguerite de Valois et de Godefroy de Lorraine, jugent le différent. Après quelques légères contestations, ils s'accordent pour adjuger le corps du Prince à la Terre et son âme au Ciel. Nous citons cette œuvre de Bargedé comme une des tendances de l'époque que nous avons signalées au commencement de ce chapitre.

Nicolas Ellain fit ses études à Paris, et s'appliqua à la pratique, pour laquelle il n'avait pas beaucoup de penchant, s'il faut en croire le sonnet qu'il adressait à un de ses amis :

> Estre au Palais à me rompre la teste,
> Pour courtiser, Deneux, un conseiller,
> Un procureur, un clerc, un officier,
> Et envers eux contrefaire l'honneste.
> Faire dresser un extraict, une enqueste,
> Faire la cour à un monsieur l'huissier,
> Et à son clerc faire signifier
> Ore un arrest, ores une requeste.

L'abbé Goujet, qui cite cette pièce, l'a fait suivre de réflexions peu flatteuses pour les *procéduriers;* d'après lui, les procédures et tout l'attirail de la pratique n'ont jamais eu de charmes pour un ami des muses; il faut, dit-il, que le devoir et la nécessité parlent bien efficacement pour engager celui qui a du goût pour les lettres à se livrer à cette triste et ennuyeuse occupation.

Le savant bibliographe n'aurait pas dû mettre en oubli qu'une grande partie des poëtes qu'il cite dans sa *Bibliothèque française* tenait, soit au barreau, soit à la magistrature. Au surplus, Jean de Boissières, bazochien, originaire de Montferrand, ne partage pas sa manière de voir :

« Je regrette, dit ce poëte dans des stances sur ce sujet, je regrette la *vie clérique*, que j'avais embrassée, et d'avoir quitté trop légèrement

> Et papiers, et causes et procès,
> Pour mes amours. »

Nous avons parlé des principaux bazochiens ; il en est beaucoup d'autres moins connus, nous ne dirons pas moins célèbres, dont le passage dans la Bazoche n'a pas été autant remarqué. Si nous en parlons ici, c'est pour donner une preuve de plus de l'influence qu'exerçaient les corporations de clercs sur le mouvement qui emportait alors tant de bons esprits vers la culture des lettres.

A coup sûr, en citant en grand nombre des poëtes, tous ayant excercé la profession de procureur ou d'avocat, depuis Louis XII jusqu'à la fin du XVIe siècle, il faudra bien rattacher cette tendance à une cause quelconque, et l'attribuer sans témérité à l'influence des jeux de la Bazoche et à l'émulation poétique qui animait la jeunesse d'alors.

Parmi les plus célèbres bazochiens nous avons cité : Martial, Bouchet, Villon, André de la Vigne, Habert, Henri Baude, Roger de Collerye, Maurice Scève : il y en a beaucoup d'autres.

Voici venir Gilles d'Aurigny, dit le Pamphile, contemporain et ami de Clément Marot, qui vivait encore au commencement de 1558. Il était avocat au Parlement de Paris, et fut moissonné à la fleur de l'âge. Son poëme en quatre chants: *Le Tuteur d'amour*, a été considéré par quelques littérateurs comme une des meilleures compositions du XVIe siècle. On y trouve un style élégant et facile, allié à une imagination brillante.

Les autres poésies de d'Aurigny sont des épîtres, des élégies, des épigrammes sur l'amour, des chants royaux, des ballades, des rondeaux, une épitaphe de Clément Marot, etc.

Thomas Sibillet, Parisien, suivant La Croix du Maine, et Châlonnais, suivant du Verdier, naquit vers 1512. Il était avocat au Parlement de Paris, mais *il s'appliquait plus à la poésie qu'à la plaidoirie*, dit Loisel dans son *Dialogue des Avocats*. Son *Art poétique* a joui d'une assez longue célébrité.

Théodore de Bèze, issu d'une famille distinguée de la magistrature, après avoir étudié le droit à Paris et à Orléans, se livra, avec quelques désœuvrés, à tous les excès d'une jeunesse ardente ; il se fit un nom parmi les poëtes, puis se jeta dans les nouvelles idées théologiques. C'était un peu, du reste, la maladie des esprits distingués de l'époque. Clément Marot et Marguerite, reine de Navarre, sœur de François Ier, avaient été, à juste titre, soupçonnés de pencher vers l'hérésie et de favoriser la Réforme. Théodore de Bèze devint, après Calvin, le chef de la nouvelle église. Entre autres œuvres dramatiques il a laissé une tragédie d'*Abraham*.

Etienne Pasquier et Gui du Faur de Pibrac, tous les deux successivement avocats et magistrats, le premier à la Chambre des comptes de Paris, et le second au Parlement de Toulouse ; Guillaume Aubert, originaire de Poitiers, qui ne plaidait pas mal, disait Loisel, *mais qui se trompait souvent en ses causes*. Tous ont laissé des poésies que le temps n'a point fait oublier.

Citerons-nous encore Antoine de Cotel, conseiller au Parlement de Paris, qui rappelait un peu trop dans ses poésies ses rapports avec la société des clercs de la Bazoche. Ses *Mignardises et gayes poésies*, publiées en 1578, ne roulent que sur l'amour, et manifestent une licence qu'on ne permettait plus, à cette époque, aux bazochiens, mais qu'on tolérait, paraît-il, chez les magistrats.

Jehan de Beaubreuil, poëte français et latin, avocat au siége présidial de Limoges, disciple de Dorat, auteur de la tragédie d'*Attillie*, était contemporain d'un autre magistrat, Gabriel Bournyn, originaire de Châteauroux, qui, dès 1661, fit imprimer une tragédie intitulée *la Sultane*. Ce poëte compte parmi ses pièces une *Tragédie sur la défaite de la Piaffe et de la Picquoise et bannissement de Mars à l'introduction de Paix et sainte Justice*, et une satire au Roi, imprimée en 1586, *contre les républiquains*. Cette dernière pièce est une sorte de diatribe contre ceux qui avaient la témérité de se révolter contre l'autorité du roi et de mépriser ses édits.

Nicolas Rapin et Gilles Durand, avocats au Parlement et collaborateurs de cette œuvre justement célèbre, qui restera comme un des monuments les plus remarquables de la langue française : la *Satire Ménippée*, cette éloquente et spirituelle protestation de la bourgeoisie contre les menées ambitieuses des seigneurs qui se disputaient la couronne de France. C'est à Rapin que Mathurin Régnier avait dédié sa neuvième satire. Ce poëte célèbre avait fait aussi l'épitaphe de son ami sous la forme d'un sonnet :

> Passant, cy gist Rapin, la gloire de son âge,
> Superbe honneur du Pinde et de ses beaux secrets,
> Etc. . . . .

La lecture de ces deux pièces témoigne du cas que Régnier faisait de ce poëte.

Jean Vauquelin de la Fresnaye, qui fit un *Art poétique*, et Scœvole de Sainte-Marthe, son ami, plutôt passionné pour les Muses que pour l'étude de la jurisprudence, à laquelle l'un et l'autre avaient été destinés.

Claude Mermet, le notaire de Saint-Rambert en Savoie, qui faisait des épigrammes; Gabriel Le Breton, avocat au Parlement de Paris, auteur de plusieurs tragédies.

Pierre du Brach, natif de Bordeaux, qu'on suppose fort être un procureur, comme il nous le fait soupçonner lui-même :

> Sans m'habiller, soudain je me retire
> Dans mon étude où je commence à lire
> Sur une loi quelque accord discordant.

Ce Pierre du Brach a laissé de nombreuses poésies qui furent publiées en 1576.

Etienne Tabourot, célèbre avocat au Parlement de Bourgogne. Étant écolier à Paris, en 1564, il publia diverses pièces dans un recueil qu'il appela *ses Bigarrures*.

On a de lui l'épitaphe suivante, qui est l'œuvre curieuse d'un avocat.

> Du plus grand chicaneur qu'on pourra jamais voir
> En ce tombeau glacé gît la dépouille morte ;
> Pluton, hôte commun, ne le veut recevoir
> De peur qu'en son pays la chicane il ne porte.

François d'Amboise et Nicolas Pavillon, avocats des plus célèbres du XVIe siècle, se délassaient de leurs travaux par la culture des lettres. Il en est d'autres encore que les occupations sérieuses de la magistrature n'empêchèrent point de cultiver la poésie: Expilly, successivement avocat, procureur général à la Chambre des Comptes de Dauphiné, et président au Parlement de Grenoble ; Maynard, président au Présidial d'Aurillac, qui fut un des premiers membres de l'Académie française;

Jullien Colardeau, magistrat à Fontenay-le-Comte, et une foule d'autres.

Il est hors de doute que les représentations des mystères, des moralités, des farces et des sotties, aidèrent au réveil des esprits, et concoururent à les tirer de la torpeur dans laquelle les ténèbres du moyen âge les avaient plongés. Quand Clément Marot disait à François Ier que le règne florissant de la Bazoche ferait la splendeur de Paris, il exagérait sans doute l'importance de la compagnie au nom de laquelle il parlait, mais, au fond, il disait une chose vraie en signalant la coopération des clercs à cette œuvre de résurrection.

Ces écrivains embrassent une période d'un siècle et demi, depuis Martial d'Auvergne, qui vivait au milieu du XVe siècle, jusqu'au commencement du XVIIe. Une lecture attentive de leurs ouvrages suffirait pour mettre au courant des progrès de la langue. Certainement il y a une distance très-grande de Martial d'Auvergne à Maynard, mais cette lacune se franchit sans peine en suivant les sentiers tracés par les intermédiaires. Les trois principales époques peuvent se reconnaître aux noms qui leur servent, pour ainsi dire, de jalons : François Villon, Clément Marot et Malherbe. Comme contemporains de Villon, Martial et Jean Bouchet tiennent le premier rang à côté de Charles d'Orléans, de Coquillart et de Cretin. Plus tard, Gilles d'Aurigny, Théodore de Bèze et Roger de Collerye, marquent, avec Marot, l'époque du règne de François Ier ; enfin, Gilles Durand et Nicolas Rapin témoignent, dans leurs écrits, de l'influence qu'exerçaient sur la littérature les princes de la poésie : Malherbe, Racan, Mathurin Régnier.

Plus on s'approche de cette dernière époque, plus la pensée devient claire et précise, plus l'expression gagne d'élégance et de force. Si elle perd pour quelque temps cette grâce et cette simplicité naïves qu'elle tenait de son origine, elle acquiert, en se latinisant, cette vitalité et cette énergique précision qui devaient en faire la plus belle langue des temps modernes. On commence aussi à ressentir ce souffle d'indépendance et de liberté qui remuait sourdement les âmes et devait, trois siècles plus tard, enflammer les esprits et mettre si souvent en péril notre société. Ah ! sans doute, il y a loin des farces et des moralités des clercs de la Bazoche aux poésies de Malherbe et de Régnier, la distance parcourue est immense; mais n'est-ce donc rien que ce commencement d'émancipation de l'intelligence. N'est-ce donc rien que ce travail des enfants de la bourgeoisie, tout grossier et imparfait qu'il soit, que cette *sécularisation* du plus noble des arts : la poésie ? Faut-il être indifférent aux tentatives de ces obscurs lutteurs, que le succès n'allait pas tarder de couronner ? Déjà, au XIII° siècle, l'instruction, la science ne sont plus l'apanage exclusif des abbayes et des couvents; elles se répandent par les universités; le beau langage et l'éloquence éclatent au Palais ; l'esprit court les rues ; le drame et la poésie se montrent dans les carrefours de Paris, se donnant la main comme deux enfants vagabonds appuyant l'un sur l'autre leurs pas chancelants.

CHAPITRE SEPTIÈME

Les Mystères au point de vue religieux. — Leurs résultats. — Ce qu'ils étaient à la fin du XIVe siècle. — Extrait du Mystère de la Passion. — De la procuration du Diable. — Le style de Jehan d'Abundance. — Examen de l'ordonnance de 1402. — Son esprit. — But de Charles VI. — Les Moralités sont antérieures à 1398. — Analyse de quelques-unes de ces pièces. — Précautions des bazochiens. — Prologues. — Moralité de Bien-Advisé et de Mal-Advisé. — Le Diable à quatre. — Traits de mœurs. — Intermèdes. — Sentence de la Condampnation du Banquet.

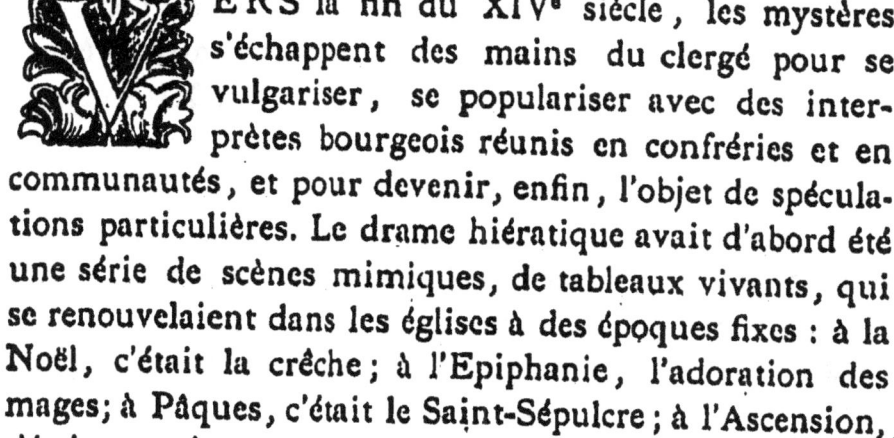

VERS la fin du XIVe siècle, les mystères s'échappent des mains du clergé pour se vulgariser, se populariser avec des interprètes bourgeois réunis en confréries et en communautés, et pour devenir, enfin, l'objet de spéculations particulières. Le drame hiératique avait d'abord été une série de scènes mimiques, de tableaux vivants, qui se renouvelaient dans les églises à des époques fixes : à la Noël, c'était la crèche; à l'Epiphanie, l'adoration des mages; à Pâques, c'était le Saint-Sépulcre; à l'Ascension, c'était un prêtre qui, sur le jubé d'une cathédrale, figurait aux yeux des fidèles l'ascension du Sauveur. Puis, au

XI° siècle, commencèrent les légendes et les gestes des saints, représentés dans les couvents, chantés dans les carrefours et arrangés en forme de pièces avec personnages. Enfin, au XII° siècle, les mystères se déroulent dans les cathédrales les jours de grande fête. Ce ne sont plus des scènes muettes, mais bien des représentations dialoguées, empruntant aux édifices du culte la splendeur de leur architecture, le mystérieux de leurs vitraux coloriés, la magnificence des costumes sacerdotaux et l'harmonie de la musique; puis, les nefs immenses ne suffisant plus pour contenir les nombreux spectateurs, la scène se transporte dans le parvis et sur les places publiques ; alors le drame se fait peuple, il abandonne la langue latine pour l'idiome vulgaire compris de tous (1).

C'est à partir de la fin du XIV° siècle que les mystères forment le répertoire dramatique des Confrères de la Passion. Ils étaient arrivés à un degré complet de perfection, perfection relative si on les compare aux drames modernes, mais absolue, si le lecteur veut bien apprécier cette spécialité dramatique et se reporter aux scènes muettes, aux spectacles mimiques des X° et XI° siècles. Ils entrent, au XV° siècle, dans leur période de décadence; ils deviennent un objet de spéculation pour les Confrères de la Passion ; l'élément profane s'y introduit ; ils perdent leur caractère exclusivement religieux; leur arrêt de mort est signé avec l'ordonnance de 1402.

Au point de vue religieux les impressions sont peu

---

(1) Voir le savant traité de M. Magnin, de l'Institut : *Origines du Théâtre moderne*, Hachette, 1838.

favorables aux mystères, parce qu'ils paraissent être en opposition directe avec le but qu'ils semblaient vouloir atteindre : c'est qu'en effet on voit le sujet le plus noble, le plus touchant, le plus digne de respect et d'adoration, abaissé au niveau de l'intelligence épaisse d'un auteur au langage grossier. La majesté de la religion catholique y est traînée dans la fange des rues boueuses de Paris. Dieu, la Vierge et les Saints dépouillent leurs robes d'or et d'azur, endossent des haillons ou se couvrent d'oripeaux pailletés de cuivre. Le créateur du monde est fait homme, mais homme ridicule, grotesque et laid ; le langage de ces acteurs divins est commun, souvent obscène.

La représentation des mystères conservait dans la nef des cathédrales une dignité qu'elle perdait sur la place publique. La majesté du lieu effaçait ou atténuait, en grande partie, l'impression pénible que produit une simple lecture. Qui sait si la puissance sacerdotale eut beaucoup à gagner à cette personnification des dogmes religieux ? Il est des choses tellement respectables, qu'il y a un péril extrême à les matérialiser par la forme. Et cela peut être dit du drame sacerdotal, encore qu'une bulle d'Innocent III en ait reconnu l'orthodoxie.

Sans doute cet abaissement des sujets et des caractères n'était pas un calcul de l'auteur : chez lui il n'y avait pas parti pris de rapetisser à sa taille la majesté infinie de son poème ; il ne se doutait pas que son œuvre pouvait être mauvaise en soi et forcément condamnée à la trivialité. Il faut une certaine connaissance des secrets de l'art pour comprendre l'impossibilité insurmontable qu'il y a à faire descendre une majesté comme celle de Dieu sur des tréteaux de foire. L'abaissement est inévitable. Le génie de Shakespeare ou de Calderon aurait-il pu en triompher? A cette époque d'ignorance et de barbarie, auteurs ni spectateurs ne se doutaient de cette profanation ni des dangers qu'elle recélait. Si le Parlement ouvrit les yeux, c'est que l'immoralité se traduisait par des exhibitions théâtrales si dépravées et si choquantes, qu'il était impossible de ne pas voir où elles conduiraient. En veut-on un nouvel exemple? Voici le langage que l'auteur du mystère de la *Conception* fait tenir à saint Joseph :

> Elle est enceinte, et d'où viendrait
> Le fruit? Il faut dire par droit
> Qu'il y a vice d'adultère,
> Puisque je n'en suis pas le père.

Le cœur se soulève de dégoût à la lecture de ces passages, qui ne sont pas les plus indécents de la pièce.

Le résultat forcé de ces représentations devait être le mépris du culte. La religion catholique, en se laissant ainsi bafouer, se livrait elle-même plus tard aux agressions de Luther et de Calvin. Rien n'était plus favorable à la propagation de leurs idées que ces orgies de langage, que ces représentations sacrilèges, où se trouvaient d'avance flétris et souillés tous les dogmes qu'ils allaient attaquer.

Au point de vue religieux, la représentation des mystères devant la populace ignorante et grossière du moyen âge fut une chose fatale, déplorable, dont on ne tarda pas à ressentir les pernicieux effets. L'ordonnance rendue par Charles VI en faveur des Confrères de la Passion produisit un résultat tout contraire à celui que ce monarque s'était proposé. La honte de l'Église, le mépris de la morale, la profanation des plus saints mystères de la religion ne paraissent pas, ne s'étalent pas impunément chez un peuple catholique, chaque jour et en plein soleil, sans qu'il en résulte de graves bouleversements (1).

Cependant, un grand nombre d'entre ces mystères n'affichaient pas une pareille immoralité. Ces pièces, qui fatiguèrent bientôt le spectateur comme trop graves, n'ont guère plus d'intérêt pour le lecteur d'aujourd'hui. On les lit par curiosité; et, pour ceux qui se livrent à l'étude du passé, ils ne sont considérés que comme des monuments archéologiques de la littérature dramatique, et des éléments générateurs de la langue du XVIIe siècle.

Il n'entre pas dans le cadre de ce travail de donner l'analyse complète d'un mystère; nous nous bornerons à dire qu'ils se ressemblent presque tous. C'est l'Histoire-Sainte mise en vers et traduite par une foule de personnages, quelquefois cinq ou six cents, où l'on rencontre Dieu et les Saints, les Anges, les Apôtres, des Juifs,

---

(1) La représentation des mystères a cessé en France depuis le milieu du XVIe siècle : comme fait historique, il est curieux de citer une ordonnance de la reine d'Espagne, Isabelle ; elle est d'une date récente, 30 avril 1856.

« Pénétrée des puissantes raisons que m'a exposées mon ministre de l'intérieur, j'ai décrété ce qui suit :

Art. 1er. A partir de ce jour ne pourront pas être représentés sur les théâtres du royaume des drames dits sacrés ou bibliques, dont le sujet appartiendrait aux mystères de la religion chrétienne ou parmi les personnages desquels figureraient ceux de la très-sainte Trinité ou de la sainte famille, » etc.

L'ordonnance qui précède, ajoute la *Gazette de Madrid*, a été rendue par suite de la plainte adressée à la reine par le vicaire de Madrid à l'occasion de la représentation récente du drame *La Passion* sur le théâtre de la princesse.

des Pharisiens, des docteurs de la loi, des scribes, des marchands, des ouvriers de tous états, des domestiques, des rois, des princes, Lucifer et des diables. Ces productions contenaient jusqu'à soixante ou quatre-vingt mille vers; elles se divisaient, par conséquent, en plusieurs journées.

Il ne faut pas chercher uniquement dans les mystères le mérite littéraire : il y en a peu, on y trouverait plutôt de la morale et des enseignements pieux. Ils offrent seulement quelques traits de mœurs, mais rares, bien isolés ; encore manquent-ils souvent de noblesse et sont-ils empreints de cette trivialité que nous avons déjà signalée.

Il est un mérite très-sérieux, pourtant, qu'on ne peut refuser aux Confrères de la Passion : c'est celui d'avoir popularisé le drame. Parmi les premiers comédiens et acteurs véritablement publics et reconnus tels par les ordonnances, et faisant du théâtre une spéculation, il faut compter les membres de cette confrérie. C'est la seule reconnaissance à laquelle ils aient droit.

Les Confrères de la Passion mettaient plusieurs jours, souvent trois ou quatre, à jouer un mystère. Mais ce chiffre atteignit bientôt des proportions extraordinaires. Les représentations durèrent presque des mois entiers, et fort souvent quinze, vingt et vingt-cinq jours. En 1547, les bourgeois de la ville de Valenciennes jouèrent un mystère de la Passion en vingt-cinq journées. C'est un peu long, il faut en convenir. Voici ce que rapporte de cette représentation Outreman, historien et prévôt de la ville de Valenciennes :

« On y fit paroître des choses étranges et pleines d'admiration : ici Jésus-Christ se rendoit invisible, ailleurs il se transfiguroit sur la montagne de Thabor... L'éclipse, la terre tremble, le brisement des pierres et les autres miracles advenus à la mort de Notre-Seigneur y furent représentés avec de nouveaux miracles. La foule fut si grande pour l'abord des étrangers, que la recette monta jusqu'à la somme de quatre mille six cent quatre-vingts livres, bien que les spectateurs ne payassent que deux liards ou six deniers. »

Au nombre des plus anciens mystères figurent :

La Résurrection de Lazare, *Suscitatio Lazari;*

Saint Nicolas et les voleurs, *Ludus super iconia sancti Nicolai* (1);

L'Histoire de Daniel, *Historia de Daniel representanda.*

Ces trois mystères furent composés par Hilaire, poëte du XIIe siècle, disciple d'Abeilard. Ils présentent cette particularité remarquable, qu'ils sont écrits, à la fois, en latin et en idiome vulgaire (2);

Le mystère d'*Adam*, du XIIe siècle, que M. Luzarche, bibliothécaire de Tours, a publié, et qu'il attribue à Wace. Ce mystère est écrit tout entier en idiome vulgaire, avec des notes latines pour la mise en scène et la manière de le jouer ;

Li jus de sainct Nicholax, que Jean Bodiaus, ou Bodel, d'Arras, écrivit vers 1260. Ce mystère mettait en scène des particularités de la *Croisade de saint Louis;*

---

(1) Ce mystère de *Saint Nicolas* n'a rien de commun avec celui de Bodel, d'Arras, ni avec celui dont nous avons parlé au chapitre IV.

(2) Ce recueil des poésies d'Hilaire a été publié, d'après un manuscrit de Pithou, par M. Champollion-Figeac, sous ce titre : *Hilarii versus et ludi.* — Paris, Techener, 1834.

Le Miracle de Théophile, attribué à Rutebœuf, et qui aurait été écrit au commencement du XIVe siècle, sous Philippe le Bel, etc.

Une vieille chronique rapporte que, sous le règne de ce prince, il y eut des représentations de mystères joués, mais non *parlés* (1), sortes de scènes mimées ou de tableaux vivants, où paraissait en personne Notre-Seigneur, qui mangeait des pommes avec sa mère et disait des patenôtres :

> La vit-on Dieu et ses apôtres
> Qui disaient leurs patenôtres,
> Et la les innocents occire,
> Et puis saint Jean mettre en martyre,
> Et d'autre part Adam et Ève,
> Et Pilate qui ses mains lave.

Le mystère de *la Passion* se représentait, pour ainsi dire, dans toutes les villes ; mais il était facile d'y faire des additions ou des coupures, selon le nombre des acteurs dont l'entrepreneur du spectacle pouvait disposer. M. Onésime Leroy pense qu'il a trouvé une partie du texte original du mystère de *la Passion*, tel que les Confrères l'avaient représenté dans la salle de la Trinité. Cette découverte aurait été faite dans un manuscrit de la bibliothèque de Valenciennes. Il y est divisé en vingt journées. Jean Michel, médecin à Angers, s'empara d'une partie de ce mystère pour l'amplifier et l'arranger à sa guise, en y mêlant d'une étrange façon le profane au sacré.

Pour en avoir une idée, il faut lire le dialogue entre

---

(1) Les mystères joués dans les jours de réjouissances et à l'entrée des princes présentent presque tous le même caractère.

Magdeleine et sa servante; on croirait assister à la conversation d'une coquette de nos jours avec sa camériste. Cette scène a des mots charmants; c'est une de ces perles qu'on trouve rarement dans le fatras indigeste des drames religieux. Nous ne pouvons résister au plaisir d'en citer quelques vers.

MAGDELEINE.

Je veuil estre à tout préparée,
Ornée, fardée et diaprée,
Pour me faire bien regarder.
....
....
Apportez-moi tôt mon miroir.
....

PASIPHÉE.

Bien, Madame.

MAGDELEINE.

L'esponge et ce qu'il faut avoir,
Mes fines liqueurs et mon basme.

PÉRUSINE.

Je croy qu'au monde n'y a fame
Qu'ait plus d'amignonements....

PASIPHÉE.

Voici vos riches onguements,
Vos bonnes senteurs et pigments,
Qui fleurent comme beaux cyprès.

MAGDELEINE.

Dressez ces tapis et carreaux,
Répandez tost cés fines eaux,
Les bonnes odeurs par la place,
Jetez tout, vuydez les vaisseaux,
Je veuil qu'on me suive à la trace.

Les mystères contenaient rarement des choses aussi bien dites et des détails aussi intimes. Quand les auteurs pénétraient dans la vie privée, ce n'était que pour nous en peindre les traits les plus grossiers, et, quelquefois, les plus abjects. Il semble que J. Michel ait voulu sortir ici de cette banalité domestique en donnant à son récit une tournure plus noble et moins populaire, si l'on peut s'exprimer ainsi.

Les mystères ne contenaient ordinairement aucune allusion mordante ou satirique; cependant on trouve dans celui de l'*Assomption* un passage curieux à divers titres:

L'ange Gabriel a annoncé à la vierge Marie qu'elle mettrait au jour un fils qui serait le rédempteur du monde. Dieu avait ordonné aux anges de transporter les apôtres chez sainte Anne, mère de Marie, qui les avait engagés à se mettre en prières, à réciter le psautier et à allumer un cierge. Lucifer, instruit de ce qui se passait, et furieux de voir à quel degré de gloire et de puissance la Vierge allait être élevée, envoya Satan avec une procuration écrite par Tithinilus, notaire infernal, pour se rendre sur la terre et défendre les intérêts de l'enfer.

Cette procuration est fort longue; elle débute par la formule des ordonnances royales, *à tous présents et à venir savoir faisons*. L'auteur fait donner par tous les diables pouvoir à Satan d'agir contre les gens d'église, évêques et prélats, contre *hautains princes terriens*, contre les marchands, les procureurs, avocats et tous *desloyaux justiciers*, contre les femmes qui trompent leurs maris, contre l'espèce humaine tout entière (1).

On sent qu'un légiste a passé par là. L'auteur de ce mystère étant inconnu, il est possible qu'il soit l'œuvre d'un clerc de la Bazoche. Le tour plaisant et la forme particulière de cette pièce pourraient le faire supposer. L'idée de faire donner une procuration à Satan par les puissances de l'enfer n'était pas nouvelle ; on la trouve dans un poème du XIVe siècle : l'*Advocacie Notre-Dame*, attribué à Jean-de-Justice, chanoine, conseiller au Parlement de Paris. C'est ce poème qui a inspiré à Barthole son fameux traité dont nous avons parlé : *Processus Satanæ contrà Virginem, coram judice Jesu.* Ce poème, qui contient deux mille deux cent quarante-huit vers, n'est autre chose qu'un plaidoyer, devant Jésus-Christ comme juge, de la Vierge et de Satan représentant l'enfer par procuration.

Parmi les productions de Jehan d'Abundance se trouve le mystère des Trois Roys ; il porte ce titre : *Le joyeux Mystère des Trois Roys, à dix-sept personnages, composé,* etc... Cette qualification de *joyeux mystère* est assez rare ; elle s'explique par l'introduction d'un personnage facétieux. C'est, ici, un paysan qui s'adresse en mauvais patois languedocien aux serviteurs des trois rois, et donne lieu par son langage à de fades plaisanteries et à beaucoup d'équivoques.

Les moralités se rapprochent, sous certains rapports, des mystères, à tel point que beaucoup d'écrivains les ont confondus, et leur donnent le nom de ces dernières

---

(1) On trouvera cette procuration dans l'*Histoire du théâtre français* des frères Parfaict, tome III, page 75, note.

productions. Un peu d'attention les aurait empêchés de tomber dans une erreur semblable; il y a dans ces pièces une pensée de moralisation plus apparente que dans les mystères. Les moralités, le plus souvent, roulent sur des sujets profanes; et si elles en empruntent à l'histoire sacrée, elles choisissent une parabole, un texte de l'Écriture qui renferme un enseignement, la vie d'un saint homme: c'est l'histoire de l'enfant prodigue, de l'homme juste, de l'homme mondain, du pauvre et du mauvais riche, etc.

Les moralités comme les farces et les sotties paraissent avoir appartenu exclusivement au répertoire des clercs de la Bazoche. L'arrêt du 13 mai 1476 enjoint aux clercs:

« Que doresnavant ils ne joüent *publiquement* audit Palais ou Chastelet, ni *ailleurs en lieux publics, farces, sotties, moralités, ne autres jeux à convocation de peuple*, etc. »

Celui du 19 juillet 1477 est conçu presque dans les mêmes termes. Il fait défense:

« A Jean l'Esveillé et autres ayans personnages, de joüer *farces, moralités ou sottises, au palais de céans, ne ailleurs, jusques par ladite cour en soit ordonné.* »

Et, plus loin, il complète le vague de cette disposition en ce qui touche la publicité de la représentation:

« Defend au dict l'Esveillé, soy disant Roi de la Bazoche, et Martin Houssy, à leurs personnes, qu'ils ne soient si hardis de jouer *farces, moralités, publiquement au Palais, ne ailleurs*, etc. »

Les défenses ne portent que sur les représentations *publiques qui se faisaient à convocation de peuple*, d'où l'on peut conclure que les bazochiens donnaient des représentations particulières qui n'étaient pas frappées de la même interdiction. Cette remarque est importante pour déterminer à quelle époque les clercs de la Bazoche commencèrent leurs représentations.

Nous avons dit, au chapitre cinquième, que nous considérions les moralités comme formant en quelque sorte le trait d'union entre les mystères et les farces; en effet, plus ces productions s'éloignent des drames religieux, plus elles se rapprochent de la comédie; c'est un mélange du sacré et du profane, de morale et de bouffonneries satiriques. Il n'est donc pas sans intérêt de rechercher à quelle époque remontent les moralités.

Une grave erreur, dans laquelle beaucoup d'écrivains sont tombés, est celle-ci: les premières représentations publiques remontent, disent-ils, à 1398, époque des essais des confrères de la Passion. L'autorisation qui leur fut accordée par le roi Charles VI, au mois de décembre 1402, ne parlant que de mystères, il ne faut pas aller chercher au delà de cette époque les moralités, les farces et les sotties.

Cet argument n'est pas du tout concluant. L'ordonnance de 1402, tout le monde le reconnaît, ne prouve rien quant à l'origine des mystères; on en jouait depuis plus de trois siècles quand elle fut rendue; elle ne fixe pas davantage l'époque où leur représentation devint publique, par la raison toute simple que cette publicité leur était depuis longtemps acquise, et qu'il est impossible de la refuser aux représentations données dans les églises et dans les villes, à l'entrée des souverains, au mystère, par exemple, offert au peuple de Paris par

Philippe-le-Bel, en 1313, à l'occasion de la visite que lui rendait Edouard II, roi d'Angleterre. Ainsi donc, avant les confrères de la Passion, les mystères existaient comme pièces dramatiques ; ils se jouaient publiquement dans les temples, et, comme *pièces mimées*, faisaient déjà partie du programme des réjouissances publiques.

Nous demandons au lecteur la permission d'analyser cette fameuse ordonnance de Charles VI, et, après l'avoir soumise à un examen attentif, il sera facile de réduire à sa juste valeur l'argument principal tiré de la date qu'elle porte et des dispositions qu'elle contient.

Ce document constate d'abord que les *maistres* et *gouverneurs* de la Confrérie de la Passion et Résurrection de Notre-Seigneur, fondée en l'église de la Trinité à Paris, adressèrent une supplique à Charles VI, dans laquelle ils exposèrent qu'ils avaient commencé la représentation dans cette église du mystère de la Passion, mais que l'absence du Roi ne leur avait pas permis de la continuer (1); qu'ils avaient été obligés de faire des frais considérables, qu'ils avaient payés en contribuant tous proportionnellement, suivant leurs ressources et positions ; ils ajoutaient en outre que, *s'ils jouaient publiquement et en commun, ce serait le profit d'icelle confrérie, mais qu'ils ne le pouvaient bonnement sans notre congié et licence.*

On le voit: ce n'est qu'une spéculation à laquelle la Confrérie voulait se livrer. Les mystères se jouaient depuis longtemps, mais seulement ces représentations étaient gratuites et avaient un but religieux. Pour pouvoir

---

(1) Ces représentations duraient des semaines entières.

jouer ces pièces en public, et, surtout, pour en retirer un bénéfice, il fallait l'autorisation royale; Charles VI la leur accorde.

« Nous qui voulons le *bien, profit et utilité* de ladite confrérie, et ses droits et *revenus accrus et augmentés*, et afin que un chacun par dévotion se puisse adjoindre et mettre en compagnie à iceux maistres et gouverneurs, leur donnons et octroyons de jouer quelque mystère que ce soit devant nous, devant notre commun (peuple), ou ailleurs. »

Il les autorise à convoquer la foule sur les places, en leur donnant toutes libertés, en prescrivant toutefois la présence de plusieurs sergents.

La pensée du monarque se révèle : son but est de stimuler ses sujets aux pratiques dévotes et de les exciter à s'agréger à la confrérie de la Passion. Comme moyen d'y parvenir, il accroît les revenus, droits et priviléges de cette association. Il ne faut pas chercher autre chose dans cette ordonnance. Les Confrères de la Passion, à l'origine de leur société, étaient de bons bourgeois, personnages timorés et dévots, qui ne voulaient pas s'attirer la colère du clergé. La tentative de Saint-Maur leur avait prouvé clairement que, pour représenter ailleurs que dans une église les mystères qui touchaient aux dogmes de la religion catholique, il leur fallait une permission. Ils avaient besoin d'être couverts par l'autorité royale pour spéculer et tirer un bénéfice d'une chose réputée sainte. On ne saurait trop le répéter: l'ordonnance de 1402 ne doit être considérée que comme marquant l'époque où les mystères, reconnus jusque-là comme drames religieux, favorables aux vues de l'Église, purent se produire publiquement, en dehors des fêtes royales, sur un théâtre particulier, comme moyen de spéculation privilégiée, et rien de plus.

Est-ce à dire, dès lors, que l'ordonnance de 1402 ne parlant que des mystères et négligeant de mentionner les moralités, les farces et les sotties, est-ce à dire pour cela que les moralités, les farces et les sotties n'existaient pas? Il y aurait la plus grande imprudence à tirer pareille conclusion que rien ne justifie.

Nous croyons que les moralités naquirent pendant le XIVe siècle, peut-être même avant. Elles ont trop de rapports avec les mystères pour que leur origine ne remonte pas au même siècle où ceux-ci commencèrent à devenir populaires.

Nous continuerons, au chapitre suivant, l'examen de cette question à propos des farces et des sotties, et nous démontrerons que ces dernières existaient longtemps avant l'ordonnance de 1402.

Le type des moralités, celle qui passe pour être le chef-d'œuvre du genre, est celle de *Bien-Advise, Mal-Advise* (1), rangée mal à propos dans la classe des mystères. Prenons-la, quoique fort connue, parce qu'un coup d'œil jeté sur cette pièce donnera une idée complète de ces deux espèces de spectacle, qui ne doivent pas être confondues, quoiqu'il y ait beaucoup d'affinité entr'elles.

L'acteur chargé de réciter le prologue devant le public, après avoir exposé le sujet et l'intention que se propose l'auteur, ajoute qu'il n'a l'intention de blesser ni la

---

(1) *Bien-Advise, Mal-Advise*. Imprimé à Paris par Pierre Le Caron, pour Antoine Vérard, sans date; petit in-fol. goth. de 56 feuill. à 2 col.

morale, ni la religion, ni les personnes, soit par paroles, gestes, écriteaux, costumes,

>   Ou habit sur corps et sur teste,
>   Qui nullement soit malhoneste,
>   Ou qui peut porter nuysance.

On ne pourrait, ce nous semble, alléguer rien de plus concluant à l'appui de l'opinion émise au commencement de ce chapitre. L'auteur convoque à la représentation de sa pièce prêtres et savants; il leur déclare qu'il ne dira rien contre la foi, contre Dieu et contre la loi; que si une faute lui échappe, ou que si un costume choque le spectateur, ce n'est point *pour lui porter nuysance ou par intention malhoneste*. L'auteur anonyme de cette moralité était dûment informé de la sévérité du Parlement de Paris, et ne voulait pas s'exposer à ses rigueurs. A l'époque où elle fut représentée, vers 1475, on s'apercevait du mal que les mystères avaient causé. Le Parlement avait commencé à sévir dès 1442. Ce ne fut qu'un siècle plus tard qu'il interdit aux Confrères de la Passion, d'une manière absolue, la représentation des mystères.

Le sujet de cette moralité, quoique multiple dans ses détails, est très-simple dans son idée première, dans sa conception fondamentale: Bien-Advise est l'homme juste, qui suit la voie étroite qui le conduira au ciel; Mal-Advise est le pécheur qui commence par la débauche et qui finira par le crime. Le spectateur assiste à la glorification du juste et à la damnation du pervers.

Bien-Advise voyage accompagné de Franche-Volonté, laquelle, par parenthèse, porte, dans la pièce, le costume de Roger Bontems. Il sait choisir le bon chemin, celui de droite. Son guide lui montre la demeure de la Raison; celle-ci le conduit à la Foy. Cette vertu lui donne pour se guider une lanterne à douze petites fenêtres, représentant les douze articles de foi.

Les scènes se déroulent ainsi sur une donnée des plus simples. L'homme juste et le réprouvé voyagent et suivent chacun une route différente. Le premier rencontre, entre autres personnages, *Confession*, *Pénitence* et *Humilité*, qui se dépouille de ses habits et les lui donne; le second, *Tendresse*, *Oysance*, *Rebellion*, *Folie* et *Mallefin*, qui le tue. L'âme de l'un va au ciel, escortée par les anges, l'âme de l'autre est emportée en enfer par les diables.

La pièce est coupée en espèces d'actes qui se suivent parallèlement, et déroulent devant le public la vie de l'homme de bien, opposée à celle du réprouvé. Les deux tableaux forment contraste et sont en perpétuelle opposition. La conception est des plus simples; il ne faut pas y rechercher les secrets de l'intrigue dramatique: point d'imprévu, rien de saisissant dans les situations et dans les caractères; l'homme le moins habitué aux spectacles devine la suite et le dénouement de cette espèce de morale en action: quand le génie du bien a parlé, le génie du mal paraît à son tour; son langage et ses déportements servent de contre-partie à la scène qui a précédé.

Les spectateurs du XVe siècle n'étaient point difficiles et considéraient, sans doute, les conceptions de l'auteur comme aussi nouvelles qu'heureuses. Cependant il faut remarquer qu'il y a progrès sur les œuvres des faiseurs de mystères, qui se bornaient à traduire en mauvaises rimes l'Écriture ou l'histoire d'un martyr, en y intercalant de temps à autre quelques scènes banales de la vie commune.

Un point de vue des plus intéressants est celui de la mise en scène : nous n'en dirons qu'un mot.

Le théâtre d'alors n'avait pas de coulisses comme celui d'aujourd'hui; tous les acteurs étaient sur la scène, ou bien y grimpaient par une échelle aux yeux des spectateurs. Les acteurs qui ne parlaient pas étaient censés absents, et lorsqu'ils avaient rempli leur rôle, ils se rangeaient sur un des côtés du théâtre, et assistaient à la suite de la représentation.

La scène était une plate-forme en charpente, avec des décors fort grossièrement peints et agencés, et représentant un fond de tableau. Quelques arbres, quelques bâtiments en composaient toute l'ordonnance.

Le paradis était à un étage supérieur, et les âmes qui y parvenaient se distinguaient par un grand voile dont l'acteur se couvrait. Ce voile était blanc pour les élus, et noir ou rouge pour les maudits.

L'enfer était sous la scène; son entrée était souvent figurée par la gueule d'un dragon. Le spectateur pouvait voir l'empire de Satan à travers un grillage ou des barreaux; il occupait une espèce de sous-sol que l'élévation de la scène principale lui permettait parfaitement de distinguer dans tous ses détails.

Un mystère ou une moralité avait toujours des scènes du paradis et des scènes de l'enfer ou diableries. C'était un des principaux éléments de succès, car *font les diables grans cris et grans tempêtes*. Il y avait la grande et la petite diablerie; pour jouer la grande il fallait quatre personnages; d'où est venu le proverbe : *faire le diable à quatre*.

Rabelais raconte quel était le costume des acteurs d'une diablerie que le poëte Villon avait organisée pour faire la montre à Saint-Maixent, en Poitou, lors de la représentation du mystère de la Passion (1).

Mais plus on se rapproche du XVIe siècle, plus les moralités semblent s'éloigner des sujets religieux, des caractères symboliques et de l'allégorie, pour s'emparer des sujets profanes. Il en existe beaucoup qui, façonnées par les écrivains de nos jours, pourraient, à la rigueur, paraître sur le théâtre. De ce nombre est la moralité d'une pauvre villageoise, *laquelle ayma mieux avoir la teste coupée par son père, que d'estre violée par son seigneur : faicte à la louange et honneur de chastes et honnestes filles, à quatre personnaiges.*

Cette moralité date de 1536. A cette époque, le théâtre commençait à devenir sérieusement une étude de mœurs; sous ce rapport, cette pièce ne manque pas d'intérêt.

Il règne, dans cette moralité, une tristesse qui a quelque chose de navrant. Sans doute l'auteur, comme les dramaturges de nos jours, avait assombri le tableau et forcé les situations, mais la cruauté du maître, l'abaissement du serf, la puissance sans limite et sans frein de l'un, la faiblesse, le désespoir, la misère de l'autre, forment un contraste qui donne lieu à de bien tristes réflexions sur l'état de la société à cette époque, et qui remet en mémoire le tableau que La Bruyère, un siècle plus tard, faisait des paysans. Que de chemin avait encore à parcourir ce tiers-état qui ne comptait pas alors et *qui devait être tout.* Cet immense cri de douleur et

---

(1) *Pantagruel,* livre IV, chap. XIII.

d'angoisse, qui s'élevait sans cesse et qui allait toujours grossissant, retentit souvent dans le répertoire dramatique du moyen âge.

Mon cher syre, vous me tuez, c'est la seule plainte que le serf murmure lorsque son seigneur l'accable de coups. Ne croirait-on pas entendre un pauvre nègre se tordant sous le fouet d'un planteur ? Avec quel étonnement le lecteur parcourt les pages de cette moralité ! avec quelle surprise mêlée de commisération il écoute la plainte naïvement respectueuse de cette pauvre fille au désespoir !

> Cher seigneur, vous devez garder
> Vos subjectz, par votre prouesse,
> Et vous me voulez diffamer
> Pour un peu de folle jeunesse.

C'est beau, c'est moral; mais l'expression n'est pas toujours, malheureusement, à la hauteur des sentiments. La dépravation des mœurs faisait que ces sentiments, qui se rencontraient, sans doute, chez quelques natures d'élite, pieuses et bien nées, étaient loin d'être communs à la majorité. A mesure qu'on avance dans la lecture des écrivains des XIV°, XV° et XVI° siècles, on se demande, à chaque page, où s'arrêtait alors la corruption. En effet, si les écrits reflètent l'image de la société qui les a vus naître; s'ils sont considérés comme de sérieuses et exactes peintures de mœurs, il faut avouer qu'ils n'offrent pas un tableau très-flatteur de ce qui se passait à cette époque, dans toutes les classes de la société, et l'on est forcé de convenir que nous valons mieux que nos aïeux sous ce rapport.

La moralité du *Mauvais Riche et du Ladre*, qui

représente l'égoïsme du seigneur et la misère du pauvre, produit la même impression que celle de la *Villageoise*.

Les brutalités étaient alors fort habituelles; les ladres et les lépreux étaient hors la loi ; ils couraient les campagnes en sonnant leurs cliquettes pour prévenir les passants de leur approche. La charité et la bienfaisance publiques n'avaient pas encore doté la France de ces milliers d'établissements de refuge, où la misère et les infirmités trouvent un asile. Le seigneur, cantonné dans son château, méprisait la bourgeoisie, qu'il vexait ou opprimait; le bourgeois se vengeait sur le pauvre paysan ; celui-ci était comme heureux de trouver plus misérable que lui, il maltraitait le ladre et le lépreux. L'égoïsme, venu d'en haut, envahissait le peuple; rien n'engendrait mieux la tyrannie des masses que l'exemple de ses propres suzerains.

Vers 1540 fut représentée la moralité de l'*Enfant ingrat*.

Nous ne citons cette moralité que pour signaler la singulière particularité qu'elle présente au point de vue du théâtre. Elle est coupée par une farce, comme de nos jours on se sert des ballets pour laisser reposer les chanteurs. Au XV° siècle on se servait fréquemment des intermèdes; l'idée d'intercaler une farce au milieu d'une moralité était heureuse; elle amusait le spectateur lorsque la pièce était trop sérieuse. Molière en a usé assez largement dans ses comédies. Les intermèdes, composés de danses, étaient même usités dans les mystères, où l'on faisait tour à tour danser les anges et les diables, comme dans la moralité de *Bien-Advise*.

Dans les fêtes et noces, les farces et momeries étaient

un accompagnement obligé de tout divertissement, à ce qu'il paraît. Le seigneur disant à son maître d'hôtel de lui procurer menestriers, farceurs et danseurs pour se réjouir, le voisin réclamant quelque farcerie :

> Feste ne vaut rien autrement,
> S'il n'y a farce ou momerie,

nous révèlent des usages de l'époque, qui ont cessé d'exister depuis longtemps. Les momeries étaient des mascarades et des danses exécutées, ainsi que certaines comédies, par les jongleurs et les ménestrels. C'étaient des divertissements de luxe que les seigneurs seuls pouvaient se permettre, et que l'on doit considérer comme une manifestation du drame aristocratique :

> Ce sera rage
> Tant aurez desbatz honorables.

Allusion à l'honneur que le maître retirerait de ces fêtes dignes de lui et de sa position (1).

La moralité, assez souvent, touchait à la politique. On peut citer comme exemple la pièce de Gringore, qui, sous une forme allégorique, renferme le récit des démêlés du pape Jules II et de Louis XII. Cette pièce paraît avoir été composée et jouée par les ordres exprès de ce prince.

Pour en finir avec l'examen des moralités, disons un mot de celle qui a pour titre *la Moralité de la condampnation de Banquet*. L'auteur, Nicole de la Chenaye, explique lui-même pourquoi il l'a composée :

« Et pour ce que telles œuvres que nous appelons

---

(1) Dans le *Sermon nouveau des maulx de mariage*, composé vers 1480, on trouve la preuve que les divertissements des farceurs étaient d'un usage populaire dans les fêtes et noces au XVe siècle.

jeux ou moralitez, ne sont pas toujours faictes à jouer ou publiquement représenter devant le simple peuple, et aussi que plusieurs aiment autant en avoir ou ouïr la lecture comme veoïr la représentation, j'ai voulu ordonner cet opuscule en telle façon, qu'il soit propre à démonstrer visiblement par personnages, gestes et paroles sur eschaffault ou autrement, etc...... »

Le but de l'auteur était de prêcher la tempérance, et il pensait arriver à son but par la simple lecture, sans qu'il fût nécessaire de recourir à la représentation.

La moralité de *la Condampnation de Banquet* est une pièce allégorique, dont les acteurs sont : Bonne Compagnie, Je-Bois-à-Vous, Je-Pleige-d'Autant (1), Accoustumance, Souper, Passe-Tems, Gourmandise et Friandise. Le lecteur devine leur conversation. La scène se passe chez Banquet; les convives se mettent à table, mais les maladies, telles que Paralysie, Apoplexie, Colique, Jaunisse, Gravelle, embusquées et étrangement habillées, se mettent à une fenêtre et épient les dîneurs.

Ceux-ci chantent une chanson à boire assez curieuse; les maladies font invasion et renversent les tables, la vaisselle et les tréteaux, et dissipent les convives, qui vont finir le festin chez Souper. Là les maladies reviennent, et tuent Je-Bois-à-Vous, Friandise, Je-Pleige-d'Autant et Gourmandise.

Bonne-Compagnie s'échappe et porte plainte à dame Expérience, qui appelle Sobriété, Clistère, Pillule, Seignée et Diette ; elle ordonne l'arrestation de Banquet et de Souper, après avoir tenu conseil avec Ipocrate et

(1) *Pleiger*, vieux mot qui voulait dire cautionner.

Gallien. On interroge les accusés, et Remède leur lit la sentence qui condamne Banquet à être pendu pour avoir tant de gens .... *occis après chière esjouie.*

. . . .

    Quant à Souper, qui n'est pas si coupable,
    Nous lui ferons plus gracieusement,
    Pour ce qu'il sert de trop de metz sur table,
    Il le convient restreindre aulcunement :
    Poignetz de plomb, pesans bien largement,
    Au long du bras aura sur son pourpoint,
    Et du disner, pris ordinairement,
    De six lieues il n'approchera point.

Cette pièce, comme la procuration du mystère de l'*Assomption*, dénote une origine bazochienne, ou, du moins, elle porte le cachet de cette littérature judiciaire à laquelle la procédure et les lois servaient presque toujours de forme et quelquefois de fond.

Cette moralité eut un tel succès, aussi bien à la représentation qu'à la lecture, qu'elle fit le sujet d'une tapisserie qui décorait le palais impérial d'Autriche, dans la seconde moitié du XV^a siècle, et dont Charles le Téméraire fit faire une copie par ses tapissiers. Cette tapisserie fut prise dans sa tente, après la bataille du 5 janvier 1477, dans laquelle il perdit la vie (1).

Quel fut le résultat des moralités sur l'esprit public ? Détruisirent-elles ou simplement atténuèrent-elles les déplorables résultats produits par la représentation des mystères ? Le doute est permis ; elles n'eurent pas de

---

(1) Voir la belle publication qui a été faite des dessins de cette tenture par M. de Sansonnetti, avec la notice historique qui la précède, Paris, Leleux, libraire, 1845, in-fol.

bien longs succès; et lorsque, plus tard, vers 1552, Jodelle commença à introduire des spectacles dans le goût des anciens, Grevin, son contemporain, qui suivit ses traces, nous explique fort clairement, dans le prologue de sa comédie *la Trésorière*, quels furent ses louables motifs :

> Non, ce n'est pas de nous qu'il fault
> Pour accomplir cet eschaffault,
> Attendre les farces prisées
> Qu'on a toujours moralisées;
> Car ce n'est nostre intention
> De mesler la religion
> Dans le sujet des choses feinctes;
> Aussi jamais les lettres sainctes
> Ne furent données de Dieu
> Pour en faire après quelque jeu.

Grevin écrivait cela vers 1558, dix ans après les défenses absolues du Parlement.

Les moralités, excellentes par l'intention qu'elles se proposaient, n'atteignirent qu'imparfaitement leur but; elles disparaissent avec les mystères.

Telles étaient ces pièces que composaient et jouaient les clercs de la Bazoche : elles nous offrent le même mélange du sacré et du profane, de la morale et du dévergondage; mais il est moins choquant que dans les mystères. Il était trop dans le goût des spectateurs pour qu'il ait été possible aux bazochiens d'éviter tout-à-fait cet écueil. Les meilleures moralités ont été composées par les clercs. La plupart de ces pièces, qui ne portent pas de nom d'auteur, étaient leur œuvre collective. Chacun d'eux y contribuait pour sa part; le drame se faisait en commun, se modifiait, prenait diverses formes, diverses allures, suivant l'avis de l'aréopage ; d'une représentation à l'autre, des changements profonds étaient apportés à la mise en scène, aux dialogues: telles moralités, tels mystères, subissaient des tranformations qui les rendaient méconnaissables.

Avec quelle curiosité nous consulterions les manuscrits originaux, s'ils avaient été conservés! Sans doute les clercs de la Bazoche avaient un répertoire dramatique, une collection de pièces. L'association, qui ne négligeait rien de ce qui avait trait à ses droits et prérogatives, encore qu'elle ne considérât pas comme très-importante cette faculté de représenter des jeux, devait conserver dans ses archives les textes primitifs, dont des copies, plus ou moins exactes, se transmettaient de génération en génération. Bien peu de manuscrits existent aujourd'hui. Leur conservation nous aurait mis à même de préciser avec certitude dans quelles limites cette communauté avait pris part au mouvement dramatique du moyen âge et de la Renaissance. Il aurait été facile de bien connaître la valeur de ces faiseurs de pièces, en comparant leurs œuvres avec les autres productions littéraires de l'époque, et de suivre pas à pas les progrès de l'art théâtral. Le peu que nous possédons laisse un vaste champ aux suppositions ; beaucoup de moralités, et des meilleures, ne nous sont pas même connues.

Les investigations, les recherches dans le passé de l'histoire et de la littérature, étaient peu dans les goûts de nos aïeux. Cela se comprend: depuis le XIII° jusqu'au XVII° siècle, la langue française ne faisait que se dégager des langes de sa robuste enfance et courait à sa puberté. Les écrivains avaient constamment les yeux fixés sur l'avenir. Ce ne fut qu'après avoir atteint le but qu'ils jetèrent derrière eux un regard de surprise. Il était trop tard, ils avaient fait trop de chemin; ils n'aperçurent plus à l'horizon qu'une vaste plaine couverte de nuages épais, où l'œil ne distinguait que des formes vagues et indécises. Ce n'est que depuis le commencement de notre siècle que des explorateurs laborieux et patients ont entrepris ce travail. Ils y ont réussi; mais que de soins, que de travaux intelligents, que de veilles!... et, l'on pourrait dire aussi, que de trésors enfouis, dévorés, disparus, qui auraient pu nous être légués, et que l'imprimerie n'a pu nous transmettre!

CHAPITRE HUITIÈME

Société des Enfants-Sans-Souci.—Les saturnales françaises.— Le Fou et le Sot.— Leurs fêtes.— Leurs devises.— Le Prince des sots et Mère sotte.— Enfants-Sans-Souci, poëtes et acteurs. — Villon. — Clément Marot.— Jean de Serre. — Le comte de Salles. — Gringore, Mère sotte. — Jean du Pont-Alais. — Les clercs du Palais cessent leurs représentations. — Les Enfants-Sans-Souci se séparent d'eux et les continuent.

AU point où nous sommes arrivé de nos recherches, il devient nécessaire, pour les compléter, de nous livrer à une étude spéciale de la société des Enfants-Sans-Souci et de démontrer quels furent son origine, son personnel et son but.

Presque tous les écrivains qui se sont occupés d'elle, et le nombre n'en est pas grand, ont reproduit à peu près textuellement les quelques pages que lui avaient consacrées les frères Parfaict dans leur histoire du théâtre français (1).

On a répété après eux que vers l'époque ou Charles VI

(1) *Histoire du théâtre français*, t. II, p. 198 et suiv.

accordait aux Confrères de la Passion des lettres patentes, autorisant l'établissement de leur société, c'est-à-dire vers 1402, les Enfants-Sans-Souci obtenaient de ce prince des lettres semblables leur permettant de donner publiquement des représentations théâtrales d'un caractère moins sérieux ; que cette société, composée de jeunes gens de famille joignant à beaucoup d'instruction un grand amour des plaisirs, créa un genre nouveau, spirituel, badin et moral, en même temps fondé sur les défauts du genre humain ; qu'elle lui donna le nom de *sottises* et que l'un d'eux, leur chef, prit la qualité de *Prince des sots*.

Nous n'avons aucune peine à admettre que la société dite des Enfants-Sans-Souci se soit formée en 1402, et qu'elle ait obtenu de Charles VI des lettres patentes, comme en obtinrent les Confrères de la Passion. C'est fort possible et nous voulons le croire, quoique nous ayons vainement cherché cette autorisation royale. Mais qu'on soutienne que, de cette association, de cette réunion de jeunes gens spirituels, soit sorti un nouveau genre de drame, c'est ce que nous nions d'une manière absolue : autant vaudrait dire que les mystères datent de l'établissement de la confrérie de la Passion et les farces de celle des clercs de la Bazoche. Il faut remonter bien plus haut pour trouver les premières apparitions des scènes comiques appelées farces et sotties. Cherchons donc si, antérieurement à 1402, l'histoire ne nous montre point de traces, ne nous donne aucun de ces indices précurseurs qui expliquent les événements qui les suivent, et si la création de la société des Enfants-Sans-Souci ne puise pas dans des coutumes plus anciennes sa raison d'être et les germes rudimentaires de son origine,

Si, dans le cours de notre démonstration et pour chercher nos preuves, nous sommes obligé d'évoquer des souvenirs que l'Église et les mœurs actuelles réprouvent, nous le ferons avec la plus grande réserve, notre intention n'étant point d'attaquer les dogmes de notre religion ni les cérémonies du culte. Si donc nous rappelons un passé plein de dépravation et d'immoralité, nous n'oublierons pas que le clergé de France, les papes et les conciles lancèrent à plusieurs reprises les foudres de l'Église contre les orgies sacriléges dont nous allons parler.

La fête des Fous, car c'est là notre point de départ, fut une des formes des saturnales françaises. Dans notre pays, comme à Rome, les jours de la fête de Saturne étaient des jours de licence et de liberté qui se célébraient pendant le mois de décembre, ce qui les fit appeler fêtes de la liberté de décembre.

. . . . *Age libertate decembri*
Quando ita majores voluerunt, utere, narra,
dit le poëte Horace à Dave, son esclave, dans la satire des saturnales.

Pendant ces fêtes, les esclaves prenaient la place de leurs maîtres, et avaient la liberté de tout leur dire, même de les railler. Lucien va plus loin dans ses explications sur ces fêtes ; il nous apprend qu'elles duraient huit jours pendant lesquels il n'était pas permis de vaquer à aucune affaire, mais seulement de boire, chanter, jouer, faire des rois imaginaires, etc.

Le christianisme subit le sort commun à toutes les religions nouvelles. Il ne s'implanta dans les Gaules que lentement et progressivement. Il est certain que, dans les cinq ou six premiers siècles de notre ère, les néophytes ne se dépouillèrent pas subitement de leurs mœurs, de leurs usages et de leurs coutumes ; ils ne purent se résoudre à renoncer entièrement aux fêtes extravagantes qu'ils célébraient depuis leur enfance. Les soldats de Clovis, qui reçurent le baptême avec lui, furent-ils, le jour même de leur conversion, des chrétiens bien fervents ? Passant, dans l'âge de la virilité, aux sévères pratiques de notre religion, ils ne durent pas renoncer sans retour aux coutumes païennes qui flattaient leurs passions. L'austérité du chritianisme convenait peu à la brutalité des instincts d'un peuple à demi barbare, au sensualisme, au matérialisme divinisés, au milieu desquels il avait vécu. La transition était trop brusque pour être radicale et complète. Les saturnales survécurent malgré les conciles, malgré les papes et les évêques, qui firent les plus grands efforts pour les abolir, malgré les prières publiques, les processions et les jeûnes qui furent ordonnés.

Les premiers chrétiens approprièrent les anciennes coutumes à leur nouveau culte. On les toléra, car on ne pouvait les extirper d'une manière absolue ; il s'opéra un mélange pagano-chrétien, et, sous le nom de fête des Fous, fête de l'Ane, fête des Innocents, les saturnales s'introduisirent dans le clergé, dans les abbayes et les couvents, et s'y perpétuèrent d'une manière continue jusqu'au XVI° siècle.

Les membres du clergé qui célébraient ces fêtes, tenaient encore, au XV° siècle, un langage que l'on croirait emprunté à Horace ou à Lucien.

« Nos prédécesseurs, disaient-ils, qui étaient de grands personnages, ont permis ces fêtes... Nous ne faisons pas toutes ces choses sérieusement, mais par jeu pour nous divertir selon *l'ancienne coutume*, afin que la folie qui nous est naturelle s'écoule une fois par an. Les tonneaux de vin éclateraient si on ne leur donnait pas de l'air quelquefois ; nous sommes de vieux vases que le vin de la sagesse ferait rompre, si nous le laissions cuver par une dévotion continuelle au service divin.. C'est pour cela que nous consacrons quelques jours aux jeux et aux bouffonneries.... » (1).

La fête des saturnales, dans notre pays, devait donc être célébrée pour que la dose de *folie* contenue dans le corps humain pût, pendant un certain temps, et à des époques périodiques, s'évaporer, se dissiper par la pratique de toutes les extravagances, et afin qu'on pût retourner avec plus de ferveur au culte de la religion ; c'est pour cela que les saturnales s'appelèrent la *fête des Fous*.

En effet, cette fête des Fous donnait au monde chrétien le scandale de la plus outrageante et de la plus abjecte des parodies : parodie des cérémonies du culte, parodie des plus saints offices sans exception, parodie de la papauté et de son pouvoir, parodie de l'épiscopat dans son autorité, parodie du costume religieux, parodie des sacrements, parodie de la chaire ; impudeur, intempérance, dépravation étalées avec cynisme, mépris en un mot de toute morale, tel est le programme habituel de ces fêtes.

La fête des Fous prenait mille formes et était désignée de plusieurs manières. Le mot fou est pris ici par opposi-

---

(1) Décret de la Faculté de théologie de Paris, rendu, en 1444, pour l'abolition de la superstitieuse et scandaleuse coutume appelée la fête des Fous. Voir Savaron, *Traité contre les Masques*, 3ᵉ édit. 1611; Œuvres de Pierre de Blois, 1667; et le tome xxiv de la *Bibliothèque des Pères*.

tion au mot sage. C'est dans ce sens qu'il faut traduire les mots *stultus*, *follus*, *fatuus*, *sottus*, *insulsus*. Aussi verrons-nous plus tard les auteurs employer indistinctement ces mots *festum stultorum*, *festum follorum*, *festum fatuorum*, pour exprimer la même idée et désigner la même fête.

La fête des Innocents, la fête de l'Ane, la fête des sous-diacres, celle de l'abbaye de Maugouvert, ne sont que des formes multiples de la même pratique. Le fou n'est point ici l'*insanus* et le *demens*, l'être humain privé de raison, l'idiot ou l'imbécile; c'est l'homme dans la plénitude de ses facultés mentales, qui sort volontairement et accidentellement des bornes de la sagesse et de la vertu pour se livrer à des extravagances; c'est encore, sous l'emblème des innocents, le *puer robustus*, l'homme fait, qui n'a de la virilité que la force physique et les passions, mais qui n'est qu'un enfant au point de vue intellectuel, qui fait des folies d'une manière inconsciente, et qui n'a pas la responsabilité de ses actes au point de vue religieux. Sous l'emblème de l'âne, le plus grossier et le moins intelligent des animaux, c'est la fête de la multitude ignorante, brutale et inculte, *festum asinorum*. Enfin, les suppôts de l'abbaye de Maugouvert se livrent à la parodie d'une bonne administration, d'une sage direction de l'homme dans ses intérêts privés.

Dans beaucoup de cathédrales on élisait un pape des Fous, *papa fatuorum*, *follorum*, un abbé des Fous, *abbas stultorum*. Beleth (1) nous apprend que cette fête était

---

(1) Beleth, Belethus, écrivain ecclésiastique qui vivait sur la fin du XIIe siècle.

désignée dans le livre des offices divins par ces mots *festum fatuorum*. L'office de l'Ane, célébré à Sens, portait l'indication suivante sur le manuscrit qui le contenait: *officium stultorum, sive fatuorum*; c'est le même nom que lui donne le chancelier Gerson dans la première des cinq conclusions (1) qu'il écrivit contre cette abominable coutume. *Ludi stultorum*, dit-il, en parlant des représentations théâtrales des Fous. Le concile de Paris l'appelle *festum follorum*.

La lettre circulaire que l'Université de Paris écrivait aux prélats et aux églises de France, en 1444, résume tous les scandales, tous les sacriléges qui se commettaient dans les églises ces jours-là, depuis plus de cinq siècles. Elle constate que les ecclésiastiques y paraissaient avec des masques à barbe, des barboires, *barbatorias*, ou en habits de femme, ou vêtus comme les Fous se livrant à des pantomimes; qu'ils élisaient un évêque ou un archevêque qu'ils revêtaient d'habits pontificaux, et qu'ils lui faisaient donner la bénédiction; qu'ils célébraient l'office en habits séculiers; qu'ils dansaient dans le chœur et y chantaient des chansons obscènes; qu'ils y mangeaient et jouaient aux dés; qu'ils y faisaient des encensements avec de la fumée de vieux souliers qu'ils brûlaient; qu'ils y dansaient, et qu'ensuite ils se promenaient dans les villes, *sur les théâtres* et dans des chariots, et qu'enfin, pour faire rire le peuple, ils prenaient des postures indécentes et proféraient des paroles bouffonnes et impies.

Nous ne pousserions pas plus loin les recherches et nous ne fouillerions pas davantage dans ce passé, si nous

---

(1) Gerson, pars quarta operum, n° 10.

n'avions qu'à signaler des pratiques scandaleuses. Mais comme nous voulons prouver :

Que le Prince des Sots, chef des Enfants-Sans-Souci, fut le continuateur du Pape des Fous;

Que les sotties et les farces faisaient, dès le XII° siècle, partie des réjouissances de ces sociétés joyeuses;

Qu'elles envahirent, dans les églises et les couvents, le drame religieux auquel elles firent une concurrence couronnée de succès,

On nous pardonnera l'exposé auquel nous venons de nous livrer, et on nous permettra de poursuivre notre démonstration.

Les mystères, comme drame religieux, furent une invention du catholicisme et servirent, à leur début, les intérêts de l'Eglise sous plusieurs rapports. On ne pouvait entièrement priver les populations de spectacles; elles n'avaient plus, comme sous la domination romaine, les combats de gladiateurs dans les arènes; les cérémonies païennes et les spectacles étaient proscrits. Il fallait les remplacer, et les drames religieux, réputés choses saintes, tout en captivant l'attention de la foule, lui enseignaient l'histoire de cette religion, son passé, son origine et ses dogmes les plus mystérieux.

Le drame religieux commença à être joué dans les églises vers le IX° siècle, dit-on; mais la fête des Fous, qui était un souvenir des saturnales, des lupercales, des fêtes de la liberté de décembre, s'était maintenue sous des formes multiples au milieu de cette société récemment convertie : ces fêtes se célébraient tous les ans.

Si, comme nous l'avons énoncé, la fête des Fous fut la parodie de l'ordre civil, moral et religieux; si elle fut le contrepied de tout ce qui était sage et sensé; si, dans ces jours de liberté absolue, de licence et d'orgie, les extravagances furent poussées jusqu'au sacrilége; si on dansa dans les églises; si le Pape des Fous put y donner impunément une bénédiction impie, il est impossible que la parodie ne se soit pas attaquée au drame religieux lui-même, joué dans les lieux saints. La tentation a dû être forte, et la pensée a dû en venir à ces grossiers dramaturges ; le cadre était tout fait; il ne fallait pas un grand effort d'imagination pour composer la pièce. Si cela eut lieu, il en est résulté un drame profane, une moquerie, une satire, *une farce, une sottie*, quelque chose de ce genre, quelque chose de très-naïf au début, où l'invention est absente comme l'observation, où il ne reste que le travestissement.

C'est précisément ce qui arriva, nous allons le prouver.

La fête des Fous ne se célébrait pas seulement dans les cathédrales; elle avait forcé les portes des couvents, abbayes et monastères.

Grégoire de Tours nous apprend qu'une abbesse de Poitiers fut accusée de donner des représentations de spectacles dans son couvent.

Barbatorias eo quod celebraverit. Il s'agissait d'un spectacle donné avec des barboires ou masques barbus dont on se servait pour se déguiser sur la scène : la réminiscence païenne est ici flagrante.

Une ordonnance de 789 défendit aux ecclésiastiques d'avoir des joueurs de farces pour leur amusement particulier (1).

---

(1) *Ut episcopi, abbates et abatissæ cuptas canum non habeant, nec falcones*, NEC JOCULATORES. Heineccius, p. 576.

Ces défenses ne s'adressaient pas seulement au clergé de France, mais encore le haut clergé multiplia dans toute la chrétienté les tentatives pour réprimer les désordres. Au XIe siècle, le comte Héribert IV fit les plus pressantes invitations pour abolir la fête des Fous dans le Vermandois. Aux XIIe et XIIIe siècles, Eudes de Sully et Pierre Cambius s'opposèrent sous peine d'excommunication à la célébration de la fête des Fous dans la cathédrale de Paris.

L'archevêque Odon faisant, au XIIIe siècle, dans le diocèse de Rouen, la visite des communautés religieuses, constata que les nonnes se livraient aux plaisirs indécents de cette fête et qu'elles se permettaient les chants graveleux et les *farces* (2). *Cantibus utebantur, utpote farsis.*

Ce même prélat constata encore dans son procès-verbal de 1256 que les religieuses de l'abbaye de la Trinité, le jour de la fête des Innocents, chantaient leurs leçons avec des farces :

Cantant lectiones suas cum farsis.

L'ordinaire de la cathédrale d'Amiens, de 1291, rapporte que les sous-diacres célébraient la fête des Fous et qu'ils chantaient un *Kyrie* et un *Gloria*, *cum farsis.*

Les registres de la cathédrale de Laon mentionnent que les enfants de chœur, en 1287, faisaient dans la ville une cavalcade dont le chapitre payait les frais ; qu'ils élisaient un évêque avec les écoliers et que tous ensemble, le 1er décembre, ils jouaient une *farce* pendant la messe. Cet usage dura jusqu'en 1546.

A Amiens, pendant la procession du Saint-Sacrement, des *farceurs*, payés par le chapitre, amusaient le public ;

---

(2) Du Cange. Glossarium, verbis : *festum Magdalenæ* et *kalendæ.*

ce fait est constaté dans un compte-rendu de 1322.

A Cahors, il fut nécessaire d'interdire aux membres du clergé de jouer des rôles de *farceurs* et de bouffons sous peine de suspension (1).

A Besançon, les cathédrales élisaient respectivement leurs rois des Fous et les promenaient dans la ville à cheval. Le clergé les accompagnait en habits grotesques, débitant des bouffonneries au public pour le divertir; et lorsque les calvacades des différentes églises se rencontraient, elles s'invectivaient et souvent en venaient aux mains. Ceci se passait sur la fin du XIV° siècle.

L'excommunication avait été fulminée plusieurs fois par les papes, mais le mal persistait. Les églises de Châlons et de Langres firent des défenses semblables, rien ne pouvait arrêter cette coutume impie; enfin, le concile de Bâle, de 1435, rendit sur la fête des Fous un décret mémorable qui rappelait les défenses d'Innocent III; il a pour titre : *De spectaculis in ecclesia non faciendis.*

Ce décret fut adopté en 1438 par Charles VII; la pragmatique sanction de ce prince en constate l'acceptation pure et simple (2).

Il est inutile de faire remarquer que, dans ce décret comme dans la bulle d'Innocent III, il ne s'agit pas de spectacles pieux; seulement la défense est générale. Les mystères n'étaient plus ce qu'ils étaient autrefois, les farces les avaient envahis.

Aux XII° et XIII° siècles, la farce, désignée par les mots *farsa*, *farcia*, *farcita* que la basse latinité nous a

---

(1) *Item præcipimus quod clerici non sint joculatores goliardi, seu bufones...* Martenne, *Anecdotes*, t. IV, col. 727.
(2) Recueil du Louvre, t. XIII, pages 267 et suiv.

conservés, était un divertissement de la fête des Fous et qui consistait à mêler aux psaumes latins des mots burlesques, inintelligibles et à double sens. On chantait des hymnes *cum farsis;* on appliqua plus tard ces mots de *farcia*, *farcita* aux pièces graves et religieuses qui se trouvaient farcies, entremêlées de phrases en langage vulgaire, de scènes comiques, satiriques ou obscènes, qui en altéraient profondément le caractère.

Le concile de Bâle chassait du temple toutes sortes de représentations, parce qu'elles étaient toutes pernicieuses et donnaient lieu aux scandales les plus déplorables.

Faut-il préciser davantage ? ce sera facile. Les lettres royaux de Charles VII nous disent quel était ce genre de spectacles ; c'étaient :

« Grands excès, moqueries, spectacles, deguisements, farces, rigmeries et autres folies par irreverence et dérision de Dieu. »

A Reims, au dire de Dom Marlot, on porta si loin cette fureur, que les ecclésiastiques faisaient tous les ans élever un théâtre sous le porche de l'église pour y élire un évêque des Fous; on lui donnait là un festin ridicule et on l'accompagnait à grand bruit dans les rues de la ville. A Dijon, on jouait sur un théâtre, élevé à la porte de l'église de Saint-Etienne, une farce, et on débitait plusieurs sotties le jour de la fête des Fous.

A Troyes, la parodie prend un caractère encore plus révoltant, elle est immonde; c'est l'évêque Jean Léguisé (Joannes Acutus) qui nous transmet ces détails incroyables dans une lettre à l'archevêque de Sens : ceci se passe au XVe siècle.

« Le dimanche avant noel aucuns des dits fols firent un jeu de personnages qu'ils appellent le *Jeu du sacre de leur arcevesque* au plus commun et plus public lieu de la ville, et illec à la fin du dit jeu, d'une *vile et orde matière fut fait le dit sacre*, en soy moquant et en tres grant vitupère du saint mystère de consecration pontificale. »

La lettre de Léguisé provoqua les statuts que Louis, archevêque de Sens, publia en 1445 et dans lesquels on voit que les folies et les turpitudes reprochées au bas clergé avaient atteint les dernières limites de l'abjection; à ce point que, dans ces jours d'orgies, on promenait dans les villes et sur les théâtres des hommes entièrement nus.

Il en était à peu près partout de même; les mascarades, les danses, les farces, les sotties, les chansons impies, le tout exécuté, débité, chanté sur des théâtres, tels étaient les divertissements grossiers de la fête des Fous; et les statuts manuscrits de l'église de Toul nous apprennent que le clergé de cette ville au XV⁰ siècle avait en quelque sorte tenu à honneur de se livrer à toutes ces odieuses pratiques, sans exception; car il représentait des *moralités et des simulacres de miracles avec des farces et jeux semblables*, faisait des calvacades, la face masquée et avec les habits les plus grotesques.

On le voit, la farce et la sottie ne sont au début que des invectives, des moqueries, des mots graveleux intercalés dans les offices ; c'est leur première manière d'être. La parodie vient ensuite leur imprimer une direction nouvelle, elle s'introduit dans le drame religieux et c'est là ce qui nous explique les passages obscènes ou cyniques que l'on rencontre fréquemment dans les mystères, et qui nous étonnent.

Mais elles ne devaient pas s'en tenir à la parodie d'une manière définitive; elles avaient à subir de nouvelles transformations.

La farce et la sottie se perfectionnèrent en quittant l'église et le couvent, et elles durent leur nouvelle métamorphose au contact des écoliers de l'Université et des clercs du Palais. Ces nouveaux interprètes exercèrent, par leur instruction, par leur malice, leur esprit, la plus heureuse influence sur le drame bourgeois de l'époque. Les écoliers de l'Université jouaient des pièces de théâtre qu'ils composaient pour leur propre amusement.

Les universitaires avaient aussi leur pape, qui était le chef de leurs plaisirs et de leurs associations dramatiques.

Dans les œuvres d'Hilaire, *Hilarii versus et ludi*, dont nous avons parlé au chapitre précédent, nous trouvons une espèce d'hymne latine, ou prose rimée, en l'honneur du Pape des écoliers, *de Papa scholastico*. Dans cette pièce, on ne peut plus curieuse, Hilaire engage les écoliers à faire des dons à leur chef électif et termine chaque strophe par le même vers en langue vulgaire.

Le passage suivant ferait croire que le Pape des écoliers avait beaucoup de rapport avec le Pape des Fous, s'il n'était pas le même, car la conduite de ces deux dignitaires paraît avoir le même caractère de relâchement :

> Papa captus hunc vel hanc decipit ;
> Papa quid vult in lectum recipit ;
> Papa nullum vel nullam excipit ;
> Pape detur, nam Papa præcipit.
> *Tort à qui ne li dune.*

Hilaire était un écolier de l'Université, disciple d'Abailard ; il nous le dit lui-même dans son épître latine, en forme d'élégie, adressée au célèbre philosophe, au sujet de son refus de continuer ses leçons dans le lieu ordinaire, et de l'obligation qu'il imposait à tous ses disciples d'aller habiter le Quincey, pour les punir de certains désordres qui lui avaient été révélés par un serviteur. C'est lui qui composa les trois jeux dont nous avons parlé.

Les écoliers de l'Université et les clercs du Palais ne cherchent pas à imiter la comédie grecque et latine; ils s'inquiètent peu d'Aristophane, de Plaute et de Térence; ils perfectionnent une comédie à part qui n'est pas encore celle de Molière; ils n'ont pas la profonde observation du moraliste, mais ils ont de la malice, de la gaîté, de l'esprit, des saillies; ils savent saisir les ridicules des personnages impertinents ou grotesques; ils savent fort bien exprimer les sentiments et les goûts populaires, ils le font, en jetant à profusion dans leurs œuvres les épigrammes, les jeux de mots, les proverbes et les expressions usuelles de la langue du peuple.

« La farce, dit Sibillet (1), retient peu ou rien de la comédie latine; aussi, à vrai dire, ne serviraient rien les actes et scènes, car le vrai sujet de la farce ou sottie française sont badineries, nigauderies et toutes sotties émouvantes à ris et à plaisirs. »

Pelletier du Mans, dans son *Art poétique*, tient à peu de chose près le même langage que Sibillet.

Ce que dit Sibillet n'était déjà plus vrai de son temps et nous verrons les sotties et les farces s'attaquer avec fureur aux abus de l'époque, et critiquer, d'une manière

---

(1) Thomas Sibillet vivait sous François Ier, à l'époque où ces sortes de productions avaient le plus de faveur. Son *Art poétique* fut imprimé en 1548.

sanglante, la cour, la noblesse et le clergé, à l'époque où vivait cet auteur. Mais la farce et la sottie, sans être morales, — elles ne le furent jamais, — étaient encore dans la période de leur dernière transformation, lorsque la société des Enfants-Sans-Souci demanda à Charles VI l'autorisation de donner des spectacles publiquement et d'en faire, comme les Confrères de la Passion, une question d'argent, une spéculation; car ce fut là le but principal que les uns et les autres voulaient atteindre.

La société des Enfants-Sans-Souci, à son origine, n'indique pas suffisamment, par son nom même, qu'elle veut continuer les divertissements des Fous et des Innocents. Le nom d'Enfants-Sans-Souci qu'elle prenait, était neuf; il aurait pu faire oublier les fêtes de la liberté de décembre, si celui de ses dignitaires principaux ne les eût rappelées.

Charles VI, prince pieux, dévoué aux intérêts de l'Église, exigea peut-être d'eux qu'ils ne parodiassent plus le pouvoir et l'autorité du pape, et qu'ils cessassent de désigner leur chef sous le nom de Pape des Fous. Les noms étaient beaucoup alors en cette matière; ils suffisaient à eux seuls pour expliquer le but d'une société. Le Roi des Ribauds, les Princes d'amour, le Roi des Ménestrels, les abbés de Malgouvert, ne furent jamais confondus avec les chefs d'une société ou d'une confrérie sérieuse. Quoi qu'il en soit, les membres de la nouvelle société s'appellent les Enfants-Sans-Souci, et, pour faire cesser toute équivoque, ils se hâtent de saluer leur chef électif d'un nom significatif. Le Prince des Sots, les marquis, comtes et barons de la *sottise*, remplacent le Pape des Fous et l'Évêque des Innocents.

La situation était dès lors très-nette et très-tranchée, au début du XV⁰ siècle, et les deux sociétés dramatiques ne pouvaient plus être confondues. D'un côté, les Confrères de la Passion, bourgeois graves et pieux, sont les interprètes du drame hiératique; ils sont les représentants de l'Église et du catholicisme, et Charles VI les autorise à jouer les mystères dans un but de piété. Les Enfants-Sans-Souci, au contraire, sont les champions du paganisme et des saturnales. Pendant que la dévote confrérie fonde une chapelle et fait dire des messes auxquelles la société entière assiste, son prieur en tête, les Enfants-Sans-Souci agitent les grelots de Momus et nomment un chef qu'ils appellent le *Prince des Sots, Rex stultorum*, et, s'ils assistent aux offices, c'est à celui de la fête de l'Ane, car ils ornent le capuchon de leur prince des longues oreilles de ce stupide animal.

Si, comme nous venons de le dire, la désignation de la société était neuve, celle des dignitaires ne l'était pas. Dans plusieurs provinces où se célébraient les saturnales françaises, à défaut d'un Pape des Fous il y avait un Prince des Sots. Le Prince d'amour de Lille (1) était autrefois nommé le Prince des Sots; l'amour est souvent une folie, plus souvent encore une sottise.

On voit dans un compte de l'abbaye de Corbie, qu'en 1410 un abbé fit acheter *six lots de vin pour le jour que on fist le prinche des sos*. En 1450, les habitants de la ville d'Amiens décidèrent à l'occasion des succès remportés sur les Anglais, qu'on ferait le premier janvier la fête du Prince des Sots, comme on avait coutume de le faire,

---

(1) *Traité de la chevalerie ancienne et moderne*, par le P. Ménestrier.

et qu'il y aurait de grands divertissements. A Ham, il y eut longtemps une compagnie qu'on nommait les Sots de Ham. Le chef de cette compagnie s'appelait le *Prince des Sots*. Ses suppôts faisaient les cérémonies de la *sottise*, montés à rebours sur des ânes dont ils tenaient la queue en guise de bride.

Le Prince des Sots était donc déjà un dignitaire, comme dans les sociétés joyeuses de provinces, et dans beaucoup d'endroits il remplaçait le Pape des Fous et l'Évêque des Innocents.

Les sociétés joyeuses semblent avoir épuisé toute la nomenclature des noms donnés aux puissants de la terre et aux grands fonctionnaires pour désigner leurs chefs électifs. Après le Pape des Écoliers et des Fous, vient l'Empereur de la Jeunesse, le Roi des Ribauds et des Ménestrels, le Roi de la Bazoche, le Prince d'amour et de la sottise, l'Évêque et l'Archevêque des Innocents, l'abbé de Malgouvert; puis c'est le prévôt, le doyen, le prieur; et toutes ces appellations se reproduisent mille fois et en tous lieux. Il en est une cependant que nous n'avons trouvé que bien plus rarement, c'est celle de Mère sotte.

Mère sotte, nom que porta Gringore, était-il le personnage chargé de la direction des spectacles et de l'organisation des divertissements de la société? Nous verrons bientôt si Mère sotte succéda au Prince des Sots, comme le Chancelier succéda au Roi de la Bazoche? Ces titres de pape, d'empereur, de roi, de prince, furent, à coup sûr, défendus; on en avait assez de ces parodies plus ou moins réussies, et les sociétés joyeuses durent se contenter de noms moins retentissants et plus modestes, à Paris surtout où habitait le souverain.

La devise des Enfants-Sans-Souci fut celle des Sots et des Fous, celle qui était généralement acceptée et qui était commune à la plupart de ces sociétés joyeuses; devise malicieusement empruntée au langage du roi Salomon, et qui embrasse la société tout entière :

Stultorum numerus est infinitus.

Ils en avaient encore d'autres qui n'étaient pas moins remarquables par leur spirituelle précision et leur double sens:

Sapientes stulti aliquando,

ou bien encore celle-ci :

Stultitiam simulare loco summa prudentia est.

(Le nombre des fous et des sots est infini; — quelquefois les sages sont fous, et les fous sont sages; — simuler la sottise est faire acte de prudence).

Ce sont là autant de vérités passées en proverbe.

Les mots *follus*, *fatuus*, *stultus* et *sottus*, que nous donne la basse latinité, désignent bien le fou et le sot indistinctement; mais comme la folie se manifeste de diverses manières, ces mots ont tous des sens différents s'appliquant, non à la démence et à l'idiotisme, mais aux travers d'esprit et aux actes contraires à la sagesse. Ainsi le *follis* ou le *follus* étant bien souvent pris dans le sens de vaniteux, d'orgueilleux, les mots *follia*, *follitia*, *follentia*, seront la folie de l'orgueil, de l'ostentation, de la vanité, de la prodigalité. Le *fatuus* étant le fou égoïste, infatué de sa personne et de ses avantages physiques, ses folies, ses extravagances seront exprimées par les mots *fatuitas*, *fatuitates*. Les femmes folles de leur corps, spéculant sur leur beauté et se livrant à la prostitution, seront les *mulieres fatuæ*. Le *sottus* sera le naïf, le niais, l'innocent, le simple. Nos aïeux diront d'une fille qui s'est laissé tromper, qu'elle est simple et *sottelette;* ils appelleront *Carolus sottus, Carolus simplex,* le bon roi Charles le Simple, à cause de son ingénuité et de sa crédulité. Le *stultus* sera le sot en général, mais surtout le sot malin, qui ne fait des sottises que par tempérament, entraîné par l'ardeur de l'âge; le fou jeune et spirituel qui, sage quelquefois, saura par prudence simuler la folie et la sottise; et *stultitia*, d'où est *peut-être* venu le mot sottie, sera le nom caractéristique de ses sottises, de ses actes déraisonnables, de ses extravagances, de ses moqueries, de ses invectives, de ses dérisions, *derisiones, jocositates;* et c'est sous le capuchon à oreilles d'âne, avec le costume de fou, qu'il dira les plus sanglantes vérités, dans ses farces, sotties et sermons joyeux.

Notre sot n'aura également rien de commun avec les fous en titre d'office des rois de France, avec Triboulet et Caillette. Gringore, Mère sotte, leur contemporain, sera l'interprète d'un autre genre de folie. Tandis que les deux pauvres bouffons seront en quelque sorte contraints de mettre tous les jours au service de la Cour leur folie officielle, leurs bons mots, leurs épigrammes, et qu'ils seront comme les ménestrels et les jongleurs, attachés à la domesticité du château royal, le Prince des Sots sera, lui, un souverain indépendant, ne reconnaissant d'autre maître que le peuple de Paris, et ne consentant à le divertir qu'à ses heures et quand tel est son bon plaisir.

« La plaisanterie des Enfants-Sans-Soucis était neuve, disent les frères Parfaict; les moyens qu'on employa pour la faire connaître ne le furent pas moins. Nos philosophes enjoués inventèrent, mirent au jour et représentèrent eux-mêmes sur les échafauds, en place publique, des pièces dramatiques qui portaient le nom de sottise, qui, en effet, peignaient celle de la plupart des hommes. »

Nous n'avons qu'à répéter ce que nous avons dit au début de ce chapitre, pour faire ressortir toutes les erreurs contenues dans ces quelques mots. Non, il n'est pas vrai que les Enfants-Sans-Souci aient inventé un genre dramatique. Une société ne se forme que pour exploiter une chose connue et certaine; on ne s'associe pas pour inventer, on a un but déterminé, précis, et les Enfants-Sans-Souci voulant spéculer sur les spectacles, savaient parfaitement quel genre dramatique ils voulaient adopter; ils savaient très-bien où serait le succès, où seraient les bénéfices. Les saturnales étaient une voie toute tracée, et ils étaient sûrs qu'avec les farces, les invectives, les parodies, les moqueries de la fête des Fous, ils exploiteraient un genre lucratif.

Mais, ce qu'il faut dire à leur avantage, c'est que, s'ils n'ont rien créé, s'ils n'ont rien inventé, ils ont singulièrement fait progresser l'art dramatique, et ils l'ont tellement perfectionné, qu'entre leurs mains les farces et les sotties ne ressemblaient en rien à ce qu'elles furent dès le début, lorsqu'elles se représentaient dans les couvents et sous le porche des cathédrales.

Dès sa création, la société des Enfants-Sans-Souci aurait attiré dans son sein un grand nombre de jeunes gens de famille, joignant à beaucoup d'instruction une soif immodérée des plaisirs. Telle est l'opinion des frères Parfaict; nous la partageons tout à fait, et nous pensons qu'elle se recruta parmi les écoliers de l'Université et les clercs du Palais; personne mieux qu'eux ne pouvait remplir ces conditions. L'instruction ne leur manquait pas: c'étaient eux qui le plus souvent composaient les pièces de leur répertoire et qui les jouaient; ils avaient donc toute l'intelligence voulue. Quant à l'amour des plaisirs, nous n'avons pas besoin de dire que la jeunesse française n'a jamais brillé par sa continence et son austérité.

L'Enfant-Sans-Souci de 1402, celui qui demanda à Charles VI l'autorisation de jouer des farces et sotties à convocation de peuple, et moyennant une rétribution exigée du spectateur, était absolument le même, un siècle plus tard, sous Louis XII et sous François Ier, et le portrait que Clément Marot nous en trace dans sa ballade de 1512, est parfaitement exact aux deux époques.

> Bon cœur, bon corps, bonne phyzionomie,
> Boire matin, fuir noise et tanson;
> Dessus le soir, pour l'amour de sa mie,
> Devant son huis la petite chanson.
> Trancher du brave et du mauvais garçon;
> Aller de nuit, sans faire aucun outrage,
> Se retirer, voilà le tripotage.
> Le lendemain recommencer la presse...

Il est à présumer qu'un grand nombre de clercs de la Bazoche entrèrent dans cette société; peut-être même à son début, ne se composa-t-elle que de jeunes gens pris dans son sein, et l'historien Miraulmont nous porterait à le croire.

Voici ce qu'il dit en parlant du roi de la Bazoche.

« Le Prince des Sots est l'un de ses suppôts appelé anciennement le prince des *saultz*, parce qu'il n'était permis à jongleurs, sauteurs, ni joueurs à jeu de hasard, hantant et fréquentant ordinairement les foires, de jouer, ni faire jouer sans permission de ce prince. Lequel en cette qualité de suppôt et sujet de la Bazoche, a séance au parquet de la justice lorsqu'il s'y trouve. »

D'après Miraulmont, le Prince des Sots était un suppôt de la Bazoche ; nous le croyons comme lui, mais nous n'admettons pas la suprématie du Prince des Sots sur tous les bateleurs, jongleurs et danseurs fréquentant les foires et marchés ; nous n'adoptons pas non plus son étymologie. Le mot *sot* ne vient pas du latin *saltare*, danser, faire des sauts, et le conseiller Miraulmont en restera pour ses frais d'imagination.

Mais il est difficile d'expliquer comment le Prince des Sots pouvait être suppôt du roi de la Bazoche, sans reconnaître qu'il tenait à la société des clercs par des liens plus étroits.

Voici à notre avis l'opinion la plus plausible.

Les clercs du Parlement et les écoliers de l'Université furent les premiers interprètes sérieux de l'art dramatique, avec les Confrères de la Passion. La société qu'ils formèrent au Palais, les constitua en corporation; il y avait là une agrégation de jeunes gens organisés suivant des statuts et des règlements. Les jours de fêtes, et à certains anniversaires, ils jouaient la comédie au palais de justice, sur la table de marbre ; leurs spectacles étaient *gratuits*, ils étaient donnés en l'honneur du Parlement, et pour le plaisir des magistrats et du barreau. Les conseillers subventionnaient ces représentations, et les jeunes clercs ne croyaient nullement déroger, soit en montant comme acteurs sur leur théâtre, soit en recevant des allocations de secours pour payer les frais de leurs fêtes, qui étaient en quelque sorte des fêtes publiques.

Mais quand il fut question de s'organiser en troupe dramatique, d'aller jouer aux Halles ou dans d'autres lieux publics, et d'exiger une rétribution des spectateurs, de faire une spéculation analogue à celle des Confrères de la Passion, leur fierté se révolta ; ils se rappelèrent qu'ils appartenaient à la famille judiciaire, et que l'exercice des professions libérales était incompatible avec les opérations mercantiles. Ils changèrent de nom, ils quittèrent la toque et la robe, ils ne furent plus les clercs du Palais; ils s'appelèrent les Enfants-Sans-Souci, pour désigner spécialement le personnel dramatique de leur société. Leur chef ne fut ni le Roi de la Bazoche, ni le Chancelier; ce fut le Prince des Sots et ses comtes et barons. Le Prince des Sots fut le Pape des Fous des clercs ; ils l'élisaient tous les ans comme les enfants de chœur élisaient l'Évêque des Innocents, comme les écoliers des colléges et nations élisaient leur Pape, pour présider à leurs divertissements. On comprend, dès lors, comment la société des Enfants-Sans-Souci se composa en majeure partie de clercs. C'étaient eux qui composaient les pièces et les jouaient. La troupe était déjà depuis longtemps organisée et préparée à donner des spectacles, et à exploiter à prix d'argent un genre dramatique qu'ils connaissaient depuis longtemps et qu'ils avaient perfectionné.

Voilà comment nous comprenons la présence, dans cette société, des clercs, soit du Châtelet, soit du Parlement, dans quelles limites nous acceptons l'opinion de Miraulmont.

Du reste, sur ce point, les écrivains les plus sérieux sont très-affirmatifs ; Félibien, comme Miraulmont, signale la dépendance du Prince des Sots envers les clercs du Palais.

« Le Prince des Sots ou de la sottise était de la dépendance du roi de la Bazoche, et cette liaison venait apparemment de la représentation des pièces de théâtre, anciennement appelées sotties, où le Prince des Sots ne manquait pas de faire figure parmi les bazochiens. »

D'après Villaret, il n'y aurait pas eu entre les deux sociétés des liens si étroits ; tout se serait borné à un traité, à une transaction aux termes desquels les Enfants-Sans-Souci permirent aux acteurs de la Bazoche de jouer les sottises et farces, et reçurent en échange l'autorisation de jouer des moralités.

Le marquis de Paulmy et Contant d'Orville (1) partagent la manière de voir de Miraulmont et Félibien : d'après eux *les clercs de procureurs du Parlement et de procureurs du Châtelet formèrent ensemble une troupe dont le chef s'appelait le Prince des Sots et ils jouèrent des farces auxquelles ils donnèrent les noms de sotties ou sottises.*

On nous pardonnnera d'avoir insisté sur ces diverses citations ; elles sont un des éléments principaux à l'aide desquels on peut faire l'histoire de cette société célèbre. Nous n'avons pas, comme pour les clercs du Palais, l'autorité des arrêts du Parlement ; il faut nous contenter de l'opinion des auteurs que nous venons de citer. Elle mérite d'être prise en considération. Miraulmont vivait dans la seconde moitié du seizième siècle ; né en 1550, il avait dû assister dans sa jeunesse aux représen-

---

(1) *Mélanges tirés d'une grande bibliothèque*, t. III, p. 343.

tations des Enfants-Sans-Souci et des Clercs de la Bazoche ; et quand il dit que le Prince des Sots siégeait de droit au parquet de la cour bazochiale, c'est qu'il en avait été témoin. Il était magistrat et conseiller au Parlement. N'oublions pas que la première édition de son ouvrage parut en 1584, et que si, à cette époque, les clercs du Palais avaient cessé leurs représentations depuis quelques années seulement, la société des Enfants-Sans-Souci n'en existait pas moins et avait quelque temps encore à vivre.

Est-il nécessaire encore de faire remarquer que Félibien écrivait à une époque où la Bazoche, comme société, était dans toute sa force au point de vue de sa juridiction, et que les anciennes traditions ne s'étaient pas effacées entièrement de l'esprit des membres de la famille judiciaire?

Plus de doute, les Enfants-Sans-Souci et les clercs formaient deux sociétés qui n'étaient distinctes qu'en apparence, qui n'avaient pas le même but, il est vrai, mais qui se recrutaient toutes les deux parmi les jeunes gens fréquentant le Palais.

Le bibliophile Jacob a donc pu dire avec raison : « Le Prince des Sots était le chef électif de la confrérie joyeuse de la Bazoche du Palais, et le maître des jeux de cette association dramatique (1). »

Mais quand il ajoute qu'on le nommait tous les ans à la fête de mai, nous sommes obligé de le croire sur parole, nous ignorons où il a puisé ce renseignement.

---

(1) Jacob, bibliophile. *Œuvres complètes de Villon*, Paris, Jannet, 1853, page 121, note 4.

Il faut cependant distinguer deux périodes dans les diverses phases et transformations que subirent ces sociétés. Tant que les clercs du Palais donnèrent des spectacles, et notamment depuis 1402, date de la formation de la société des Enfants-Sans-Souci, jusqu'au milieu du XVIᵉ siècle et même jusqu'en 1575 ou 1580, les liens les plus étroits unirent ces deux sociétés, mais ils se relâchèrent dès que les clercs durent cesser leurs spectacles. A partir de 1548, des difficultés sans nombre leur furent suscitées ; leur satire avait été trop violente. On ne leur permit même plus de jouer sur la Table de marbre pour le divertissement du corps judiciaire. La Bazoche avait abandonné ses jeux pour se livrer avec plus d'ardeur au travail ; si elle n'avait plus la liberté de monter sur ses tréteaux, elle s'en vengeait la plume à la main, et elle composait des pièces qu'elle faisait représenter par d'autres acteurs que par ses sociétaires. Les Enfants-Sans-Souci ne se recrutaient plus au Palais et leur société n'était plus que nominalement la vassale de leur ancienne suzeraine.

Aussi Duverdier, qui vivait dans la seconde moitié du XVIᵉ siècle, pouvait dire : « On ne saurait compter les farces qui ont été composées et imprimées, si grand en est le nombre, car, au temps passé, chacun se mêlait d'en faire et encore les histrions dits Enfants-Sans-Souci en jouent et en récitent. »

Les documents historiques dont nous venons de faire passer quelques extraits sous les yeux du lecteur, semblent nous démontrer à l'évidence les liens intimes qui unissaient les bazochiens et les Enfants-Sans-Souci. Nous allons en chercher les traces dans la vie et les écrits des poëtes du temps. Ce que nous savons sur les membres de ces deux sociétés, sur le personnel qui les composait, sur l'esprit qui les animait, sur leur intelligence, leur éducation, leurs plaisirs et leurs spectacles, nous permet de conjecturer qu'ils durent avoir des relations intimes avec les poëtes les plus célèbres de l'époque; et quand nous aurons établi que Villon, Clément Marot et Gringore étaient en rapports suivis avec les clercs du Palais et les Enfants-Sans-Souci, nous aurons donné un argument de plus en faveur de notre thèse, à savoir que ces deux sociétés, distinctes en apparence, n'en formaient qu'une.

Commençons par Villon.

Étant donné le portrait que Clément Marot a tracé des Enfants-Sans-Souci, il n'est personne qui, l'ayant lu, ne convienne que si le pauvre écolier ne faisait pas partie de la société du Prince des Sots, personne n'en était plus capable et plus digne. Certes, l'esprit ne lui manquait, ni la joyeuse humeur, ni la santé, ni la soif des plaisirs, ni le penchant à la satire. Nous avons établi par des citations que nous aurions pu multiplier, ses relations avec les clercs du Palais; il ne nous sera pas difficile de prouver aussi qu'il en eut avec les Enfants-Sans-Souci.

Dans son *Grand Testament* il n'oublie pas de faire un legs au Prince des Sots.

> Item donne au Prince des Sotz
> Pour un bon Sot Michault du Four
> Qui, à la fois, dit de bons motz
> Et chante bien : *Ma doulce amour.*

Dans une des poésies qu'on lui attribue, il en est une, la *repeue franche des Gallants-Sans-Soulcy*, qui est un témoignage de ses relations avec eux.

> Une assemblée de compaignons
> Nommez les *Gallans sans soulcy*
> Se trouvèrent entre deux pontz
> Près du Palays..............

Villon parle en homme qui a vu les choses qu'il raconte ; il a été un des acteurs de ces festins gratuits que ces jeunes étourdis prenaient aux dépens de quelques pauvres diables d'hôteliers et qu'ils payaient en grimaces. Autrefois on riait de ces malheureuses dupes que l'on enrôlait bien malgré elles parmi les *sots simples et crédules* et que l'on rossait au besoin ; de nos jours, et avec les nouvelles lois, Villon et ses camarades passeraient en police correctionnelle, ce qui n'affecterait pas beaucoup l'immortel auteur de la ballade des *Neiges d'antan*, il était habitué aux rigueurs de la justice ; mais ce qui serait certainement fort désagréable pour les fils de famille coupables de ces mauvaises plaisanteries.

Ceci dit de Villon, arrivons à Clément Marot. Il vint étudier à Paris, en 1505 ; et, comme il montrait peu d'inclination pour la langue latine, son père le mit en pension chez un procureur. Il se lia avec les Enfants-Sans-Souci, et fit, en 1512, la ballade dont nous avons déjà parlé. Certainement il faisait partie de leur société.

Marot était aussi un bazochien du Châtelet ; nous ne pensons pas que ce point important puisse être contesté. Parmi ses ballades, il s'en trouve une qu'il fit après celle des Enfants-Sans-Souci ; elle est de l'année suivante, de 1513, *du temps que Marot estoit au Palais à Paris, et qu'il y apprenoit à escrire.*

Le poëte, à cette époque, cultivait la muse et négligeait Thémis ; au lieu de faire les écritures de son patron, il courtisait une jeune fille et faisait des chansons qu'il allait chanter la nuit, sous ses fenêtres, à la porte Barbette, en véritable Enfant-Sans-Souci.

> Adieu vous dis, mon maistre Jean Griffon :
> Adieu Palais, et la porte Barbette
> Où j'ai chanté mainte belle chanson,
> Pour le plaisir d'une jeune fillette.

Jean Griffon était-il un procureur ou un greffier? Peu importe. Marot lui donne-t-il un nom de fantaisie ou son nom véritable? Peu importe encore; le jeune poëte le quitta pour aller probablement chez un autre praticien, car, deux ans plus tard, en 1515, nous le trouvons toujours à Paris, à l'avénement de François 1er, faisant son épître pour la Bazoche. Était-il toujours dans la société des clercs du Palais? Le doute ne paraît pas permis.

> Bazochiens à ce coup sont venus
> Vous supplier d'ouir par le menuz
> Les points et traits de *nostre comedie.*

Ce dernier vers indique assez qu'il était alors auteur ou acteur de cette médiocre poésie; peut-être même était-il l'un et l'autre.

On trouve bien d'autres preuves encore de son passage dans les sociétés de clercs du Palais, si l'on veut lire ses œuvres avec attention. Son *Cry du jeu de l'Empire d'Orléans*, sa *Seconde épistre du Coq à l'Asne*, sont autant de témoignages irrécusables.

Lorsqu'il écrivit cette dernière poésie, il n'était plus jeune homme, il ne faisait plus partie de la Bazoche ni des Enfants-Sans-Souci, mais ses impressions et ses souvenirs étaient vivaces. Il nous avait tracé le portrait des clercs du Palais dans sa ballade de 1512, et il se plaisait de temps en temps à jeter un coup d'œil sur son passé et à rappeler quelque joyeuseté de sa jeunesse.

> Attachez-moi une sonnette
> Sur le front d'un moine crotté,
> Une oreille à chascun costé
> Du capuchon de sa caboche,
> Voilà un *Sot de la Baȝoche*
> Aussi bien peint qu'il est possible.

On voit là, de suite, un homme qui connaissait parfaitement Mère sotte, le Prince de la Sottise et ses suppôts. Le portrait qu'il nous en donne est, du reste, celui qui est reproduit par toutes les gravures de l'époque et qu'on peut voir à chaque page du *Stultifera Navis*.

Est-ce tout? Non. Parmi ses contemporains et ses amis, on trouve Jean de Serre, un Enfant-Sans-Souci excellent joueur de farces, qui vivait sous François Ier. Clément Marot n'oublie point son camarade; il l'a fait passer à la postérité en composant son épitaphe.

Cette épitaphe est encore un petit chef-d'œuvre de description, un portrait vivant comme celui du *Sot de la Baȝoche*.

Jean de Serre portait toujours le même costume sur le théâtre, celui que nous appelons de nos jours le costume de Gille. Voici comment Marot le dépeint:

> Or bref, quand il entroit en salle,
> Avec une chemise sale,
> Le front, la joue et la narine
> Toute couverte de farine
> Et coëffé d'un béguin d'enfant
> Et d'un haut bonnet triomphant
> Garni de plumes de chapons....

Mais Jean de Serre ne fut pas le seul dont Clément Marot nous ait conservé le nom. Il a sauvé de l'oubli celui de Jean du Pont-Alais, le bazochien, chef de la troupe comique, à la fois acteur et auteur de farces, sotties, mystères et moralités qu'il avait fait jouer à Paris ; celui-là même que François Ier avait fait emprisonner. Dans sa *Première épitre du Coq à l'Asne*, il consacre quelques vers à des souvenirs du Palais, auxquels il mêle le bazochien et la lingère, sa maîtresse.

> Ecrivez-moi s'on faict plus feste
> De la Lingère du Palays,
> Car maistre Jean du Pont-Alays
> Ne sera pas si oultrageux
> Quand viendra à jouer ses jeux
> Qu'il ne vous fasse trestous rire.

Le comte de Salles était encore un clerc du Palais, auteur et acteur, qui vivait aussi sous François Ier et qui mourut d'une maladie épidémique ; il nous est également connu comme un contemporain et un ami de Clément Marot qui fit son épitaphe. On a aussi une complainte de dame Bazoche sur son trépas.

Nous bornerons là ce que nous avions à dire des relations que Marot avait eues pendant sa jeunesse et avait conservées plus tard avec ses amis du Palais, clercs, auteurs, compositeurs et acteurs de farces et de sotties.

Le soin qu'il prenait de composer des épitaphes sur les bazochiens et les Enfants-Sans-Souci n'est-il pas significatif ? On voit que les relations que ce poëte avait contractées dans ces deux sociétés, avaient laissé chez lui des traces assez profondes pour qu'il consacrât ses travaux poétiques à la mémoire de ces jeunes gens, qu'il aimait, et qu'il ne considérait pas comme de vils baladins ou de misérables histrions.

Voici, du reste, quelques vers de l'épitaphe du comte de Salles, certainement *comte de la sottise*, et dignitaire de la principauté.

> Je suis celuy, comme tu dois sçavoir,
> Comte de Salles, assez plaisant à veoir;
> Qui, par mes gestes, brocards et tragédie,
> Mainte assemblée ay souvent resjouye.

La complainte de la Bazoche sur le trépas de cet auteur est très-curieuse par la simplicité et la naïveté des expressions. Elle prouve combien le défunt était regretté de ses camarades, et le cas qu'ils faisaient de ses talents dramatiques (1):

> S'esbahit-on si mon cueur triste rendy,
> Quand voy mon comte au cloître St-Laurent (2),
> Ainsi, de peste, soudainement mourir?
> Ha! mes suppots, jettez-vous sur les rancs,
> Pour, avec moi, être remémorans,
> La perte grande qu'il nous convient souffrir.
> . . . .
> Vous, Baronat, qui fustes son seigneur,
> Et vous, Guistaud, de son bien enseigneur,
> Voici pour vous piteuse chansonnette....

Ces épitaphes et ces complaintes étaient à la fois l'oraison funèbre et la biographie de ces jeunes gens, dont les noms nous sont connus grâce à ces strophes médiocres auxquelles Clément Marot et les autres poëtes de la troupe ne craignaient pas d'attacher leur nom. Baronat et

---

(1) Cette complainte, dont nous ne donnons ici que quelques vers, nous a été conservée par les frères Parfaict dans leur *Histoire du théâtre français*, tome 2, page 280.
(2) C'est là qu'il fut inhumé.

Guistaud étaient deux auteurs bazochiens et Enfants-Sans-Souci : l'un fut le professeur du comte de Salles ; l'autre, Baronat, qui fut son *son seigneur*, avait été probablement nommé Prince des Sots, et comme tel son chef électif pour un an. Baronat, fils de bourgeois et peut-être fils de manant, supérieur de Salles, *comte de la sottise* et son seigneur et maître dans une compagnie de comédiens, n'est-ce pas, au XVIe siècle, une véritable parodie de la société ?

Gringore appartient aussi à cette pléiade de poëtes qui furent tour à tour légistes et acteurs, partageant leur temps entre le Palais et les places publiques, entre l'étude d'un procureur et les planches d'un *eschafaud*. Nous allons trouver, dans ses écrits comme dans ceux de Marot, la preuve de ce que nous avançons.

Nous n'avons pas la prétention de faire l'histoire de ce poëte qui, avec Villon, passe pour un des plus grands écrivains de la fin du moyen âge ; ce qu'il nous importe de savoir, c'est qu'il appartenait à la société des Enfants-Sans-Souci et portait le nom de Mère sotte. Il fut auteur et acteur, et, en quelque sorte, entrepreneur de théâtre ou plutôt directeur d'une troupe qu'il recrutait parmi les clercs du Palais et du Châtelet.

D'après certains auteurs, Gringore serait né vers 1480, en Normandie selon les uns, en Lorraine selon les autres, et dès sa jeunesse il se serait mis, comme acteur et compositeur de farces, à courir les grands chemins comme les ménestrels ; puis il aurait suivi Charles VIII dans son expédition d'Italie.

Nous voulons bien admettre tout cela, mais à une condition, c'est qu'on nous accordera qu'il passa, comme

Villon et Clément Marot, la plus grande partie de sa jeunesse à Paris. C'est là seulement, au milieu de ce foyer intellectuel, qu'il se forma, qu'il apprit à composer ses pièces de théâtre, à les jouer avec les clercs ; c'est là qu'il s'enrôla parmi les Enfants-Sans-Souci ; c'est là qu'il revint, après ses voyages, au milieu de ses amis, dans ce cher Paris qu'il n'avait jamais quitté sans espoir de retour, pour composer le jeu du Prince des Sots et recevoir le nom de Mère sotte.

Les sévérités de Louis XI et de Charles VIII l'avaient rendu très-circonspect ; il ne tenait pas à se faire emprisonner, et il eut l'adresse de devenir en quelque sorte l'entrepreneur officiel des fêtes publiques, et de jouer des pièces satiriques favorisant les desseins politiques de Louis XII. Il composa une foule de pièces, mystères, moralités, farces et sotties.

Il y a dans ses œuvres, comme dans celles de Clément Marot, des choses excellentes et très-remarquables. On y trouve aussi beaucoup de banalités, beaucoup de ce fatras nauséabond, de ces non-valeurs qui forment un tout passablement indigeste, et qu'il faut savoir expurger ; mais ce qu'on y découvre souvent, ce sont des formules juridiques tirées de cette littérature judiciaire dont la procédure était le cadre tout préparé.

Ces formules se trouvent en grand nombre dans une de ses pièces bien connue, sa sottie à quatorze personnages et qui a pour titre : *Le Nouveau Monde*....

>Procureurs et advocats,
>Veu le procès et veu le cas ;
>Tout produict en dernière instance,
>Probo nego . . . .

On les trouve aussi dans la farce qu'il fit jouer en 1511, qui passe pour être une des meilleures, et qu'on aimerait à citer si elle n'était d'une révoltante immoralité. Raoullet Ployart et Doublette portent au tribunal d'un juge, commis par le Prince des Sots, la connaissance de leur différend. Après avoir entendu les parties, le seigneur donne raison à Doublette contre son mari :

 Et le dis par jugement.
   RAOULLET.
       J'en jecte
Ung appel.
   LE SEIGNEUR.
       Il se videra ;
Et toutefois on conclura
. . . .
. . . . ;

Nous pourrions encore citer une de ses productions les plus curieuses: *Le Testament de Lucifer*.

Le langage qu'il tient dans *Les folles Entreprises* sur la justice, le parlement, les juges, les titulaires d'offices, la pratique et les praticiens, indique, à coup sûr, un homme du métier.

Ce sont là de ces témoignages qui expliquent bien des choses; c'est un trait de lumière. On sent là dessous le légiste et le praticien, ou tout au moins un homme qui a vécu au milieu des gens de robe.

Mais ces indices ne sont pas les seuls. Dans la sottie qu'il fit jouer en 1511, il donne un rôle au seigneur du Pont-Alletz, et probablement c'était le bazochien Jean du Pont-Alais qui le remplissait, ce même auteur, acteur, clerc de la Bazoche, qui fut emprisonné en 1516, sur les ordres de François Ier, avec son ami Jacques, compositeur comme lui.

> Maistre Jacques bazochien (1),
> De bien composer n'en craint rien.

On le voit, ce n'est point légèrement que nous avons soutenu que Gringore tenait par un côté à la société des clercs. Nous avions été tenté de croire qu'il appartenait plus spécialement à celle du Châtelet, par cette raison qu'il avait fait jouer plusieurs mystères à la porte du Châtelet même, et qu'il était à présumer qu'il avait recruté ses acteurs parmi les clercs de cette juridiction.

En effet, des mystères furent donnés en cet endroit en 1502, pour l'entrée du légat; en 1503, pour l'entrée de la reine, et encore en 1514 et en 1517.

Les registres de l'Hôtel-de-Ville, cités par Sauval, contiennent plusieurs de ces énonciations dans lesquelles Pierre Gringore est désigné comme compositeur, et Jehan Marchand comme charpentier, auxquels on donne des subventions pour faire face aux frais. Mais il ne faut pas perdre de vue qu'il s'agit de fêtes publiques payées par la ville de Paris, et que le grand Châtelet, qui autrefois avait fait partie des fortifications, se trouvait sur le passage même que devait parcourir le cortége. C'est de ce côté que se faisaient la plupart des entrées des souverains et des grands personnages (2).

Cette circonstance du spectacle donné au Châtelet n'a pas d'autre portée et n'implique nullement l'affiliation de

---

(1) *Motz dorez du Grand et Saige Cathon*, de Pierre Grognet, Paris. Denis Janot, 1533 : « De la louange et excellence des bons facteurs qui bien ont composé en rime, tant deçà que delà les monts. »
(2) Sauval, *Antiquités de Paris*, t. III, p. 533.

Gringore à la société des clercs du Châtelet plutôt qu'à celle du Parlement.

Nous pouvons donc conclure: les bazochiens et les Enfants-Sans-Souci, comme auteurs et joueurs de farces, appartenaient à la même société dramatique; ils ne faisaient qu'un.

Facétieux gens sans soulcy
Qui passez temps joyeusement,

c'est ainsi que les désigne tous l'auteur d'une poésie satirique du XVIe siècle (1). Le doute ne nous paraît plus permis.

Qu'on ne vienne pas dire que les sotties étaient le genre de spectacle spécial au Prince des Sots et aux Enfants-Sans-Souci, et que les clercs du Palais ne jouaient que des moralités. Les uns et les autres pouvaient affectionner un certain genre de spectacle, et les clercs purent, à une certaine époque, ne jouer que des moralités avant l'organisation des Enfants-Sans-Souci. Mais ce qui est manifeste, c'est que les clercs du Palais jouaient *moralités, farces et sotties* depuis le XVe siècle, l'arrêt du 15 mai 1576 est formel. Il fait défenses *à tous clercs et serviteurs, tant du palais que du Châtelet de Paris, de quelque état qu'ils soient, de jouer publiquement audit palais ou Châtelet, ni ailleurs en lieux publics, farces, sotties, moralités ni autres jeux à convocation de peuple.*

Remontons d'un siècle et rappelons encore l'arrêt du 14 juillet 1477, qui fait défense à Lesveillé, Roi de la

(1) *Les regrets et complaintes des gosiers altérés, pour la désolation d'un pauvre homme qui n'a croix* (argent).

Bazoche, à Martin Houssy et à Théodart de Coatnanpran de *jouer farces, moralités, 'sotties au palais ni ailleurs*, sous peine d'être battus de verges par les carrefours de Paris et d'être bannis du royaume.

Notre preuve est donc faite désormais et nous pourrions en rester là, mais il nous reste à faire valoir une considération qui, comme présomption grave, est une véritable preuve.

On sait que le Parlement avait des pouvoirs en quelque sorte illimités; administration, justice, impôts, police, il s'occupait de tout. On est surpris aujourd'hui de voir qu'il ne dédaignait pas les questions relatives au théâtre; qu'il permettait ou refusait les représentations à ceux qui s'adressaient à lui pour les obtenir. Nous avons vu que les moralités, farces, sotties des clercs du Palais étaient soumises à une censure sévère; qu'elles devaient être examinées au préalable par la Cour, qui leur faisait subir des suppressions et des coupures, et que plus tard, enfin, le manuscrit original de ces pièces devait être déposé au greffe du Palais.

Or, ce qui est à remarquer, c'est que jamais le Parlement n'eut à surveiller les spectacles des Enfants-Sans-Souci; jamais il n'eut à les réglementer, à les censurer. On trouve des arrêts de la haute Cour sur les représentations données dans les colléges par les écoliers de l'Université; on en trouve beaucoup sur les Confrères de la Passion, et en nombre considérable sur les clercs du Palais et du Châtelet, et, ce qui est singulier, on n'en connaît point qui soient relatifs particulièrement aux Enfants-Sans-Souci. Nous n'en avons pas trouvé un seul, à part ceux qui furent rendus en 1604, 1605 et 1608 entre Angoulevent, Prince des Sots, et divers individus, sur des procès que nous ferons connaître en quelques mots au chapitre suivant.

Cela veut-il dire que les Enfants-Sans-Souci aient été plus sages, plus réservés, plus moraux que les écoliers, que les clercs, que les Confrères de la Passion, et que par cela même leurs pièces échappèrent à toute censure? Non, personne n'oserait soutenir cela. Si le Parlement n'intervint pas d'une manière spéciale, c'est qu'en censurant, en réglementant les spectacles des clercs du Palais et du Châtelet, il censurait et réglementait ceux des Enfants-Sans-Souci; en condamnant la Bazoche, il condamnait le Prince des Sots, qui pour lui n'était pas plus une personne juridique que le Pape des écoliers dont il ne s'occupait pas. Ce silence apparent de la haute Cour est une preuve irrécusable, à notre avis, de la connexité, de l'affinité des deux compagnies, qui, au fond, n'en faisaient qu'une.

Gringore est généralement connu sous le nom de Mère sotte; nous ne croyons pas qu'aucun autre auteur ou acteur ait porté ce titre dans la société des Enfants-Sans-Souci. Le chef de cette société s'appelait le Prince des Sots, et nous verrons plus tard l'un d'eux, prendre en outre le nom d'Angoulevent.

Mère sotte, Mère folle! Que signifient ces mots? A première vue on peut croire qu'ils désignaient l'humanité tout entière, le nombre des fous étant infini, suivant la devise: *Stultorum numerus est infinitus*. Cette femme folle, cette mère sottise, cette folie dont Erasme fit l'éloge, ce personnage de convention, représentait-il spécialement une individualité, une fonction, une dignité dans la compagnie des Sots? Nous avons de la peine à le croire.

Voici sur le sens de ce mot l'explication qui nous paraît la plus plausible.

Le jour du Mardi-Gras de l'an 1511, Gringore fit jouer aux Halles, à Paris, une moralité, une farce et une sottie; cette dernière pièce, restée célèbre, est connue sous le nom de *Jeu du Prince des sots et Mère sotte*. Il était l'auteur de ces trois pièces, et, comme acteur, il remplit le rôle de Mère sotte, un des plus importants de la sottie.

Il ne faut pas perdre de vue que Gringore était contemporain de Luther, que les idées de réforme à cette époque agitaient fortement les esprits; qu'il s'était fait le champion de Louis XII, dans sa lutte avec la papauté; qu'il combattait le pouvoir temporel dans la sottie et dans la moralité jouées aux Halles ce jour-là, et qu'il attaquait Jules II avec une grande violence.

Pour nous, *à ce moment*, Gringore est un catholique à la foi chancelante; c'est un philosophe, un libre-penseur acquis aux idées nouvelles; c'est un rationaliste qui veut soumettre tous les principes religieux à la raison humaine, et qui n'admet qu'en les discutant le surnaturel et les dogmes de la religion révélée; qui prend pour devise: *Tout par raison, Raison partout, Partout raison*, comme l'expression de ses idées politiques et religieuses. C'est donc un précurseur de la Réforme, qui devait éclater quelques années plus tard.

Telles étaient les dispositions d'esprit dans lesquelles se trouvait Gringore, lorsqu'il écrivit sa sottie et sa moralité. Soutenu secrètement par le roi Louis XII, encouragé par son entourage, excité par les légistes au milieu desquels il vivait, il ne craignit pas de mettre en scène la papauté et l'Église catholique, et de se livrer à une parodie qui rappelle les saturnales de la fête des Fous. Il fait plus, il monte sur les tréteaux avec des habits sacerdotaux, sous lesquels se cache le capuchon à oreilles d'âne, et joue lui même le rôle ridicule de Mère sotte, devant la populace, assemblée aux Halles, qui applaudit son langage.

> Je me dis Mère Saincte Église,
> Je veux bien que chascun le note;
> Je maulditz, anathematise,
> Mais soubz l'habit, pour ma devise,
> Porte l'habit de Mère sotte.

On le voit, il n'y a pas de doute possible, c'est bien *Mère Saincte Église*, notre mère spirituelle, que Gringore met en scène.

Nous sommes loin de l'ordonnance de 1402 du bon roi Charles VI; les temps sont bien changés. Le Parlement lui-même se tait, et nous serions surpris de son silence si nous ne savions que les audaces de Gringore ne l'exposaient à aucun danger. Il est manifeste que le poëte ne faisait pas de la politique bourgeoise à ses périls et risques, et qu'il était un instrument dans les mains du prince et pour servir ses desseins; à d'autres époques il eût payé de sa liberté, de sa vie même, ses théories politiques et religieuses.

C'est donc de la dernière évidence: le personnage de Mère sotte n'est introduit dans la pièce que pour parodier l'Église et la catholicité dans quelques-uns de leurs principes organiques et fondamentaux. La sottie du Mardi-Gras 1511 eut un succès retentissant, précisément à cause du sujet brûlant qu'elle abordait, de la tolérance du Parlement, des encouragements secrets de la cour, et de la prédisposition des esprits.

Gringore, nous l'avons dit, ayant rempli lui-même le rôle de Mère sotte, ce nom lui resta comme un sobriquet. Il fut, en quelque sorte, le souvenir de son audace et son illustration. Voilà pourquoi ce rôle paraît s'être incarné en lui, et voilà pourquoi cette devise philosophique: *Tout par raison, Raison partout, Partout raison*, accompagne toujours dans les œuvres de Gringore le portrait de Mère sotte, et en explique l'obscure allégorie.

Pour nous, tel est Gringore Mère sotte en 1511. Notre manière de voir, qui est nouvelle en ce point, paraîtra certainement trop hardie; mais nous la croyons juste, et nous espérons qu'elle sera partagée. Comme nous n'avons pas l'intention de faire une biographie de Gringore, nous ne chercherons pas s'il persista plus tard dans les opinions qu'il professait à cette époque et s'il revint à résipiscence.

Quoi qu'il en soit, il est facile de suivre, à l'aide de ce qui précède, la filiation qui existe entre les scandales et les orgies de la fête des Fous et les représentations des Enfants-Sans-Souci. Ce ne sont plus les Fous qui sont les acteurs, ce sont les Sots, ce qui revient au même. Le Pape des Fous, le Prince des Sots et Mère sotte, c'est le même personnage, quoique de sexes différents; c'est la même allégorie satirique, c'est le même dévergondage et la même parodie des actes de la papauté, du haut clergé et des principes organiques de l'Église; parodie stigmatisée en 1444 par la lettre circulaire de l'Université de Paris.

Comme écrivain, Gringore est fort discuté; d'après quelques auteurs, il serait, avec Villon, un des meilleurs poëtes de la fin du XV⁰ siècle; d'autres, au contraire, estiment que si ses écrits sont tombés pour la plupart dans un profond oubli, ils méritent ce dédain de la postérité.

Il y a une juste mesure à garder entre ces deux extrêmes. Gringore a produit beaucoup, beaucoup trop même, comme tous les écrivains de son temps. De même que dans Martial d'Auvergne et dans Clément Marot, il y a chez lui beaucoup à retenir, mais beaucoup plus encore à rejeter. Ses dissertations visant à la science et ses paraphrases des textes latins sont fatigantes à la lecture; mais on trouve souvent en lui des pensées vigoureuses, élevées, pleines d'audace, et des expressions énergiques. C'est, nous le répétons, un penseur, presque un savant, qui gagnera sans doute à être connu, si on se décide à imprimer toutes ses œuvres.

Enfin, pour terminer ce long châpitre, nous ne saurions trop le répéter : pendant près de deux siècles, les écoliers, les clercs du Palais, et plus tard les Enfants-Sans-Souci, furent les maîtres à peu près absolus du mouvement dramatique en France, en laissant de côté le drame religieux, dont ils ne furent les interprètes que très-accidentellement, en prêtant leur concours aux Confrères de la Passion. Eux seuls, par leur instruction, leur esprit, l'insouciance de leur âge, par le penchant à la satire si profondément inoculé dans notre sang gaulois, par leur naissance, par les intérêts sociaux de cette bourgeoisie dont ils étaient les représentants, eux seuls étaient capables de faire, par le théâtre, la critique des abus de l'époque, et de prendre en main la défense du menu peuple en face des classes prépondérantes.

La presse périodique n'existait pas alors, le théâtre était à la fois le journal et le pamphlet, et c'est par là que débutèrent Villon, Roger de Collerye, Henri Baude, Clément Marot et Gringore. Sans doute la présence de ces hommes célèbres dans les compagnies de cléricature et dans la société dramatique des bazochiens et des Enfants-Sans-Souci ne fut pas de longue durée. On n'était clerc que dans sa jeunesse, et cette jeunesse se prolongeait souvent au-delà de trente ans jusqu'à ce qu'on fût pourvu d'un office; mais, ce qui est indubitable, c'est qu'ils y ont laissé des traces ineffaçables de leur passage.

CHAPITRE NEUVIÈME

Les Enfants-Sans-Souci et la principauté de la Sottie. — Angoulevent Prince des Sots et premier chef de la Sottie. — Ses procès pour sa principauté et sa loge. — La plaidoirie de Peleus. — La sentence de François Miron. — Arrêts du Parlement. — Ce qu'était le théâtre des Bazochiens. — Farces et sotties. — La sottie de *L'Ancien Monde* au point de vue de la satire. — Le Cry de Gringore. — La Farce de *Maistre Pathelin*. — Elle est l'œuvre des clercs du Palais. — Sa date présumée. — Le Pathelin est antérieur à 1402. — Il contient deux comédies. — Le testament de Pathelin. — Étude de ces comédies au point de vue de la Bazoche. — Sont-elles des satires contre les avocats ? — Pierre Blanchet, Antoine de la Salle, auteurs présumés de Pathelin. — Où se passe l'action de ces pièces.

OUT ce que nous venons de dire des Enfants-Sans-Souci ne s'applique qu'à la première période de leur existence, celle pendant laquelle ils vécurent en communauté avec les clercs du Palais. En l'année 1548, ils achètent de Jean Rouvet une partie de l'hôtel de Bourgogne, et ils y installent une salle de spectacle avec les Confrères de la Passion.

Nous ne les suivrons pas dans cette seconde phase de leur vie aventureuse. Nous avons toujours renfermé le cadre de nos recherches dans des limites assez restreintes. Déterminer la participation des clercs du Palais, comme compagnie de judicature, au mouvement dramatique des XV⁰ et XVI⁰ siècles, tel a été notre but; nous n'avons pas eu d'autre ambition.

L'histoire du théâtre en dehors de ces données est pour nous d'un intérêt secondaire.

Une chose surprend lorsqu'on étudie cette matière, c'est qu'il faut aller dans les églises, dans les couvents, et au Palais de justice pour trouver les premières manifestations sérieuses du drame religieux et du drame profane. Les lieux et les personnes paraissent au premier abord se prêter peu aux divertissements de la scène; mais on est moins étonné lorsqu'on veut jeter un coup d'œil sur la société d'alors, et on comprend que les seuls interprètes du drame qui fussent possibles, étaient les écoliers de l'Université, les clercs du Palais, le bas clergé et les enfants de chœur, qui constituaient la partie la plus intelligente et la plus remuante de la jeunesse française.

Tant que les moralités, les farces et les sotties se joueront au Palais, sur la Table de marbre, nous nous occuperons de ces pièces, parce qu'elles auront pour interprètes les jeunes membres de la famille judiciaire; mais quand elles sortiront de cette enceinte, nous ne les suivrons plus.

Laissons donc les Enfants-Sans-Souci s'associer avec les Confrères de la Passion et se faire entrepreneurs de spectacles. Laissons-les payer *cent écus de rente à la recepte du Roy pour le logis*, et trois cents livres tournois de rente qu'ils *baillaient aux Enfants de la Trinité*, tant pour le service divin que pour *aultres nécessitez des paulvres ;* le droit des pauvres, on le voit, remonte assez haut. Laissons-les revendiquer pour le Prince des Sots le fief de Jonglerie et prétendre, à l'encontre de tous sauteurs et jongleurs fréquentant les foires et marchés, qu'ils ne pouvaient exercer leur profession et donner leurs spectacles sans permission, et au mépris des priviléges de l'association.

Le prévôt de Paris ayant accordé la permission de jouer à une troupe d'acteurs italiens, les Confrères de la Passion et les Enfants-Sans-Souci se plaignirent au Parlement et exposèrent dans une requête que certaines gens avaient depuis peu de jours « joué farces et jeux publics sans permission et exigé de chaque personne trois, quatre, six, sept et onze sols, *sommes excessives* et non accoustumées. » Le prévôt répondit qu'il avait accordé la permission sur la présentation de lettres closes du roi et sur son mandement. Le 15 octobre 1571, Albert Ganasse et ses compagnons italiens présentèrent à la chambre des vacations les lettres-patentes du roi par lesquelles il leur était permis de jouer publiquement tragédies et comédies; le Parlement renvoya jusqu'à la Saint-Martin pour statuer.

Il paraît que les Italiens, malgré la protection de Catherine de Médicis et l'autorisation royale, ne purent triompher de leurs adversaires.

Nous ne les suivrons pas dans leur nouvelle lutte avec une autre troupe d'Italiens, *li Gelosi*, qui, forts de la protection d'Henri III, obtinrent, malgré la résistance des Confrères de la Passion et des Enfants-Sans-Souci, malgré les défenses du Parlement, la permission de donner leurs spectacles. Le roi les avait fait venir de Venise à Blois, ou ils jouèrent pendant les Etats tenus dans cette ville. Ceci se passait en 1576 et 1577, et le journal de l'Etoile nous apprend que ces comédiens étrangers, *li Gelosi*, prenaient quatre sols par tête de tous les Français qui voulaient les voir jouer, et qu'il y avait telle affluence de peuple, que les quatre meilleurs prédicateurs de Paris n'en *avaient point ensemble autant quand ils preschaient. La corruption du temps étant telle que les farceurs, bouffons, p...... et mignons avaient tout le credit auprès du roi.*

Nous ne dirons qu'un mot des fameux procès des Enfants-Sans-Souci et de leur principauté de la Sottie, représentée par le sieur d'Angoulevent, *Prince des Sots et premier chef de la Sottie*, contre divers particuliers. Ces procès ont donné lieu à plusieurs sentences du prévôt et arrêts du Parlement qui ont été fort inexactement rapportés. Ces arrêts du Parlement sont les seuls, à notre connaissance, qui s'appliquent à la société des Enfants-Sans-Souci, les seuls qui prononcent les noms de Prince des Sots et de dignitaires de la société; à ce titre ils nous appartenaient. Du reste, un de ces procès fut plaidé par un des plus grands jurisconsultes de l'époque, Julien Peleus, et ils contiennent des traits de mœurs tellement curieux qu'on nous pardonnera notre courte digression.

Dépouillons donc ce dossier, dont nous avons les pièces sous les yeux, et faisons-le de manière à ne pas rebuter le lecteur.

Et d'abord, un mot du seigneur d'Angoulevent.

De même que Gringore avait été le chef le plus célèbre des Enfants-Sans-Souci, sous la première période, lorsque cette société se confondait avec celle des clercs du

Palais, et qu'il avait en quelque sorte illustré le nom de Mère sotte, de même le seigneur d'Angoulevent est le personnage le plus considérable de la deuxième période, celle de l'association des Enfants-Sans-Souci avec les Confrères de la Passion.

Le nom d'Angoulevent n'est qu'un sobriquet; on le trouve dans Rabelais (1), dans la Satire Ménippée (2), dans la confrérie joyeuse des Conards de Rouen, nom d'emprunt comme celui de Triboulet et de Turlupin; mais ici, de même que pour Gringore, il ne s'agit point d'un fou en titre d'office.

Nicolas Jobert ou Joubert se qualifiait sieur d'Angoulevent, valet de chambre du roi, Prince des Sots et premier chef de la Sottie, en l'Ile de France et hôtel de Bourgogne. Nous ne savons s'il faut croire à ce titre de valet de chambre du roi; nous sommes tenté de le prendre au sérieux. Gringore, devenu célèbre par ses écrits et son surnom de Mère sotte, ne fut-il pas appelé à la cour de Lorraine par le duc Antoine, qui le nomma héraut d'armes, sous le titre de Vaudemont ? Est-ce le même Angoulevent que l'on croit avoir été fou en titre d'office de Henri IV, et qui aurait été contemporain de maître Guillaume et de Chicot, ces deux fous accrédités à la cour ? Nous n'osons point nous prononcer : ce qui est certain, c'est que, nous le répétons, le nom d'Angoulevent était un sobriquet, et que maître Nicolas Joubert, se disant valet de chambre du roi, avait reçu des gratifications importantes de Henri IV, ce qui rend la chose probable.

(1) *Gargantua*, livre 1ᵉʳ, chap. 26.
(2) Voir les deux pages qui précèdent la *harangue de d'Aubray*.

Quoi qu'il en soit, admettons que Joubert, sieur d'Angoulevent, ait été un agent, un homme dévoué à Henri IV, comme Gringore l'avait été à Louis XII; nous savons que, comme lui, il est le chef suprême des Enfants-Sans-Souci. Suivons-le dans ses deux procès, qui sont très-distincts, bien qu'on les ait toujours confondus ; ils sont intéressants à plus d'un titre.

Dans la première affaire, il s'agit tout simplement d'une dette d'Angoulevent. Ce pauvre Prince des Sots, comme tous les Enfants-Sans-Souci, n'était pas un capitaliste, et il aurait pu ajouter à son surnom ceux de Plate-Bourse et de Malespargne, qui auraient donné une idée juste de sa solvabilité. Donc il devait à un nommé l'Enfant neuf vingt-dix livres; et, pour se libérer de cette somme, il lui avait cédé un titre qu'il tenait de la largesse du roi, une confiscation sur les biens immeubles d'une nommée Marguerite Chambrier, qui s'était pendue en Anjou. On sait qu'autrefois on appelait confiscation, l'adjudication, faite au profit du roi ou des hauts justiciers, des biens d'un homme condamné à mort. Il y avait lieu à confiscation, suivant les provinces, pour crime de lèse-majesté, pour crime d'hérésie et même pour le suicide. Or, cette confiscation avait été évaluée par le Parlement à cinq cents livres. Le créancier, qui, paraît-il, n'avait pu se la faire payer, poursuivait le pauvre Angoulevent. Il voulait le faire emprisonner pour dettes, et il avait saisi sa loge au théâtre de l'hôtel de Bourgogne. L'affaire avait été portée devant le prévôt qui avait donné raison au créancier. Sur l'appel d'Angoulevent, le débat fut porté devant le Parlement, et Peleus plaida pour le Prince des Sots. La plaidoirie de cet avocat, à défaut d'autre mérite, fut singulière, et il paraît qu'elle obtint un certain succès, car la sentence du prévôt fut réformée en partie.

Peleus, après avoir rappelé que son client avait bien le titre de Prince des Sots, puisque le Parlement, dans ses précédents arrêts, lui avait reconnu cette qualité, combat la contrainte par corps prononcée par le prévôt, en soutenant que le sieur d'Angoulevent avait agi sans discernement, en s'obligeant dans son contrat avec son créancier. « Toutes choses concourrent en cet homme, pour le rendre digne de sa principauté, car il est né et nourri au pays des grosses bêtes, il n'etudia jamais qu'en la philosophie cynique. C'est une teste creuse, une coucourde (1) esventée, c'est un cerveau desmonté qui n'a ni ressort, ni roue entière dans la tête, qui se change comme la lune; bref, il est si sot que l'on en pourrait faire le dieu des stoiciens, voila pourquoi son obligation par corps ne saurait subsister. »

Sur la saisie de la loge, l'avocat rappelle que le Prince des Sots préside aux jeux publics, et que le théâtre des plaisirs du roi et du peuple est sa principauté; qu'il est le président, le prince et le monarque des joueurs, comédiens et farceurs, auxquels il donne l'âme et le mouvement; que sa loge dépend de sa souveraineté et principauté; qu'on ne peut l'en priver et l'emprisonner, *sans porter atteinte au service du roi et du public*, que la présidence des jeux n'est pas une chose vile, qu'elle est digne d'être entourée des plus grands priviléges, et que le domaine d'une principauté ne se peut saisir, etc...

(1) Courge, citrouille.

Le créancier l'Enfant, réclamant ses cent quatre-vingtdix livres pour avoir donné à dîner et à souper à Angoulevent, Peleus ne craint pas de dire que la créance étant prescrite par six mois, il ne pouvait rien réclamer; qu'au surplus, le Prince des Sots étant aussi le prince des fripons, le monarque des goinfres, a partout *sa lippée franche*, et n'est jamais obligé à personne pour *la gueule*.

On le voit, Peleus entre en plein dans les théories de Villon, sur les repues franches des Galants-Sans-Souci; et ces théories réussirent assez bien auprès de la cour, car elle réforma la sentence du prévôt; et, tout en maintenant la condamnation en paiement de la somme, déchargea Angoulevent de la contrainte par corps et donna main levée de la saisie de la loge.

Après cette décision rendue, à la vérité, sur plaidoiries du Mardi-Gras, cause grasse du 19 février 1608, il ne resta à l'Enfant que la consolation d'avoir un arrêt contre le Prince des Sots; mais quant aux moyens de le faire exécuter contre son débiteur, ce dut être pour lui chose fort difficile.

Le second procès d'Angoulevent est beaucoup moins vulgaire, beaucoup moins terre à terre que le premier. C'est une singularité judiciaire de plus à ajouter à tant d'autres, qui témoignent, sinon de l'ingénuité des magistrats de l'époque, tout au moins de leur manie d'intervenir en tout, même en les choses les plus futiles et les moins dignes du sérieux de leur fonction. Ce procès, qui fut longuement et gravement plaidé pour le sieur d'Angoulevent, est une véritable perle, un objet d'art en quelque sorte.

C'était le 12 novembre 1604; un sieur Maclou Poulet,

prenant qualité de seigneur et Guidon de la Sottie, et Nicolas Arnaut, se disant aussi seigneur et Hérault de ladite Sottie, présentèrent requête au prévôt de Paris, à l'encontre de noble homme Nicolas Jobert, sieur d'Angoulevent, valet de chambre du roi, Prince des Sots, et premier chef de la Sottie, etc.... dans laquelle requête ils demandaient qu'il fût « ordonné que le sieur d'Angoulevent serait tenu promptement de prendre jour pour faire *entrée sotte* en cette ville de Paris, et, pour ce, faire la convocation et assemblée ordinaire, y despendre largesses, et faire toutes autres cérémonies accoutumées, et faute de ce faire, qu'il serait degradé de la Sottie, dejecté de la principauté, et qu'en son lieu il serait pourvu d'un autre par élection, defenses à lui à l'advenir de s'attribuer la qualité de Prince des Sots et en recevoir les droicts et emoluments. »

Angoulevent ne se laissa point intimider par cette demande; il répondit à ses adversaires par de longues conclusions qui peuvent se résumer ainsi : Avant d'être admis à plaider contre votre Prince, justifiez d'abord de vos qualités de Guidon et de Héraut de la Sottie, montrez-moi vos titres, brevets et réception à ces dignités, et quand vous aurez satisfait à cette première exception vous me montrerez les statuts et titres en vertu desquels vous prétendez que je suis obligé de faire *entrée sotte* dans Paris.

Mais le prévôt, après avoir donné la parole aux gens du roi, après avoir entendu les parties en leurs plaidoiries et répliques,

« Condamne Angoulevent à faire son entrée en habits décents, au premier mai prochain, par les lieux, portes et places ordinaires, avec ses officiers, suppôts et sujets que nous lui permettons de faire appeler par le premier de ses héraults, huissiers ou bedeaux. Auxquels officiers, sujets et suppôts, est enjoint de se trouver aux lieux et places qui leur seront ordonnés, et lui rendre les honneurs qui lui sont dûs. »

Le prévôt ne s'en tient pas là, et sa sentence statue sur bien d'autres points.

« Il ordonne que tous les dignitaires de la Sottie les plus éminents, marquis, comtes, barons et gentils-hommes tiendront fidèle registre des membres présents. »

« Il autorise Angoulevent, Prince des Sots, à vendre et à engager tous ses biens, meubles et immeubles pour faire les frais de son entrée du mois de mai. »

Et faute par ce pauvre diable de Prince, de s'être conformé à la décision du prévôt, la principauté des Sots est déclarée *tombée en commise, vacante et impetrable par personne plus capable que ledit Angoulevent*, lequel sera rayé des registres et matricules des Sots.

Défenses furent faites par cette mémorable sentence à toutes personnes de reconnaître Angoulevent en sa qualité de Prince, de lui rendre honneur et respect. Elle ordonnait en outre que les portes de sa loge à l'hôtel de Bourgogne lui seraient fermées, ladite loge donnée à son successeur, ses armes abattues, ses chancelier, avocats et conseillers rayés sur l'état de ses gages, défenses à eux de se qualifier à l'avenir ses officiers, ni *se servir de marottes et chapperons qui leur ont été par lui baillez*, etc... (1).

---

(1) Cette sentence est du samedi 19 mars 1605; elle fut rendue par François Miron, sieur du Tremblay, prévôt des marchands.

Il est inutile d'ajouter que le Prince condamné interjeta appel de la sentence du prévôt des marchands. L'affaire traîna longtemps, paraît-il ; les maîtres de la confrérie de la Passion, qui étaient alors Valérien Lecomte et Jacques Resneau, intervinrent dans la cause, ainsi que les administrateurs de l'hôtel de Bourgogne, et poursuivirent Angoulevent pour obtenir la déchéance de son titre de Prince des Sots, et firent cause commune avec Maclou Poulet et Nicolas Arnaut.

La Bazoche du Palais fut à son tour saisie de l'affaire, ce qui démontre bien ses relations intimes avec les Enfants-Sans-Souci ; elle rendit un arrêt en faveur d'Angoulevent, qu'elle qualifie de valet de chambre du roi et de Prince des Sots, etc. (1).

On le voit, le procès prenait des proportions énormes, il préoccupait la cour et la ville. Ce ne fut que plus de trois ans après la décision du prévôt, qu'intervint l'arrêt du Parlement.

Nous ne croyons pas que Nicolas Joubert ait été défendu à la cour par Peleus, car le plaidoyer que nous avons sous les yeux, porte pour titre : *Plaidoyé pour la défense du Prince des Sots*, par L. V. (1). Du reste, la chose importe peu.

Pour combattre la prétention de Maclou Poulet et de Nicolas Arnaut, l'avocat leur contestait, comme devant le prévôt, leur qualité de Guidon et de Hérault de la

---

(1) *Arrêt du Royaume de la Baçoche donné au profit du sieur Dangoulevent, valet de chambre du roi, Prince des Sots*. 1607, pet. in-8 de 8 pp.

(1) *Plaidoyé pour la déffence du Prince des Sots*. Paris, Nicolas Rousset. 1617, pet. in-8, de 16 pp.

Sottie : « Vous n'êtes que deux membres de cette immense principauté; tous les autres confrères, leur disait-il, sots, sotelets, seigneurs, barons, marquis, pères sots et mères sottes (1) vous délaissent et vous désavouent en cette poursuite; il faudrait que vous fussiez les deux tiers et tout le corps de la Sottie, etc... Vous ne pouvez comme sujets disputer au Prince sa principauté; vous l'outragez, alors que vous lui devez honneur et révérence. »

Le défenseur d'Angoulevent prenant ses adversaires à partie, leur reproche leurs *exactions et pillements*, leur vilenie et indignité « car si le droit des romains punissait de mort ceux qui perdaient leurs armes, de quel supplice jugerez-vous condamnable ce Herault et ce Guidon, qui ont porté, joué et engagé à la taverne, la casaque et l'enseigne de sottise. »

L'analyse complète de ce plaidoyer nous mènerait trop loin. On voit le ton acerbe de l'avocat contre ses adversaires, et son attitude, plus respectueuse pour son client, que ne l'avait été celle de Peleus dans la précédente affaire.

Tout alla si bien, qu'Angoulevent triompha sur son appel et fut maintenu dans sa principauté de la Sottie, par arrêt du 19 juillet 1608.

Cet arrêt, après avoir rappelé les nombreuses décisions du Parlement sur les divers incidents de cette affaire, et sur d'autres, en faveur de Nicolas Joubert, suivant arrêts des 2 et 27 octobre 1604, 5 février 1606, et enfin, l'arrêt sur le procès avec l'Enfant, du 19 février 1608;

Ordonne à nouveau l'exécution de ces divers arrêts;

---

(1) Pères sots et mères sottes sont ici de simples suppôts du Prince des Sots et non des dignitaires de la société.

Maintient et garde Nicolas Joubert, en la possession et jouissance de sa principauté des Sots et des droits appartenant à icelle;

Et, statuant à l'égard de toutes les parties, à savoir le Guidon et Hérault de la Sottie, Valérien Lecomte, comédien au théâtre de l'hôtel de Bourgogne, Jacques Resneau ou Rameau, et les maistres dudit hôtel de Bourgogne intimés et défendeurs;

Reconnaît au Prince des Sots le droit d'entrée par la grande porte dudit hôtel de Bourgogne, sa présence aux assemblées qui s'y feront par les maîtres et administrateurs, et la jouissance de sa loge;

Condamne lesdits administrateurs de l'hôtel, à lui en rendre et restituer les fruits depuis son installation; leur fait défenses de le troubler et empêcher en la possession et jouissance de ses droits, *de lui mesfaire, mesdire, ni injurier* sur peine de punition;

Condamne les administrateurs de l'hôtel de Bourgogne, à 80 livres parisis d'amende envers Angoulevent, et à 4 livres parisis pour les pauvres;

Décharge le Prince des Sots de faire son entrée en cette ville de Paris, jusques à ce que par la cour autrement en ait été ordonné;

Condamne les administrateurs de l'hôtel de Bourgogne aux dépens (1).

Tels furent les deux grands procès d'Angoulevent, dans lesquels la principauté de la Sottie et sa loge à l'hôtel de Bourgogne furent en jeu. Il ne nous est resté que les deux arrêts qui statuent *in terminis*.

(1) Cet arrêt, important pour l'histoire du théâtre, est rapporté au tome v de l'*Histoire de la ville de Paris*, par Félibien, page 44.

Ces mémorables débats engagés pour des choses si futiles, donnèrent lieu à une foule de publications, tant en vers qu'en prose, parmi lesquelles on peut citer les *Satires contre l'Archi-Sot* (1), *le Légat testamentaire du Prince des Sots à M. d'Acreigne, Tullois, advocat au Parlement...* etc. (2).

Si nous en avons parlé aussi longuement, c'est que ces débats sont très-mal connus, et qu'on attribue en général à la seconde affaire la plaidoirie de Peleus qui fut prononcée dans la première, sur la créance de l'Enfant, la confiscation de Marguerite Chambrier, et la saisie de la loge, et qu'on fait un seul et même procès de ces deux contestations bien différentes.

Revenons à nos farces et sotties représentées sous Louis XII, et sous François Ier, et laissons en paix Angoulevent, le Prince des Sots.

Il nous importe peu de savoir si Tabarin, Brioché, Bobèche, Gauthier-Garguille, Gros Guillaume, et tous les farceurs du Pont-Neuf jusqu'à Mondor, ont été ses tributaires, ses vassaux, avant d'être ses continuateurs. Pour nous, au moment de la séparation des deux sociétés, la comédie était née depuis longtemps. L'influence de Rabelais avait été considérable sur ses contemporains. La scène s'était transformée, la poésie avait emprunté à la satire une allure plus vive et plus assurée. Sur la bouche moqueuse du comédien, dans son regard effronté, on trouve encore le cynisme des *repues franches*, une

---

(1) *L'Archi-Sot, écho satyrique*, 1603, in-8. Cette pièce a été reproduite dans la collection Jannet. *Variétés historiques*, t. VII, p. 37.

(2) *Légat testamentaire..* etc., in-8 : 8 pp, s. l. ni d. pièces reproduites dans la collection Jannet, *Var. hist*, t. III, p. 353.

absence presque totale de tout sentiment de décence et de pudeur ; mais, sous ce matérialisme de taverne, on entend un rire franc et large, une moquerie spirituelle dans sa familiarité. Il semble que le génie du caractère français se soit révélé tout à coup, spontanément et sans préparation.

Nous n'irons pas chercher non plus ce que fut la société des Enfants-Sans-Souci en province, et si l'origine de la Mère folle de Dijon doit être fixée vers 1381, comme le veut Menestrier (1), ou si la société joyeuse dont elle était le chef, est contemporaine, quant à sa fondation, de celle de Paris, et s'il faut aussi lui assigner pour date l'année 1402. Nous n'aurions qu'une chose à retenir de cet examen, c'est qu'à Dijon, comme à Paris, la sottie fut son spectacle de prédilection. Ces spectacles se donnaient tous les ans, au carnaval, et les personnes de qualité, déguisées en vignerons, chantaient, sur des chariots, des chansons satiriques contre les mœurs du temps. C'étaient bien là les invectives, les sottises qui rappelaient les *plaustra injuriarum* des anciens.

Examinons donc ce qu'étaient les farces et les sotties au XVI° siècle: elles ne sont plus exclusivement des parodies, elles sont arrivées à leur dernière transformation ; elles ne se bornent plus aux scènes de famille, aux mésaventures du mari trompé ; elles se signalent par la vivacité de leurs attaques contre la royauté, l'église, la noblesse, la magistrature, en un mot contre tous les grands corps de l'État. La politique se met souvent

---

(1) Menestrier, *Des ballets anciens et modernes, selon les règles du théâtre*, Paris, 1685, p. 52.

de la partie; les aspirations de liberté, d'émancipation et d'indépendance s'y trouvent à chaque pas, et si les idées nouvelles se produisaient avec plus de calme et d'autorité dans les écrits des penseurs, des poëtes et des historiens, sur le théâtre des clercs du Palais elles avaient une influence plus directe sur les masses, parce qu'elles empruntaient le langage qui était à la portée de tous et qu'elles se vulgarisaient dans toutes les classes par la représentation.

Une sottie des plus curieuses est celle de l'*Ancien-Monde*.

L'Ancien-Monde se plaint que rien ne va plus ici-bas :

C'est grand' pitié que de ce pourre monde.

Abus vient, qui l'endort et qui gouverne à sa place, avec Sot-Dissolu, Sot-Glorieux, Sot-Corrompu, Sot-Trompeur, Sot-Ignorant et Sotte-Folle, personnages allégoriques représentant le clergé, la noblesse, les hommes de loi, le commerce, etc.

SOT-DISSOLU, *habillé en homme d'église.*

Voule, voule, voule, voule, voule,
Ay, ha, ha, toy, toy; voule, voule,
Ribleurs (1), chasseurs, joueurs, gormens :
Et aultres gens plains de tormens,
Seigneurs dissolutz, appostates,
Yvrognes, napleuz (2) à grans hastes,
Venez, car vostre prince est né.

SOT-GLORIEUX.

A l'assault, à l'assault, à l'assault, à l'assault,
A cheval, sus en point, en armes.

(1) Voleurs.
(2) Attaqués du mal de Naples.

Je ferai plourer maintes larmes
A ces gros villains de villaige.

SOT-CORROMPU

Procureurs, advocatz, procureurs, advocats.

Sot-Glorieux représente ici les seigneurs qui guerroyaient sans cesse avec leurs voisins et qui opprimaient leurs vassaux. *Je ferai plourer maintes larmes*, est un joli vers; l'auteur probablement ne s'en doutait pas quand il l'écrivit.

Tous ces personnages se mettent à reconstruire un nouveau monde qui doit être supporté par des piliers. On commence par celui de Sot-Dissolu, c'est-à-dire par celui de l'Église. On veut y placer d'abord Dévotion, qui ne convient pas, et qui est remplacée par Hypocrisie, puis par Chasteté; mais rien ne peut tenir, tout tombe; enfin il s'achève après de nombreux essais.

Le rôle de Sot-Glorieux, ou plutôt de la noblesse, est peut-être encore plus violent par l'audace de la critique. Il ne faut pas perdre de vue que cette pièce se jouait sous un monarque qui favorisait par calcul les représentations théâtrales:

Libéralité interdite
Est aux nobles par avarice;
Le chief mesme y est propice,
Et les subjects sont si marchans
Qu'ilz se font laiz, sales marchans;
Nobles suyvent la torcherie (1).

Le chief mesme y est propice. Ce vers s'adressait à Louis XII, qui ne se fâcha pas:

« J'aime mieux les faire rire avec mon avarice que si mes dépenses les faisaient pleurer. »

---

(1) *Pillerie, torcherie,* signifiaient pillage et bataille.

L'avarice de Louis XII était plutôt l'économie avec laquelle il administrait les finances de l'État. Cette critique est un trait qui l'honore plus encore que son indulgence pour les bazochiens.

Le pilier de la Justice, représenté par Sot-Corrompu, est construit de la même manière que les précédents. Abus, s'adressant à lui : *Voicy votre tour. — Prenez Justice pour en établir le fondement*, dit Sot-Corrompu.

ABUS

Si très fort a esté cassé,
Qu'il ne tient ne à chau, ne à sable.

Employez Corruption de préférence. — Mais où la trouver ? où loge-t-elle ?

Mais au Palais, à la grant salle,
C'est le lieu où plus a fiance.
Tiendroit-elle point audience
Avec les chapperons fourrez ?
Dieu ! que par eulx sont maintz fois raiz,
Sans rasoir, sans eau et sans pigne !...

La justice ecclésiastique n'était pas plus à l'abri que les tribunaux séculiers :

Quelqu'un voulsit couper l'aureilhe
A Corruption bien sommere (1),
Mais en passant par l'ordinaire,
Et allégant qu'estoit clergesse,
De logiz trouva grant largesse
Par toute l'officialité... etc.

Le Parlement ne pouvait rien dire : le roi supportait personnellement la satire, il fallait que tout le monde

---

(1) De fort près.

l'endurât. C'est sans doute à la suite de la représentation de cette pièce que des plaintes furent portées à Louis XII. Nous savons la réponse qu'il y fit.

Cette sottie est, à juste titre, considérée comme une des plus remarquables de celles qui sont connues. Elle avait été quelque temps attribuée à Gringore; puis elle lui fut contestée. Il se peut qu'elle ait été composée par les clercs du Palais ou par les Enfants-Sans-Souci.

Les représentations des Enfants-Sans-Souci se tenaient au Palais, au Châtelet et aux Halles; elles s'annonçaient, nous l'avons dit, par un *cry* ou proclamation fait, quelques jours à l'avance, dans les rues de Paris.

La représentation des trois pièces de Gringore, donnée en 1511, fut annoncée par un *cry* qui nous a été conservé. En voici quelques vers (1) :

>   Sotz lunatiques, sotz estourdis, sotz sages,
>   Sotz de villes, sotz de chasteaux, de villages,
>   Sotz rassotez, sotz nyais, sotz subtils,
>   Sotz amoureux, sotz privez, sotz sauvages,
>   Sotz vieux, nouveaux et sotz de toutes ages,
>   Sotz barbares, estranges et gentils,
>   Sotz raisonnables, sotz pervers, sotz retifs,
>   Vostre Prince, sans nulles intervalles,
>   Le mardy gras, jouera ses jeux aux Halles.

Les farces sont plus spécialement du domaine de la Bazoche; leur titre est presque toujours accompagné d'une des épithètes suivantes : *joyeuse, très-bonne et très-joyeuse, fabuleuse, enfarinée, morale, récréative, facétieuse, badine, française, nouvelle.*

---

(1) On trouvera la pièce tout entière, dans les œuvres de Gringore, édition Jannet, tome 1er, page 201.

La meilleure de toutes, celle qui est considérée comme le chef-d'œuvre du théâtre avant Corneille, est la farce de *Maître Pathelin*.

Cette comédie, par cela même qu'elle est regardée comme l'œuvre la plus importante et la plus estimée de l'ancien théâtre français, est devenue, en quelque sorte, le champ de bataille où se sont donné rendez-vous les érudits et les écrivains qui s'occupent des origines du théâtre français ; tout, en elle, a été matière à discussion, depuis l'époque où elle a été composée, l'orthographe du mot Pathelin, jusqu'au nom de ses auteurs présumés. Cette comédie a été attribuée successivement à Guillaume de Lorris, à Villon, à Pierre Blanchet, et, en dernier lieu, à Antoine de la Salle, auteur du roman du *Petit Jehan de Saintré*.

Ce que nous connaissons des clercs du Palais peut nous autoriser à être d'une opinion, sinon tout à fait contraire à celles qui ont été acceptées jusqu'à ce jour, du moins différente sur plusieurs points importants. Nous ne surprendrons personne en disant que la farce de *Maître Pathelin*, ainsi que son *Testament*, doivent être considérés comme des œuvres de la communauté des clercs de la Bazoche ou d'une compagnie de judicature.

Cette farce, d'une longueur inusitée, se compose, nous le croyons, de deux comédies distinctes, dont l'une a dû être composée sous le roi Jean, et la seconde sous Charles VI. Plus tard, elles subirent diverses transformations, et furent réunies en une seule. Dès lors, soit qu'on l'attribue à Pierre Blanchet ou à Antoine de la Salle, pour nous ces écrivains ne doivent être considérés que comme ayant accompli un travail de refonte ou de rajeunissement.

Nous conserverons à *Pathelin* l'orthographe qui lui a été donnée dans les anciennes éditions, et nous l'écrirons avec un h. Pathelin est un nom propre transformé, altéré, défiguré. Nous voyons dans son *Testament* un nom de procureur, ou plutôt d'attourné, qui a beaucoup d'analogie avec celui-ci :

> Fut présent Mathelin le sourt,
> Attourné de Gauthier faict nyent.

De Pathelin à Mathelin la différence n'est pas grande : la première lettre seulement est changée. Mathelin veut dire Mathurin dans le vieux langage. Pathelin est-il une altération du même mot? N'est-il qu'un prénom? Dans le *Testament* il paraît être pris dans ce sens :

> Désormais je suis un vieillard
> Nommé Pathelin Patroullart.

Les clercs de la Bazoche commencèrent à s'attirer les rigueurs du Parlement sous Louis XI, en 1442, peut-être même bien avant; mais s'ensuit-il de là qu'ils n'aient commencé à jouer leurs pièces que vers cette époque? Il est certain, nous l'avons dit, qu'ils jouaient la comédie depuis longtemps; ils étaient même acteurs dans les mystères qui se donnaient à l'entrée des princes. Ils jouèrent d'abord leurs comédies ou farces dans l'enceinte du Palais, non pas publiquement, mais comme amusement particulier, comme récréation. L'action dramatique de leur communauté se divise en deux périodes : la première, qui embrasse presque tout le XIV° siècle, ne nous offre que des représentations particulières, non publiques, des amusements d'écoliers ; la seconde, que l'on fera partir du commencement du XV° siècle, est celle où les farces et les sotties, comme les mystères, deviennent un spectacle public salarié, une spéculation des Enfants-Sans-Souci.

Les religieux avaient, eux aussi, commencé à jouer les mystères dans le silence de leurs cloîtres. Les collégiens jouaient sous Louis XII et sous François 1er. Jodelle avait fait jouer la tragédie de Cléopâtre, en 1552, au collége de Boncourt. *Esther* et *Athalie* furent représentées, par ordre de Mme de Maintenon, dans l'établissement des demoiselles de Saint-Cyr. Aujourd'hui encore les distributions des prix commencent par un spectacle. La coutume, on le voit, date de loin.

L'ordonnance de 1402 ne décide rien quant à l'origine des mystères et des moralités. Nous nous sommes expliqué au chapitre précédent sur le sens à donner à l'ordonnance de Charles VI. Non-seulement cette ordonnance ne prouve rien quant à l'origine des mystères, mais encore elle implique nécessairement l'existence des farces et des sotties.

En effet, une chose frappe à sa lecture : le roi Charles VI, après avoir accordé aux Confrères de la Passion l'autorisation qu'ils demandent, prend une précaution qui ne peut plus nous étonner.

« Présens à ce troiz, deux ou l'un d'eulx qu'ils vouldront eslire de noz officiers, sans pour ce commettre offense aucune envers nous et justice. »

Cette disposition semblerait annoncer que ce monarque redoutait des attaques contre sa personne et contre la justice; or ce n'est pas dans les mystères du XIVe siècle qu'il faut les chercher; c'est plutôt dans les jeux des clercs du Palais, dans les sotties des Enfants-Sans-Souci. Robert de Thuillères, le lieutenant du prévôt, dans le permis qu'il délivre au gouverneur de la confrérie, n'oublie pas de désigner Jehan le Pillent, sergent de la douzaine, et Jehan Savenal, sergent à verge, *pour estre presens avec eulx en ceste presente année;* d'où l'on peut conclure que les attaques contre la royauté et contre les grands corps de l'État s'étaient produites en diverses circonstances et assez souvent pour que l'autorité royale ait cru devoir prendre, dès 1402, des mesures de précaution. Ne peut-on pas admettre que cette autorisation, qui était absolument nécessaire pour la représentation des mystères, ne l'était pas pour les comédies, farces ou sotties, et n'est-on pas surpris de cette circonstance que, vers le milieu du XVIe siècle, le Parlement se soit cru obligé d'interdire aux Confrères de la Passion la représentation des mystères, alors qu'il supportait celle des autres genres de productions dramatiques sur lesquels il exerçait une surveillance et qu'il soumettait à la censure? Ces mesures exceptionnelles, à ces deux époques, sont cependant significatives. L'autorisation, comme la défense, s'appliquait seulement aux représentations ayant un caractère religieux, et, quoique opposées en apparence, elles s'expliquent l'une par l'autre.

Au surplus, M. Littré, de l'Institut, dans une étude savante, publiée dans la *Revue des Deux-Mondes* (1), à propos des recherches de M. Génin sur la comédie et l'auteur de *Pathelin*, fait remarquer avec raison que, dès le XIVe siècle, les comédies se jouaient déjà, et qu'Oresme, sous Charles V, en constatait l'existence quand il disait dans son *Éthique:*

(1) Voir le numéro du 15 juillet 1855, page 355.

« Et ce peut assez aparoir par les comédies des anciens et par celles que l'on fait à présent. »

S'il faut en croire Chorier, en 1385, les comédies entraient dans le programme des réjouissances publiques. Voici ce qu'il dit dans son *Histoire de Dauphiné* en parlant de l'entrée de Charles VI à Vienne :

« Une des principales marques de la joie publique dans ces occasions étoient des *représentations comiques*, que l'on disposoit en divers lieux où des théâtres étoient dressés à ce sujet. On habilloit même bizarrement diverses personnes, qui marchoient devant les grands en disant des choses facétieuses et faisant des gesticulations ridicules pour les divertir. Rien de cela ne fut négligé à l'entrée du roi (1). »

M. Magnin, dont l'opinion fait autorité en cette matière, estime que la comédie de *Pathelin* date de la fin du XIV° siècle.

L'action de *Pathelin* se passait sous le roi Jean ; la preuve la voici :

PATHELIN

J'en prendray six tout rondement.

LE DRAPPIER

A vingt et quatre solz chacune,
Les six, neuf francs.

PATHELIN

Hen! c'est pour une :
Ce sont six escus. . . . .

LE DRAPPIER

Neuf francs m'y faut ou six escus.

---

(1) Chorier, *Histoire générale de Dauphiné*, in-fol., t. ii, 1672, page 387.

Ces trois valeurs équivalentes : six aunes, six écus, neuf francs, prouvent que l'écu vaut 24 sols, et le franc 16 sols. Si l'on cherche à quelle époque correspondent ces valeurs, on trouve que c'est de 1356 à 1360, sous le roi Jean (1).

L'action est postérieure au roi Jean ; elle doit être fixée sous Charles VI :

LE BERGER
Je ne vous payeray point en soulz
Mais en bel or à la couronne,

dit Aignelet à Pathelin. L'écu d'or, l'écu couronné, n'ont commencé d'être frappés que sous Charles VI, vers 1384 ; donc, c'est à cette époque que doit être fixée la date de l'action. M. Magnin paraît incliner pour cette date.

« Je pense que la *Farce de Pathelin* a été écrite précisément à l'époque où parlent et agissent les personnages, c'est-à-dire après 1384, lorsque les bons écus d'or à la couronne, qui venaient de remplacer les monnaies altérées et si décriées du roi Jean, étaient dans toute leur nouveauté et jouissaient de la faveur publique. »

M. Génin croit que la comédie de *Pathelin* aurait été écrite par l'auteur du *Petit Jehan de Saintré*, vers le milieu du XVᵉ siècle. Antoine de la Salle aurait, comme dans son roman, reculé d'un siècle l'action de sa comédie pour éviter les rigueurs du Parlement en mettant sur la scène un avocat d'une autre époque. La principale raison donnée par M. Génin, est que l'histoire des premiers

---

(1) Voir l'édition de *Pathelin*, publiée par M. Génin. — Paris, Chamerot, 1854.

établissements dramatiques remonte à 1398, époque des essais des Confrères de la Passion, et que, par conséquent, il ne faut pas chercher les farces et les sotties au delà de 1402, date de l'ordonnance de Charles VI, qui ne parle que des mystères. Nous avons suffisamment combattu cette argumentation, et démontré que si l'on devait chercher dans cette ordonnance autre chose que la date où les mystères deviennent une spéculation, on tombait dans une erreur grave, résultat d'un faux point de départ.

M. Magnin, au surplus, a répondu victorieusement; et à ses arguments, selon nous sans réplique, on peut en ajouter un autre, de M. Littré, qui n'a pas moins de valeur :

« Mais, d'un autre côté, comment croire que dans une farce, dans une pièce populaire par excellence, on s'avise d'évaluer les choses non pas en monnaie courante, mais en monnaie tombée en désuétude depuis près d'un siècle? Comment les spectateurs doivent-ils savoir que cela rappelait justement le roi Jean? Je ne puis, je l'avoue, passer là-dessus. Je suis conduit à l'une ou à l'autre de ces deux alternatives : ou bien il y avait une vieille farce, un vieux fabliau composé sous le roi Jean, et usant, par conséquent, des monnaies de ce temps, lequel a été rajeuni dans le XVe siècle sans qu'on ait changé les termes du marché entre Pathelin et le drapier, ou bien l'opinion de Pasquier est véritable, » etc. (1).....

Les clercs du Palais existaient à l'état de commu-

---

(1) Voir l'article publié par M. Littré, dans la *Revue des Deux-Mondes*.

nauté depuis le commencement du XIVᵉ siècle. Ils n'avaient pas, comme les Confrères de la Passion, à demander des licences à Charles VI; leur existence avait été reconnue ou tolérée par les rois de France, depuis Philippe le Bel, et par le Parlement. Leur société n'était pas une création nouvelle comme celle des Confrères de la Passion. Au surplus, leurs divertissements et leurs jeux ne touchaient en rien au drame hiératique.

La farce de *Maître Pierre Pathelin* est donc, suivant nous, l'œuvre des clercs de la Bazoche ou des Enfants-Sans-Souci, si l'on considère cette dernière société comme ne faisant qu'une avec celle des clercs du Châtelet ou du Palais. Nous en avons pour preuve ces nombreux traits qui dénotent une habitude, une sorte de familiarité avec les mœurs judiciaires; ces observations qui ne peuvent être faites que par des praticiens ou des hommes de loi, observations qui nous font croire que le *Pathelin* a pris le jour dans une des compagnies de judicature du moyen âge.

« Cette charmante comédie, dit M. Magnin, a dû, si je ne me trompe, faire partie du premier répertoire des Enfants-Sans-Souci, rivaux alors des clercs de la Bazoche. »

Nous admettons l'opinion de M. Magnin, si on nous accorde que la société des Enfants-Sans-Souci était une communauté de clercs. Nous sommes même disposé à croire que le Pape des Fous abdiqua son pouvoir entre les mains du Prince de la Sottie, son successeur, et qu'il devint, au XVᵉ siècle, le maître des jeux des clercs du Châtelet.

Un pauvre hère, une espèce de courtier, avocat de

village, habitant les environs de Paris, un clerc ou un suppôt de la Bazoche, si l'on veut, a servi de modèle à ses compagnons pour faire de Pathelin une de ces figures typiques telles qu'on en rencontre à toutes les époques et à tous les âges. Pathelin est devenu un terme générique; son nom est resté célèbre comme celui de Paillasse, de Polichinelle, et comme, de nos jours, celui de Mayeux et de Robert Macaire. La première comédie des clercs du Palais ou des Enfants-Sans-Souci, et cela devait être, fut une satire personnelle contre un des leurs, légiste de bas étage, praticien effronté, voleur par tempérament et par nécessité. Pathelin est un nom propre ou un prénom travestis; celui qui le portait était ou un agent d'affaires de province, ou un de ces légistes de circonstance qui s'abattirent sur le Palais de Justice à l'organisation du Parlement, et qui profitèrent des hésitations et des embarras d'une institution nouvelle pour rançonner le plaideur qui avait le malheur de tomber entre leurs mains. Le vol adroit des aunes de drap, l'habileté déployée par Pathelin, sa maladie feinte lorsque le drapier lui réclame le prix de sa marchandise, forment le premier acte de cette comédie, ou, plutôt, la première comédie elle-même, celle dont on peut faire remonter la date au roi Jean. Cette première comédie n'est pas la meilleure, mais elle est la plus célèbre. C'est elle qui nous fait connaître le *pathelinois*, soit que ce mot s'applique aux discours mielleux et trompeurs de l'avocat achetant son drap, soit qu'avec Rabelais il désigne le langage inintelligible et barbare du débiteur feignant d'être malade pour tromper son créancier. La seconde, qui se compose des conseils donnés à Aignelet, de la plaidoirie devant le juge, du trouble du drapier en présence des deux trompeurs qui s'entendent pour le dépouiller, a été faite après la première. Sa date, moins ancienne, doit être portée vers 1384, sous le roi Charles VI. Ces deux comédies ne sont autre chose qu'une satire personnelle dirigée par les bazochiens contre un ou plusieurs individus qu'ils connaissaient, qu'ils voyaient journellement et qui vivaient au milieu d'eux. Le sujet n'était point inventé ; ce n'était pas une création imaginaire, mais des portraits d'après nature : la comédie, à cette époque, ne pouvait aller au delà.

La farce de Pathelin est tellement connue, elle a été si souvent l'objet des recherches et des analyses, qu'il semble que tout a été dit sur elle; ce pendant, en l'examinant au point de vue de la Bazoche, on en fera peut-être sortir des aperçus nouveaux.

Et d'abord, la farce de Pathelin est-elle une critique dirigée contre les avocats? Nous ne le pensons pas. Sans doute, cette double comédie forme, avec le *Testament de Pathelin*, une sorte de trilogie facile à saisir : dans la première partie, on voit le voleur qui dérobe le drap du marchand et qui feint une maladie pour se soustraire au paiement ; dans la seconde, le fripon se montre dans l'exercice de la profession d'avocat; enfin, dans la troisième ou dans le *Testament*, on assiste à la fin de la carrière de cet homme taré, qui, après avoir commis les actions les plus viles, devient magistrat, et meurt au sortir de l'audience. Evidemment, il y a là une gradation qui n'échappe à personne et, sincèrement, nous serions embarrassé de dire s'il y a eu une intention cachée dans la manière dont ces trois pièces ont été liées entre elles.

Nous croyons que le hasard y est pour beaucoup, et que si une intention satirique existe contre les gens de justice, elle ne serait manifeste que dans le *Testament*, comédie inférieure aux deux autres, et que le Parlement empêcha probablement de représenter aussi souvent que ses devancières.

Mais, nous le répétons : il ne faut voir dans Pathelin qu'une satire dirigée contre des personnalités, des individualités méprisables. Pathelin, en effet, était non-seulement un fripon, mais un ivrogne.

PATHELIN

N'a-t-il plus rien au pot carré
A boire avant que trespasser ?

MESSIRE JEAN

Dictes où voulez que vostre
Corps soit bouté en sépulture.

PATHELIN

En une cave à l'adventure
Dessoubs ung muid de vin de Beaulne (1),
Puis faictes faire en lettre jaulne
Dessus moy, en beau pathelin,
Cy repose et gist Pathelin
Autrefois advocat sous l'orme (2).

. . . .

(1) C'est de là probablement qu'Adam de Nevers a tiré les motifs de sa chanson :
Si je meurs, que l'on m'enterre....

(2) Il y avait autrefois devant les églises, ou sur la place principale des villages, un orme sous lequel les juges pédanés se rendaient périodiquement pour rendre la justice. Un avocat sous l'orme était un petit avocat de village. C'était sous l'orme que se faisaient les danses villageoises. *Attends-moi sous l'orme* est une locution proverbiale qui était venue de ce que les assignations ou citations devant le juge pédané étaient en quelque sorte des rendez-vous auxquels on cherchait à se soustraire, auxquels on se rendait à contre-cœur et même où on se dispensait le plus souvent de se trouver. *Attends-moi sous l'orme, tu m'attendras longtemps*. L'avocat sous l'orme attendait le client, qui ne venait pas.

C'était non-seulement un fripon et un ivrogne, mais encore un homme flétri par la justice.

GUILLEMETTE

Souviengne-vous du samedy,
Pour Dieu qu'on vous *pilloria* (1),
Vovs sçavez que chacun cria
Sur vous, pour votre tromperie.

Aux XIV° et XV° siècles, la compagnie des avocats jouissait de la plus grande estime. Philippe le Bel, en reconnaissance des services que les légistes lui avaient rendus, avait institué en faveur des avocats un ordre de chevalerie : *Milites justitiæ*, Chevaliers ès-lois ; *Milites litterati*, Chevaliers des lettres et des sciences ; *Milites clerici*, Chevaliers clercs. Cet honneur suggéra à la corporation tout entière, l'idée de réclamer la noblesse. Cette prétention, admise d'abord par l'opinion publique, fut plus tard consacrée par les ordonnances. C'est de cette époque que les avocats entrèrent en possession de la qualité de nobles. Leur ordre était assimilé à un ordre de chevalerie.

Entourés de l'estime publique, les avocats affichaient un luxe semblable à celui des grands seigneurs, qui ne marchaient jamais sans une nombreuse suite de valets à cheval. Beaumanoir déclare qu'un avocat qui n'a qu'un cheval ne doit pas être aussi bien payé que celui qui se fait accompagner de trois ou quatre chevaux et plus. Les avocats avaient des châteaux, des terres et des seigneuries, un train magnifique de maison, des chapelains même.

Boutelier, dans sa *Somme rurale*, réclamait la che-

---

(1) *Pillorier*, mettre au pilori.

valerie pour les avocats : « *Or, sachez*, dit-il, *que le fait de advocacerie si est tenu et compté pour chevalerie,* » etc.

On le voit : il n'y a rien de commun entre ce misérable Pathelin et les avocats des XIV⁰ et XV⁰ siècles. Il ne faut pas oublier non plus que c'était dans leur sein, que se recrutaient les membres du Parlement.

La comédie de Pathelin est de celles dont parle Miraulmont lorsqu'il dit : « *Les clercs du Palais jouoient publiquement jeux quelques jours de l'année par permission de la Cour, esquels ils rapportoient et représentoient fort librement les fautes des supposts et subjects du royaume de Bazoche, et plusieurs autres plaisantes et secrettes galantises des maisons particulieres, indifferemment, sans respect, ny exception des personnes.* »

La *Farce* et le *Testament* de Pathelin, œuvres des jeunes clercs, présentent tous les caractères des productions attribuées aux bazochiens, de telle façon que le doute n'est pas permis sur leur origine. Cherchons ces caractères dans le *Testament*, d'abord, et, successivement, dans la *Farce*.

Nous trouvons dans le *Testament* :

PATHELIN

Le sac à mes causes perduës,
Vistement sans plus de tenuës,
Despechez, car plus je n'attens
Qu'a faire tauxer (1) les despens,
. . . .
Ne m'estes-vous pas allé querre

(1) Taxer.

Le sac où sont mes escriptures ?
. . . .
Sus, hastez-vous de revenir,
Car aujourd'hui me fault tenir
Le siege en nostre auditoire.

Suit alors la scène où Pathelin remplit les fonctions de juge, où il prononce des condamnations :

Ce n'est pas ce que je demande ;
Colin Thevot est en l'amende,
Et aussi Thibault Boutegourt,
S'ils ne comparent vers la Court,
En la somme de cent tournois.
Appelez la femme au Danoys
Contre sa voisine Machault,
Ou mises seront en deffault,
S'ils ne viennent appertement.
Messeigneurs, oyez l'apointement
Ennuyt donné en nostre Court.
Fut present Mathelin le sourt,
Attourné de Gaultier faict nyent ;
Qu'est cecy ? Dea nully ne vient.

Dans la *Farce*, la conversation de Pathelin et d'Aignelet est encore plus caractéristique ; elle n'a pu être écrite que par un clerc ou par un habitué des justices subalternes connaissant parfaitement les roueries d'avocats de village et des praticiens près les bailliages, sénéchaussées, prévôtés, etc. Il ne faut pas perdre de vue que les premières comédies doivent, avant tout, être considérées comme un récit exact d'un fait contemporain, ou la peinture d'un caractère de l'époque.

PATHELIN

Or, vien-ça, parle, qu'es-tu ?
Ou demandeur ou defendeur ?
. . . .

> . . . . . Des seurements
> A son conseil doit-on tout dire.
>
> . . . .
> Que donras-tu, si je renverse
> Le droit de ta partie adverse,
> Et si je t'en envoye absouz ?

La ruse de Pathelin et ses conseils pour la conduite à tenir à l'audience où il craint un interrogatoire d'Aignelet :

> Se tu parles, on te prendra
> Coup à coup aux positions ;
> Et en telz cas confessions
> Sont si très-prejudiciables,
> Et nuysent tant, que ce sont dyables;

la précaution qu'Aignelet et Pathelin prennent pour mieux tromper le juge et faire succomber le drapier ;

> Par nostre Dame de Boulogne,
> Je tiens que le juge est assis,
> Car il se siet tousjours à six
> Heures, où illec environ ;
> Or, vien après moy, nous n'iron
> Pas tous deux par une voye.

LE BERGIER

> C'est bien dit, afin qu'on ne voye
> Que vous soyez mon advocat.

cette admirable scène à l'audience, où le drapier confond les aunes d'étoffe et les moutons, les réponses du berger, l'embarras du juge, qui ne comprend rien au galimatias de Guillaume et qui le ramène au débat par ces mots passés en proverbe :

> Sus, revenons à nos moutons,
> . . . .
> Sommes-nous béjaunes.

tout cela est d'une observation si exacte, si vraie, si judicieuse, qu'il est impossible de supposer que cette comédie n'ait pas pris le jour dans une salle d'audience.

La comédie de *Maître Pathelin* était pour les bazochiens, ce qu'était le mystère de *la Passion* pour les Confrères qui jouaient dans l'église de la Trinité. Ce mystère de *la Passion*, qui, dès le principe, se représentait en une journée, avait reçu, par la suite des temps, un accroissement prodigieux. De même, la comédie de *Maître Pathelin*, spectacle favori des clercs, subissait, tous les ans, des retouches, et se développait par des additions successives que les acteurs et les auteurs y introduisaient. Enfin, elle arriva au chiffre énorme de quinze cent quatre-vingt-dix-huit vers, ce qui fait la matière de trois comédies ou farces ordinaires. Le *Testament*, qui a été composé quelque temps après, n'en contient que cinq cent soixante-trois.

Du Verdier estimait que plus une farce était courte, meilleure elle était :

« Or n'est la farce qu'un acte de comédie, et la plus courte est estimée la meilleure, afin d'éviter l'ennui qu'une prolixité et longueur apporteroit aux spectateurs ; car, comme dit Gratian du Pont en son *Art de Rhétorique*, qui voudra sçavoir le nombre des lignes qu'il faut en monologues, dialogues, farces, sotties et moralités, soit averti que, quand monologue passe deux cens vers, c'est trop ; farces et sotties, cinq cens ; moralités, mille ou douze cens au plus. »

Ce développement excessif, cette différence d'époque, évidente, attestée par les diverses monnaies dont il est question dans la comédie, nous amènent à supposer que, primitivement, il y a eu deux pièces distinctes. Nous l'avons déjà dit : nous croyons qu'une première comédie a été faite sous le roi Jean. Le débat entre Pathelin et le drapier sur le prix de la marchandise fixerait au règne du roi Jean la date de cette première partie, qui ne contiendrait pas moins de mille six vers, et s'arrêterait au monologue du marchand, se plaignant de ce que chacun le vole. L'écu d'or, l'écu couronné qu'Aignelet promet à l'avocat, ferait remonter l'époque de la seconde partie au règne de Charles VI, trente ou quarante ans après. Cette deuxième partie serait un peu moins longue que la précédente et ne contiendrait que cinq cent quatre-vingt-douze vers.

Nous ne nous dissimulons pas que notre manière d'envisager cette question rencontrera des contradictions ; cependant notre opinion se soutient à l'aide de sérieux arguments, et elle est chez nous passée à l'état de conviction profonde.

La *Farce de l'avocat Pathelin* est une des plus anciennes ; elle fut faite plus d'un siècle avant l'usage de l'imprimerie en France. C'était la comédie de prédilection des clercs du Palais ; ils s'en transmettaient les originaux de génération en génération. Les altérations et changements successifs ont rendu presque impossible la fixation précise de son origine. Cette impossibilité est plus grande encore si l'on ne veut pas se résoudre à admettre deux époques, comme nous le faisons nous-même. La versification s'améliorait au fur et à mesure qu'on s'approchait du siècle de François Ier. Les proverbes et les locutions consacrés par l'usage y foisonnent à ce point qu'on croirait en lire un recueil. M. Villemain, dans son *Cours de Littérature du moyen âge*, dit avec raison que la *Farce de Pathelin* est l'œuvre de tout le monde; en effet, c'est une œuvre de plusieurs siècles et plusieurs auteurs; mais n'oublions pas aussi que, pendant plus de deux cents ans, ces auteurs et ces acteurs étaient des clercs de la Bazoche.

On pourra objecter que la seconde partie de la *Farce de Pathelin* se lie tellement avec la première qu'il est impossible de les séparer. A cela nous répondrons que le *Testament de Pathelin* forme lui-même une suite et sert de dénouement à la première comédie. Dans le *Testament*, Pathelin se confesse au curé, qui n'a pas été acteur dans la précédente comédie; le curé l'interroge cependant sur les tromperies qu'il avait conseillées au berger :

MESSIRE JEHAN

En après je vous fais demande,
Avez-vous eu rien de l'autruy?
Qui vous souviengne?

PATHELIN

Helas! ouy!
Mais de le dire n'est mestier.

MESSIRE JEHAN

Si est vrayement.

PATHELIN

C'est du drappier,
Duquel j'eus cinq, dis-je, six aulnes
De fin drap, qu'en beaux escus jaulnes
Luy promis et devoye payer
Incontinent sans délayer.
Ainsy fut-il de moy content;

Mais je le trompay faulcement,
Car oncques il n'en receut croix,
Ne ne fera jamais.
. . . .

MESSIRE JEHAN

Et du bergier?

PATHELIN

Parler n'en ose.
. . . Pour mon honneur.

MESSIRE JEHAN

Et comme quoy? . . . . .

PATHELIN

Pource qu'en Bée
Il me paya subtilement.

MESSIRE JEHAN

Par qui fusse?

PATHELIN.

Par qui se fut?
Par moy qui l'avoye introduit.

Ce dialogue fait supposer que le spectateur était censé connaître le Pathelin du roi Jean et de Charles VI. Pourquoi n'admettrait-on pas que l'auteur de la scène d'audience a fait la même supposition? Il le pouvait d'autant plus que, depuis plusieurs années, le langage pathelinois était en quelque sorte célèbre. Les clercs de la Bazoche avaient sans doute joué cette comédie au carnaval, aux plantations du mai; elle avait même pu faire le sujet d'une cause grasse.

Ce système, nous le reconnaissons, repose sur de simples hypothèses; mais, sur cette question, le champ est libre, et les suppositions, jusqu'à ce jour, ont été plus nombreuses que les preuves. Il est impossible d'accorder au Pathelin l'unité de temps et l'unité d'action, pas plus que l'unité de personne et l'unité de lieu. Il est impossible d'admettre qu'un poëte quelconque du XV° ou du XVI° siècle ait pu couler d'un seul jet, par la seule force de son talent et de son imagination, une comédie en seize cents vers, qui, de nos jours, passe encore pour un chef-d'œuvre. Le badinage de Clément Marot n'y aurait pas suffi.

Ceci posé, quel est le poëte qui a opéré le travail de transformation dont nous avons parlé précédemment? Est-ce Gringore, Marot, le comte de Salles, Jean de Serre, Jean de Pont-Alais? Tous étaient à la fois acteurs et compositeurs (1). Est-ce Pierre Blanchet? Est-ce l'auteur du *Petit Jehan de Saintré?* Pierre Blanchet était bazochien; il habitait Poitiers, où la société des clercs était célèbre. D'autre part, les arguments donnés par M. Génin en faveur d'Antoine de la Salle, dans la préface de son édition du *Pathelin*, ont une valeur incontestable :

Il est impossible de méconnaître dans le *Petit Jehan de Saintré*, même au premier coup d'œil, un air de famille et des analogies multipliées avec la *Farce de Pathelin* (2).

Antoine de la Salle appartint à la magistrature; il fut viguier d'Arles; il était donc familiarisé avec les mœurs

---

(1) Voir la XXX° nouvelle de Bonaventure des Periers sur Jean de Pont-Alais, compositeur et acteur.
(2) Voir l'article de M. Littré, dans la *Revue des Deux-Mondes*.

judiciaires, sans la connaissance desquelles nous n'admettons pas qu'un écrivain ait pu faire le *Pathelin.* Sur ce point, nous renvoyons le lecteur à la belle édition publiée par M. Génin; elle contient, outre des notes savantes et spirituellement écrites, une introduction remarquable sous plus d'un rapport.

Quant à nous, nous n'opterons ni pour Blanchet, ni pour Antoine de la Salle; nous croyons, comme M. Villemain, que le véritable auteur est tout le monde. Les expressions sont de tous les âges, de toutes les époques et de toutes les provinces; et non-seulement nous considérerons la comédie de Pathelin comme un damier composé de pièces rapportées, comme un édifice à plusieurs architectures, mais encore comme une œuvre cosmopolite, partie on ne sait d'où, de Rouen ou des environs de Paris, et qui a fait pendant plusieurs siècles son tour de France.

Une ancienne édition porte l'indication suivante: *La Scène à Paris près Saint-Innocent*, d'où l'on a inféré, à tort suivant nous (1), que l'action se passait à Paris et au lieu indiqué. Il est à croire plutôt que cette mention se rapporte à la place qu'occupaient près des Halles les échafauds du Prince de la Sottie et des Enfants-Sans-Souci. Il paraît fort douteux que, dès lors, le mot scène eût le sens de fable ou d'action théâtrale; plusieurs passages de la pièce démontrent d'ailleurs que l'action ne se passait point à Paris, mais dans un bourg voisin. Si Pathelin avocassait, comme il dit, dans une ville telle que Paris, parlerait-on de son

---

(1) Opinion de M. Magnin.

mérite et de sa supériorité sur ses confrères dans les
termes suivants :

> N'a, au territoire
> Où nous tenons nostre auditoire,
> Homme plus saige, fors le maire.

Et Guillemette, sa femme, lui dirait-elle?

> Sans clergise,
> Et de sens naturel, vous estes
> Tenu l'une des saiges testes
> Qui soit en toute la paroisse.

Sans clergise, sans étude. Un tel compliment ne peut s'adresser évidemment qu'à un avocat de village.

M. Génin pense que cette comédie est née dans les Flandres, près de Bruxelles; il nous serait facile d'indiquer qu'elle a pu avoir un autre berceau :

> Sommes-nous cornarts....
> . . . .
> Attourné de Gauthier faict nyent.
> . . . .
> Je ne veuil citre ne peré.
> . . . .

La société des Cornarts avait été fondée à Rouen; les Attournés n'étaient connus que dans le ressort de l'Echiquier de cette province. Le cidre et le poiré sont plus normands encore que les Cornarts et les Attournés : la *Farce* et le *Testament de Pathelin* paraissent donc avoir une origine normande. Mais la *Farce* contient aussi de longues tirades en patois limousin, picard, languedocien; ces diverses couleurs locales ne sont que le résultat des pérégrinations de la pièce et de ses nombreuses étapes à travers les Bazoches de France.

Il serait superflu, après cet examen du *Pathelin*, de continuer des études sur les farces et les sotties. Nous renvoyons le lecteur à celles d'André de la Vigne, de Jehan d'Abundance et de Gringore, et d'une foule d'auteurs anonymes ; on les trouvera dans les collections de tous les bibliophiles.

CHAPITRE DIXIÈME

Les bazochiens au XVIIe siècle. — Le triomphe de la Bazoche. — Pourquoi les clercs faisaient des satires contre les procureurs. — La magistrature et ses critiques. — Racine et Boileau. — Pourquoi Molière ne s'attaqua pas aux magistrats. — Le clerc guichetier. — L'almanach de la Bazoche pour l'année 1786. — Les derniers bazochiens. — Leur dernier arrêt. — La Révolution anéantit leurs sociétés.

PLUS on s'approche du XVIIIe siècle, plus les associations de clercs modifient leur manière d'être : elles dépouillent les allures grossières et étranges que l'ignorance et les traditions du moyen âge avaient imprimées à leurs coutumes et à leurs cérémonies; elles suivent la marche de la civilisation, les mœurs s'adoucissent et se ressentent des progrès de l'esprit humain. Si les clercs du Palais paraissent, dès le XVIIe siècle, moins curieux dans leurs fêtes et dans leurs usages, l'historien les trouve, dans l'ordre judiciaire, plus près du but que leur institution se proposait d'atteindre. Le Roi de la Bazoche a cessé depuis longtemps de frapper des médailles, le Parlement lui interdit ensuite ses marches triomphales au milieu des rues tortueuses du vieux Paris; sa royauté s'écroule devant un édit royal; les montres, cette forme burlesque du drame populaire du moyen âge, disparaissent peu à peu; le Paris élégant de Louis XIV ne voit pas ses carrefours envahis par les bandes nombreuses des clercs du Palais, groupés en compagnies, masqués, travestis et bruyants, qui firent l'admiration du bourgeois depuis Philippe le Bel jusqu'à Henri IV. La plantation du mai, la fête par excellence du bazochien, ne se faisait plus qu'avec un nombre restreint de dignitaires (1). Plus de farces, plus de moralités à la Saulsaye et sur la Table de marbre. Le théâtre de la Bazoche est muet; Tabarin et Scaramouche, ses héritiers, ont dressé leurs tréteaux sur le Pont-Neuf; le clerc de la Bazoche est réduit à aller siffler au parterre les pièces et les acteurs:

> Un clerc, pour quinze sous, sans craindre le holà,
> Peut aller au parterre et siffler l'*Attila*.

Le Pré aux Clercs voit cesser les luttes séculaires des écoliers et des moines de l'abbaye de Saint-Germain; dès le commencement du XVII° siècle, il devient le lieu des *rendez-vous de noble compagnie*.

Les spectacles abolis, les luttes entre les deux Bazoches du Châtelet et du Palais s'affaiblissent et disparaissent;

---

(1) Un arrêt du Parlement, de 1571, avait déjà interdit cette cérémonie aux clercs du Châtelet : il fait « defense au prevost bazochial et « aux clercs du Chastelet de plus, à l'avenir, planter un mai; ordonne « que celui qu'ils ont fait planter sera promptement abattu; à quoi « faire ledit prevost et ses suppots contraints, à peine de 1200 livres « parisis d'amende et de prison; enjoint au procureur du roi du « Châtelet de tenir la main à l'exécution dudit arrest. »

le Parlement n'intervient plus que dans les discussions entre les clercs et les procureurs ; il réglemente les conditions du stage et la délivrance des certificats.

La juridiction exceptionnelle des dignitaires de la communauté s'exerce toujours, mais elle ne s'occupe que de questions importantes ; les conférences sérieuses se multiplient et remplacent avec avantage les discussions sur les amendes et sur les *confiscations de chapeaux*.

De temps en temps l'humeur satirique des clercs venait encore troubler le sommeil des patrons; mais ce n'était plus sur le théâtre, comme autrefois, c'était dans les nouvelles à la main, dans quelques obscurs opuscules, que les bazochiens faisaient imprimer, en désignant les personnages sous des noms supposés; allégories et satires dont eux seuls avaient le secret.

Nous avons eu occasion de parler d'une œuvre de ce genre, intitulée : *la Misère des clercs de procureurs*, qui date de 1638. En voici une autre, imprimée en 1698; elle est intitulée : *le Triomphe de la Bazoche*. Ce n'est pas, à proprement parler, une satire, c'est une nouvelle dans laquelle un Procureur joue un rôle ridicule.

L'auteur de cette petite brochure suppose qu'un procureur de province a tenu des propos injurieux contre la Bazoche du Parlement; ces propos donnent occasion au procureur général de la communauté d'écrire au prétendu diffamateur une lettre dans laquelle il énumère tout au long les prérogatives et les priviléges de l'institution bazochiale, et oblige celui-ci à venir demander pardon à la Cour assemblée.

« Petit procureur, lui dit-il, à mon retour de Pantin, on m'a fait contre vous une dénonciation si forte, qu'encore que vous n'ayez pas été six mois en place de principal clerc, j'ai bien voulu par bonté en arrêter le scandale, jusqu'à ce que j'aye sceu precisement dans quelle disposition vous êtes sur la réparation due aux corps que vous avés insultés avec outrage. »

Le dignitaire de la Bazoche, courroucé en apparence, continue sa diatribe contre le malheureux procureur, auquel il fait le tableau des désastres de la justice si l'institution bazochiale venait à crouler :

« Les procureurs ne trouvant plus de clercs, les huissiers resteront à sec, les greffiers sans peau, les conseillers sans épices, les présidents sans vacations, et les plaideurs sans expéditions. Quel étrange bouleversement dans l'ordre judiciaire! Vous voulez couper d'un seul coup le bras droit de la justice, la faire aller à cloche-pied, et lui faire traîner la savate, sans avoir seulement de quoi payer le savonnage du bandeau qu'elle a sur les yeux; son épée seroit mangée de la rouille, sa main couverte de toiles d'araignée, et sa bouche, d'où il sort tant d'oracles, seroit dans un morne silence; en un mot, le Palais deviendroit désert, et ne serviroit plus que de retraite aux orfrayes, aux hiboux et à tous les oiseaux de mauvais augure. »

Après cet exorde burlesque, le procureur général de la Bazoche trace sommairement l'histoire de la communauté des clercs, histoire inexactement rapportée, bien que l'auteur invoque le témoignage de Miraulmont, de Gastier et des autres historiens qui se sont occupés de cette société :

« Philippe-le-Bel, dit-il, fit nommer leur juridiction Bazoche, qui signifie en langue chaldéenne source de justice... Il permit à son Roi de faire battre monnaie ; elle représentait d'un côté le Roi de la Bazoche régnant en triomphe, et de l'autre trois écritoires d'or en champ d'azur, deux en chef, et une en pointe. »

Nous renvoyons le lecteur aux chapitres où nous avons traité les questions relatives à la définition du mot Bazoche et aux monnaies que cette communauté aurait, à une certaine époque, eu le droit de mettre en circulation. L'opinion de l'auteur de cette brochure ne nous a pas paru assez sérieuse pour nous en occuper alors; cependant elle contient quelques détails qu'il est bon de retenir: elle établit, par exemple, que la Cour bazochiale était encore composée, en 1698, de la même manière qu'à l'époque où l'historien anonyme publia ses statuts, ce qui prouve évidemment que le règlement de 1586 était encore en vigueur à la fin du XVII° siècle.

Il nous apprend, en outre, que, déjà et depuis quelque temps, les bazochiens avaient abandonné le privilége qui leur avait été concédé et reconnu par un arrêt du Parlement de 1639, d'avoir une loge à l'hôtel de Bourgogne (1).

« S'ils se sont relâchés depuis quelque temps de ce droit, dit-il, cela ne vient que d'un effet de leur modestie et de ce qu'ils s'appliquent à des choses plus utiles et plus importantes au public. »

Enfin, le procureur incriminé fut condamné à demander pardon au corps de la Bazoche.

---

(1) Nous invitons le lecteur à se reporter aux *statuts et ordonnances* de 1586, que nous donnons aux pièces justificatives; il trouvera au chapitre V, consacré aux trésoriers, des détails curieux sur l'entretien de la loge accordée à la Bazoche à la *prière du Prince des Sots*.

« On le fit aussitôt entrer, et ayant satisfait à l'arrest monsieur le chancelier lui dit: Procureur, la Cour vous fait grâce ; soyez un autre fois plus sage, et parlez avec plus de respect d'un corps dont vous avez eu l'honneur d'estre. Sçachez que la médisance et la calomnie ne siéent jamais bien à personne, que ces vices ont été de tout temps odieux et condamnez par les lois et par la jurisprudence de nos arrests. »

Les satires que les clercs dirigeaient contre leurs patrons avaient leur raison d'être. Elles étaient faites, le plus souvent, non pas contre la compagnie des procureurs, mais contre quelques individualités. La Bazoche, comme communauté, a toujours été en lutte avec les procureurs. A l'origine, sous Philippe le Bel, ces derniers se recrutèrent parmi les clercs du Palais, s'organisèrent en confrérie, et se firent reconnaître par le Parlement au détriment des autres bazochiens. Plus tard, le nombre des procureurs s'étant augmenté outre mesure, la compagnie elle-même demanda, à plusieurs reprises, une épuration et une diminution de leur nombre qui était devenu excessif. Sous Charles IX et sous Henri III, les charges de procureurs furent érigées en titres d'office, cessibles à prix d'argent et héréditaires (1).

Toutes ces mesures froissaient les bazochiens et rendaient plus difficile pour ces jeunes gens l'accès aux charges de procureurs. C'est ce qui faisait dire à l'historien anonyme :

Que cessant l'édit des Procureurs, elle serait plus reluisante que jamais elle n'a esté.

---

(1) Filios togatorum cœteris supernumerariis anteferri jubemus.

Il ne faut pas oublier ce que nous avons dit déjà, à savoir : que les certificats de cléricature donnaient lieu à de fréquentes discussions entre les deux compagnies, et que, pendant les cinq siècles de son existence, les clercs de la Bazoche exigèrent des procureurs la transmission de leurs offices à des membres de leur société. Le clerc n'était point salarié; son stage durait dix ans; il était donc dans une complète indépendance du patron. Les satires des clercs de la Bazoche étaient ce que sont encore celles des collégiens contre leurs professeurs : l'écolier de l'Université, mis en pension chez un procureur, supportait avec peine le joug et la contrainte que le maître lui imposait dans les relations de la vie domestique ; mais, nous le répétons, ces satires ne s'adressaient presque jamais à l'institution, elles étaient le plus souven personnelles.

Des études intéressantes à faire seraient celles qui consisteraient à prendre, un à un, chacun des corps organisés : civils, militaires, religieux, administratifs ou judiciaires, et à rechercher, au point de vue de l'histoire et de la littérature, toutes les attaques, toutes les critiques, justes ou passionnées, tous les traits satiriques, malicieux ou perfides qui ont été dirigés contre eux. Le ridicule, dit-on, tue en France; il s'attaque à tout, mais il ne tue véritablement que ce qui est ridicule. Si l'on entreprenait cette étude pour la magistrature, le barreau et les officiers ministériels, auxiliaires de la justice, on serait bientôt convaincu que les matériaux ne manquent pas aux recherches, et que la mine est féconde à exploiter.

Comme le clergé et la noblesse, la magistrature fut un des grands corps de l'État qui essuya les attaques les plus acerbes et les plus passionnées, et pourtant quelles grandes et nobles pages n'a-t-elle pas gravées dans notre histoire! Ce n'est point ici le cas d'en rechercher les motifs ; on les trouverait dans l'inexpérience des magistrats, aux premiers temps de l'organisation judiciaire, dans la jalousie qu'inspiraient les Parlements aux juridictions féodales ou ecclésiastiques, au défaut d'unité de législation, à la vénalité des charges. Notre intention n'est pas d'examiner s'il en est de même à l'égard des officiers ministériels ; nous n'ignorons pas que, pour certains esprits chagrins et prévenus, nous en sommes encore au moyen âge. Il leur est commode, à défaut de bonnes raisons, d'appliquer à l'organisation judiciaire et aux titulaires d'offices du XIX⁰ siècle, les critiques de Rabelais, de Racine, de Boileau et de Beaumarchais.

Le public est assez porté à accorder aux écrivains l'impartialité et le désintéressement qu'ils n'ont pas toujours. Les satires les plus vives qui aient été dirigées contre la magistrature ont été faites le plus souvent par des plaideurs malheureux. Ainsi, Racine ne fit sa comédie des *Plaideurs* que dans un accès de dépit après la perte du procès qu'il soutint pour son prieuré de l'Epinay, procès que, suivant lui, *ni ses juges ni lui n'entendirent*. Le *Brid'Oison* de Beaumarchais, qui rappelle beaucoup son aïeul le *Bridoie* de Rabelais, n'aurait certainement pas vu le jour sans l'humeur processive de son auteur. Boileau (1), le mordant satirique, s'il n'avait pas été bazochien,

 Fils, frère, oncle, cousin, beau-frère de greffier,

ce qui était trop modeste pour lui; si son père n'avait pas

---

(1) Voir les satires VIII, IX, X, XI, XII, et les épîtres II et V.

été pauvre et chargé de famille; si son nom plébéien ne lui avait pas fermé l'accès des fonctions élevées de la magistrature, Boileau n'aurait pas dirigé contre les magistrats et contre les nobles ses plus virulentes attaques. Il n'aurait probablement pas écrit ce vers :

L'argent seul au Palais peut faire un magistrat,

si son père avait eu les ressources nécessaires pour lui acheter une charge de conseiller. Il s'ennuyait au milieu des paperasses du greffe de son père ;

Mais bientôt amoureux d'un plus noble métier,

il embrassa la carrière des lettres : la poésie et la langue française n'ont rien perdu au change, et nous devons applaudir à sa résolution. Boileau n'était cependant pas l'ennemi de la magistrature et des magistrats; il avait toute sa famille dans les affaires, il était l'ami intime de Lamoignon et de d'Aguesseau, et empruntait à ce dernier la caustique vivacité de ses mercuriales. Du reste, souvent malade, il reconnaissait parfois qu'il allait trop loin:

Je m'emporte peut-être, et ma muse en fureur
Verse dans ses discours trop de fiel et d'aigreur.

Ce critique si violent, cet homme si désintéressé, poussa des clameurs et tomba malade à la suppression d'une charge de greffier qui appartenait à un de ses neveux.

Dans une lettre à Brossette, datée d'Auteuil, le 15 juin 1704, il s'excuse de ne lui avoir pas répondu plus tôt; il est incommodé d'un mal de poitrine :

« Et la suppression subite qui s'est faite des greffiers de la Grande-Chambre et qui va mettre une de mes nièces à l'hôpital avec son mari et ses trois enfants, m'a jeté dans une consternation qui n'excuse que trop mon silence.

Je ne vous entretiendrai pas du détail de cette affaire; tout ce que je puis vous dire, c'est que les prospérités de la France coûtent cher au greffe, et que, si cela continue, j'ai bien peur que les trois quarts du royaume ne s'en aillent à l'hôpital couronnés de lauriers. Il faut pourtant tout espérer de Dieu et de la prudence du Roi. »

On voit là la distance énorme qui sépare l'homme s'adressant au public, et écrivant pour être lu, du simple particulier, soigneux des intérêts des siens, de l'oncle jaloux des prospérités de sa famille, qui épanche ses douleurs dans le sein d'un ami. Nous nous trompons peut-être sur le compte de Boileau; peut-être ses satires ne furent-elles que le résultat de son état maladif et de l'accident dont plaisanta si fort Helvétius. Nous serions alors tenté de lui appliquer l'axiome de l'abbé de Chaulieu:

> Bonne ou mauvaise santé
> Fait notre philosophie.

Le grand Molière n'imita pas l'exemple de son contemporain : lui aussi avait appartenu à la Bazoche. En 1642, son père l'envoya à Orléans pour y faire son droit; il habita cette ville pendant douze ans, et ne revint à Paris qu'au mois d'août 1654, époque à laquelle il fut reçu avocat. Il suivit alors le barreau et devint en même temps un des spectateurs les plus assidus de l'Orviétan et de Bary, successeurs de Mondor et de Tabarin, dont les tréteaux s'élevaient sur le Pont-Neuf.

Molière, étudiant le droit à Orléans, fut probablement attaché à la Bazoche de cette ville. Cette particularité de la vie de Molière est attestée par Grimarest, son historien (1):

---

(1) « On s'étonnera peut-être que je n'aie point fait M. de Molière avocat;

A son retour d'Orléans, Molière s'amusa à jouer la comédie avec quelques bourgeois de Paris, ses amis, qui voulurent, plus tard, tirer profit de la représentation, et s'établirent dans le Jeu de Paume de la Croix-Blanche, au faubourg Saint-Germain. Cette troupe inexpérimentée suivit, à trois siècles de distance, sans s'en douter, l'exemple des clercs du Palais, qui, après avoir donné quelques représentations en petit comité, se crurent aussi assez habiles pour offrir leurs spectacles à un public payant. Ce fait est encore consigné dans la Biographie de Grimarest (1).

Tout dans les débuts de la vie théâtrale de Molière rappelle les mœurs des clercs et des Enfants-Sans-Souci. Ses premiers essais de comédie semblent être des traditions des jeux de la Bazoche aux XVe et XVIe siècles. Le *Docteur amoureux*, le *Médecin volant*, la *Jalousie*

---

mais ce fait m'avait été absolument contesté par des personnes que je devais supposer en savoir mieux la vérité que le public, et je devais me rendre à leurs bonnes raisons. Cependant sa famille m'a si positivement assuré du contraire, que je me crois obligé de dire que Molière fit son droit avec un de ses camarades d'étude; que, dans le temps qu'il se fit recevoir avocat, ce camarade se fit comédien, que l'un et l'autre eurent du succès chacun dans sa profession, et qu'enfin lorsqu'il prit fantaisie à Molière de quitter le barreau pour monter sur le théâtre, son camarade, le comédien, se fit avocat. Cette double cascade m'a paru assez singulière pour la donner au public, telle qu'on me l'a assurée, comme une particularité qui prouve que Molière a été avocat. »

(1) « C'était assez la coutume dans ce temps-là de représenter des pièces entre amis. Quelques bourgeois de Paris formèrent une troupe dont Molière étoit; ils jouèrent plusieurs fois pour se divertir; mais ces bourgeois ayant suffisamment rempli leurs plaisirs et s'imaginant être de bons acteurs, s'avisèrent de tirer du profit de leurs représentations. Ils pensèrent bien sérieusement aux moyens d'exécuter leur dessein, et, après avoir pris toutes leurs mesures, ils s'établirent dans le Jeu de Paume de la Croix-Blanche, au faubourg Saint-Germain. Ce fut alors que Molière prit le nom qu'il a toujours porté depuis. »

du Barbouillé, sont des farces dans le goût de celles que jouaient les clercs sur la Table de marbre.

Molière, qui s'était attaqué à tous les vices et à tous les ridicules de son temps, respecta toujours la magistrature et le barreau; c'est à peine si, dans les *Fourberies de Scapin* (1), il fait allusion aux frais de la procédure de l'époque, et dit un mot des avocats et des procureurs. On explique d'une certaine manière ce respect que Molière professait pour l'ordre judiciaire. Étant jeune homme, il avait la coutume de suivre le théâtre, ou plutôt les farces jouées par les trois associés célèbres: Turlupin, Gros-Guillaume et Gauthier-Garguille. Ces trois acteurs étaient unis comme des frères; la crainte d'introduire la discorde au milieu d'eux les avait engagés à ne pas se marier et à ne recevoir aucune femme dans leur petite troupe. Un jour, ils représentèrent une farce dans laquelle le Parlement crut voir des allusions injurieuses contre les magistrats; l'un des associés fut arrêté et conduit en prison; il y resta quelques mois et mourut. A peu de distance de là, les deux autres le suivirent dans la tombe. On attribua leur mort au chagrin qu'ils éprouvèrent d'être séparés, aux inquiétudes et aux soucis qui furent pour tous la conséquence de l'arrestation de l'un d'eux. Molière, dit-on, fut vivement impressionné par la mort de ses comédiens favoris et se promit de ne jamais s'exposer à de pareilles rigueurs. C'est là, s'il faut en croire quelques auteurs, le véritable motif qui fit que Molière ne s'attaqua jamais à la magistrature.

Il est possible que cet événement ait été pour quelque

(1) Acte II, scène VIII.

chose dans sa manière de faire, mais on peut penser aussi que Molière, avocat, ait voulu respecter le corps auquel il eut l'honneur d'appartenir. En cela il eut le bon goût de ne pas imiter la fougue de Boileau, son irascible contemporain.

Bien que leur théâtre fût fermé, les bazochiens continuèrent cependant à faire des comédies; s'ils ne les représentaient pas, ils les faisaient jouer. Plusieurs d'entre eux acquirent, au dix-huitième siècle, une célébrité dans les lettres : Panard, le chansonnier; Vadé, auquel on attribue un poème sur les deux Bazoches, dans le genre de celui du *Lutrin* de Boileau; Dancourt, qui, d'avocat se fit comédien et acquit une certaine réputation comme auteur dramatique; Laujon, fils de procureur, destiné au barreau, qu'il abandonna pour suivre les lettres et le théâtre : tous ont été des clercs de la Bazoche. Enfin, Yves Barré fut le dernier des bazochiens ; il aimait à se parer de ce titre. Avocat, puis greffier au Parlement de Paris, il abandonna les affaires pour se livrer entièrement à la littérature et donna un grand nombre de comédies; et, comme s'il eût été écrit que les premiers et les derniers bazochiens, à un intervalle de cinq siècles, seraient à la fois légistes et entrepreneurs de spectacles, Barré fut le fondateur du Vaudeville, qu'il dirigea pendant plus de vingt ans. Il mourut à Paris, le 3 mai 1832, à l'âge de 86 ans.

« Que, dans des moments de loisir, pour vous délasser des fatigues de la chicane, vous vous permettiez de faire de mauvaises comédies pour nos baladins, de tristes madrigaux pour nos ravaudeuses et de plates chansons pour nos cuisinières, rien n'est moins étonnant; mais qu'après avoir fait son apprentissage dans la boutique d'un procureur, l'un de vos membres se voie forcé par la fatalité des circonstances actuelles à faire l'état de guichetier, c'est dégrader le corps respectable de la Bazoche, le déshonorer et l'avilir. Pauvres clercs ! à quel triste sort êtes-vous réduits !... »

Ainsi parle l'auteur anonyme de la lettre du mois de juillet 1788 (1). En effet, les temps étaient bien changés; l'orage commençait à gronder, la Bazoche n'avait plus que quelques jours à vivre, et nous avons déjà signalé, au commencement de ce chapitre, l'espèce de décadence dans laquelle elle était tombée au point de vue du théâtre, des cérémonies et des manifestations extérieures. Il ne nous reste que quelques mots à dire pour arriver à la fin.

Nous avons laissé les Bazoches sous l'empire des nouveaux règlements qu'elles avaient adoptés, savoir : la Bazoche du Palais, le 8 février 1744; et la Bazoche du Châtelet, le 2 août 1757. Les statuts de 1586 furent abrogés en partie par ces nouveaux règlements; mais la Bazoche continua à jouir de certains priviléges. Elle retirait toujours le prix de la lettre la plus chère qui s'expédiait en la chancellerie, le jour de la plantation du mai, dans la cour du Palais. Cette plantation du mai se faisait, en 1786, avec le même cérémonial; les dignitaires de la Bazoche, en nombre restreint, allaient encore couper leur mai à Bondy, en présence de Messieurs des Eaux et Forêts. Le Parlement continuait à

---

(1) *Le clerc de procureur guichetier; lettre à Messieurs de la Bazoche du Palais et du Châtelet de Paris, ou ma Journée du 16 juillet 1788.* Cette lettre paraît avoir été écrite contre un sieur Hubert, maître clerc de Me de Sainçay, procureur au Châtelet de Paris, rue Michel-le-Comte.

couvrir la communauté des clercs d'une faveur spéciale. Le célèbre d'Aguesseau disait, en parlant des clercs du Palais, *qu'il n'avait pas de plus chers enfants*. Brillon, dans son *Dictionnaire*, attribue ce propos au premier président de Lamoignon (1).

Le plus précieux des priviléges de la communauté fut toujours de constater le temps de cléricature des jeunes praticiens, et jusqu'à la fin du XVIII° siècle l'arrêt du 4 février 1744 fut scrupuleusement exécuté. Il était publié, tous les six mois, à l'audience de la Bazoche. Malgré ce règlement, plusieurs clercs, qui n'avaient pas travaillé chez les procureurs pendant les dix années prescrites, se présentèrent à différentes époques, et demandèrent leurs certificats. La Bazoche résista toujours, et l'exécution des règlements fut maintenue par plusieurs arrêts contradictoires. Les derniers sont à la date des 29 avril et 6 septembre 1780.

La Cour bazochiale tint, jusqu'en 1789, ses audiences deux fois par semaine, et conserva avec soin l'exercice de sa juridiction. Sa procédure fut toujours la même que celle suivie au Parlement; ses avocats eurent seuls le droit de plaider devant elle. Pour entretenir l'émulation parmi les membres de la communauté, il fut établi un grand et un petit concours de plaidoiries, qui avaient lieu

---

(1) Ces illustres magistrats, dont les noms font les éloges, sont MM. le premier président de Lamoignon, de Harlay premier président, et Talon. Le premier regardait les officiers comme ses enfants; il le disait publiquement, et ajoutait qu'il leur devait une protection plus particulière qu'aux autres. Aussi, de son temps, personne n'a été assez téméraire pour attaquer leurs droits.

Si quelque jaloux a voulu les inquiéter du temps de MM. de Harlay et Talon, ce n'a été qu'à leur confusion; et les bazochiens ont toujours été maintenus dans leurs droits et leur juridiction.

tous les ans : le grand concours dans les mois de février, mai et août, sur les questions de droit et d'ordonnances, et le petit dans les mois de janvier, mars, avril, juin et juillet, sur des questions de procédure.

Un des derniers documents imprimés constatant l'existence de la Bazoche est un *Almanach de l'année* 1786. Il porte pour titre: *Almanach de la Bazoche du Palais pour l'année* 1786. Sur sa page 81 se trouve le sceau de la Bazoche, dont nous donnons une reproduction fidèle.

Les anges qui supportent les armoiries sont ici remplacés par deux femmes nues. On lit autour la légende latine suivante gravée en lettre gothiques : *Sigellum magnum Regni Bazochie.*

La première page de cet almanach est ornée d'armoiries qui ressemblent au sceau, mais qui s'éloignent tellement de la description qui nous en est donnée par l'historien anonyme, que nous n'avons pas cru devoir les reproduire. Nous avons préféré les faire composer en combinant les principes de la science héraldique avec les traditions qui nous ont été conservées sur ce sujet par de nombreux écrivains. L'impression de cet almanach fut ordonnée par un arrêt de la cour bazochiale du 21 décembre 1785. Il donne les noms de tous les dignitaires de la Bazoche, savoir : les chancelier, vice-chancelier, maîtres des requêtes ordinaires et extraordinaires, avocats, huissiers, aumôniers, procureurs, médecins et chirurgiens. A l'époque où il fut imprimé la Bazoche n'avait plus que trois années à vivre. Ces dignitaires peuvent donc être considérés comme les derniers élus. Voici leurs noms:

LISTE DE MM. LES OFFICIERS DE LA BAZOCHE.

MM. Vieille, *chancelier* ; — Henry, *vice-chancelier*.

Anciens chanceliers : MM. Herbin, — Geoffroy, — Deviterne, — Collet-le-Jeune, — Royer, — Rolle de la Chasse, — Geoffroy Dubuy.

Maîtres des requêtes honoraires ayant voix délibérative et consultative : MM. Lakanal, — Rochereau, — Durand, — Salleron.

Maître des requêtes honoraire, ayant voix consultative seulement : M. Lefebvre.

Maîtres des requêtes ordinaires : MM. Cornu de Palmery, — Bezard, — Chabod, — Hémart, — Jeannin.

Maîtres des requêtes extraordinaires : MM. Buache de Flubeval, — du Colombier, — Junot, — Fromentin, — Lainé. — Cybo, — Louis, — Desmarquest, — Garnier.

Parquet: MM. Duchesne de Beaumont, procureur général; — Pons, avocat général; — Brun, procureur de la communauté des clercs; — Huguin, substitut du procureur général; — Mérigot de Rochefort, greffier.

Avocats: MM. Lelièvre, bâtonnier; — Dreue des Marets, — Dupont, — Dubois des Channes, — Hureau, — Billaut, — Piette.

Huissiers : MM. Couchot, premier huissier; — Chaltas, huissier audiencier; — Le Neveu, huissier audiencier.

Aumônier, avocats, procureur, médecin et chirurgien de la Bazoche: MM. Agier, aumônier; — Huteau; avocat au parlement; — Lepicard, avocat aux conseils; — Geoffroy Dubuy, procureur au parlement; — Matthey, médecin; — Collon, chirurgien; — Cornu de Palmery, trésorier; — veuve Ballard et fils, imprimeur.

Audiences les mercredis et samedis, à midi

Comme dernière lueur de vitalité on trouve encore que, le 23 février 1788, la Cour bazochiale rendit un arrêt portant règlement de la communauté pour l'instruction des sociétaires qui en faisaient partie; mais les événements politiques ne permirent pas sa mise à exécution. Enfin, dans les premiers jours de la Révolution, les clercs du Palais se réunirent en corps de troupes. Leur uniforme était rouge, avec épaulettes et boutons d'argent. Ils assistèrent à la prise de la Bastille. On compta, dit-on, plus tard, leurs bataillons parmi ceux des volontaires de Jemmapes et de Valmy. Ils rendirent quelques services à l'ordre public, mais, comme tant d'autres, ils furent brisés par la tempête, et se soumirent sans murmurer aux décrets qui anéantirent les corporations.

Telles furent les diverses phases par lesquelles passèrent les sociétés des clercs du Palais : elles vécurent cinq cents ans, autant que les Parlements, à l'organisation desquels elles durent la vie ; leur origine et leur fin furent communes : seulement, la magistrature résista à la tourmente révolutionnaire et en sortit avec une autre organisation. Les Bazoches, trop faibles, devaient mourir comme toutes les corporations de métiers. Elles sont aujourd'hui tombées dans l'oubli le plus complet, et à peine un demi-siècle s'est-il écoulé depuis leur disparition, que nous semblons avoir perdu leurs traces.

Nous avons entrepris la tâche difficile de reconstituer ces sociétés singulières, et de les montrer telles qu'elles ont existé depuis les premières années du quatorzième siècle. Nous avons recueilli à grand'peine et avec un soin minutieux les documents épars qui nous ont aidé à nous guider dans cette route difficile de cinq siècles, pendant lesquels l'ignorance, les orages, les guerres, les désastres de toute nature, les triomphes de la civilisation se sont disputé tour à tour les institutions et le territoire de la France. De loin en loin les arrêts du Parlement ont été pour nous comme les phares qui nous guidaient dans les ténèbres.

Nous nous sommes efforcé de conserver aux clercs

du Palais leur physionomie particulière à travers les différentes époques de leur histoire.

Nous les avons montrés exerçant leur juridiction exceptionnelle et conservant leurs priviléges avec une ardeur en quelque sorte brutale et jalouse, susceptibles à l'excès quand on touchait à leurs prérogatives, querelleurs et séditieux avec les universitaires, bravant la force armée et apportant dans leurs rapports avec les clercs du Châtelet toutes les passions d'une rivalité ardente et continue. Poëtes gracieux et féconds, licencieux et spirituels, nous avons cherché leurs noms dans la poussière des bibliothèques pour les arracher à l'oubli. Sur le théâtre nous les avons dépeints sous leurs couleurs véritables en analysant les *moralités*, qu'ils écrivaient pour l'instruction du peuple, et leurs *comédies*, qui sont presque toujours des satires violentes contre les grands pouvoirs de l'État et les grands vices de l'époque.

Nous avons trouvé le Parlement indulgent comme un père pour tout ce qui touchait à la juridiction exceptionnelle des dignitaires de la Bazoche, à leur organisation judiciaire et à leurs droits, jugeant solennellement les causes les plus légères qui lui étaient soumises, mais sévère avec raison quant il s'agissait de libelles et de spectacles.

Leurs cérémonies ont été pour nous un attrayant sujet d'étude: nous les avons considérées comme les traditions des temps les plus reculés du moyen âge ; nous avons cru, dès lors, qu'il était de notre devoir de leur conserver leur caractère à la fois sérieux et burlesque.

Enfin, nous avons étudié avec soin leurs tribunaux et leur organisation judiciaire, et nous avons constaté les services qu'ils rendaient à la magistrature et aux officiers ministériels; et, après avoir signalé la juvénile gravité qui présidait à leurs audiences, gravité que la futilité des débats ne comportait pas toujours, nous avons rendu témoignage aux progrès qu'ils avaient faits dès le dix-septième siècle en multipliant les conférences sérieuses et en donnant à la délivrance de leurs certificats d'aptitude une réglementation salutaire.

Si, dans l'accomplissement de notre tâche, nous n'avons pas apporté le talent dont notre sujet était digne, nous avons au moins pour nous la consolation d'y avoir donné les soins les plus consciencieux.

STATUTS ET ORDONNANCES

DU

ROYAUME DE LA BAZOCHE

Faites, réformées & accordées par la cour aux suppots d'icelle en l'année 1586, en procédant sur les requestes présentées tant par le procureur de communauté que lesdits supposts, maistre JACOB, chancelier régnant.

NOUS reproduisons, d'après l'historien anonyme, les statuts du royaume de la Bazoche, tels qu'ils furent réformés en 1586. Nous n'avons pu trouver ceux antérieurs à cette époque. Cette lacune est regrettable; elle rend impossible une comparaison qui nous aurait permis de juger des progrès que la Société des clercs du Palais avait faits dans son organisation judiciaire.

Ces statuts doivent être lus attentivement; ils complètent le chapitre Ier, qu'ils auraient suivi immédiatement, si le plan de l'ouvrage ne nous avait pas imposé l'obligation de les mettre à la fin. Nous n'avons pu donner qu'un aperçu très-sommaire de l'organisation judiciaire de la Bazoche, parce que notre intention était de reproduire en entier les statuts que nous transmet l'historien anonyme. Le lecteur se convaincra qu'une analyse était difficile, qu'il n'y avait pas d'abréviations à faire, et que, pour éviter des répétitions, il était préférable d'adopter le parti auxquel nous nous sommes arrêté.

Nous recommandons d'une manière spéciale aux lecteurs le chapitre V, relatif aux fonctions des trésoriers. Ce chapitre est plus particulièrement consacré aux cérémonies et aux coutumes des bazochiens qu'à leur organisation judiciaire.

CHAPITRE Ier

DES JUGES DU ROYAUME ET DE LEURS CHARGES

Premièrement, que, pour maintenir et entretenir en union le corps de ladite Bazoche, et administrer la justice aux Supposts, y aura, ainsi qu'il a esté de tout temps accoustumé selon les privileges octroyez audit Royaume par les Roys de France, confirmez par infinis arrests de la Cour de Parlement, un Chancelier avec les Maistres des requestes ordinaires, un Referendaire, un Grand Audiencier, qui seront Maistres des requestes extraordinaires, un Procureur general et un Advocat du Roy, un Procureur de communauté, quatre Tresoriers, un Greffier, quatre Notaires et Secretaires, un premier Huissier et huict autres huissiers avec un Aumosnier, qui sera homme d'église sans être tenu d'aucuns droits et devoirs, aura voix déliberative et séance apres les Maistres des requestes extraordinaires, et tenus d'assister à tous actes bazochiaux.

Que desdits Officiers seulement, messieurs le Chancelier, Maistres des requestes ordinaires, Grand Referendaire et Grand Audiencier, procederont au jugement des causes, et n'y seront admis ny receus les autres Officiers dudit Royaume, à la charge que lesdits Referendaire et Grand Audiencier n'auront que la voix déliberative et la séance seulement apres lesdits Maistres des requestes ordinaires, à la charge que tous Tresoriers estans receus Maistres des requestes ordinaires procederont en tout lesdits Grand Referendaire et Audiencier, et lesquels Grand Referendaire et Audiencier ne se pourront exempter d'estre Tresoriers deux ans apres le jour de leur reception.

Que lesdits Chancelier, Vischancelier ou plus ancien Maistre des requestes ordinaires ne pourront asseoir ou donner aucun jugement s'ils ne sont assistez de sept Maistres des requestes, qui seront appellez à la diligence des quatre Tresoriers.

Que les playdoiries ordinaires se tiendront à huis ouvert par chacune semaine deux fois, assavoir le mercredy et samedy sur les cinq heures de relevée, auxquelles ensemble aux extraordinaires seront tenus lesdits Maistres des requestes, Grand Audiencier, Grand Referendaire et autres Officiers du corps eux trouver avec leurs bonnets en habits decents, à peine de l'amende à la discretion de la Cour, et confiscation de leurs chapeaux applicables à œuvres pitoyables ou autrement: ainsi que la Cour advisera et verra estre à faire, s'il n'y avait excuse légitime dont la Cour sera certifiée.

CHAPITRE II

DE LA CHARGE DE PROCUREUR GENERAL, ADVOCAT DU ROY ET PROCUREUR DE COMMUNAUTÉ AU DIT ROYAUME

Le Procureur general, Advocat du Roy et Procureur de communauté dudit Royaume tiendront la main que les presentes ordonnances, reglements et statuts soient estroitement gardez et observez, et qu'il ne se defaille aucune chose du contenu en icelles, concernants les droicts dudit Royaume et exercices de la Justice.

Sera le Procureur de communauté tenu d'assister à toutes les plaidoyries ordinaires et extraordinaires, et ès assemblées qui se feront pour empescher que rien ne se face au préjudice d'icelle communauté.

Que tous les tiltres, statuts et ordonnances du dit Royaume demeureront au greffe pour y avoir recours, desquelles le Greffier se chargera par inventaire duquel il baillera un double signé de luy, tant au Procureur general que de communauté; et advenant vacquation de son estat, le Greffier les remettra entre les mains de son successeur Greffier selon l'inventaire, et ne sera le Greffier receu en l'estat par resignation, que prealablement il ne soit saisi des registres du greffe que son predecesseur sera tenu de representer en jugement, affin que celuy qui entrera en son lieu en soit chargé; et à cest effect, il y aura un coffre auquel seront mis et deposez lesdits registres, arrests et chartres dudit Royaume pour y avoir recours quand besoin sera, auquel il y aura deux clefs, l'une ès mains du Chancelier, l'autre dudit Greffier.

Ne pourront lesdits Advocat et Procureur du Roy prendre aucun sallaire pour la visitation des procez, charges et informations qui leur seront communiquez, ne conclusions soient civiles ou criminelles, interlocutoires ou diffinitives, comme aussi ne pourra le Procureur de communauté prendre aucun sallaire au cas qu'il fust ordonné par ladite Cour qu'il aurait communiquation d'aucun procez.

CHAPITRE III

DE LA CHARGE DU GREFFIER, DES NOTAIRES ET SECRETAIRES

Sera le Greffier du Royaume tenu faire registre des arrests

qui seront donnez par la Cour, duquel il fera apparoir de trois mois en trois mois à peine de privation de son estat.

Et où ledit Greffier ne se pourra trouver ordinairement ausdites plaidoyries pour excuse légitime il sera tenu d'en advertir l'un des quatre Notaires et Secretaires qui assistera en son lieu pour l'exercice de sa charge, lequel sera tenu rendre lesdites expeditions audit Greffier.

Aussi seront les dictons signez avec la nomination des Juges qui auront assisté, sera ledit Greffier tenu de les prononcer quant requis sera sans attendre payement d'espices desdits arrests, et sans pour ce prendre aucune chose pour le rapport et audience desdites lettres.

Sera ledit Greffier sortant de sa charge tenu huictaine après sa demission mettre ès mains de l'un des Notaires et Secretaires dudit Royaume, qui sera nommé par la Cour tous et chascuns les registres qu'il aura fait de son temps, et tous autres qu'il aura en sa possession concernant son greffe, et le fait ou justice dudit Royaume pour les remettre et bailler à son successeur Greffier, qui sera pourveu dudit estat, lequel s'en chargera sur l'inventaire, le tout en la présence desdits Advocat et Procureur general et de communauté.

CHAPITRE IV

DES HUISSIERS

Le premier Huissier sera tenu d'assister aux plaidoyries ordinaires avec son mortier, appeller toutes les causes qui lui seront baillées, et les autres Huissiers, en habit decent avec le bonnet et leurs verges, appeller les Advocats aux arrests, et à faire faire silence, et pareillement accompagner ledit Chancelier et Conseiller de ladite Bazoche, et à tous autres actes et endroicts qui leurs seront commandez à peine de huict sols parisis pour la première fois, et double pour la seconde, et pour la tierce la privation de son estat s'il y eschet.

Ne prendront lesdits Huissiers plus grand sallaire à peine de suspension et privation que seize deniers pour chascun exploict portant l'assignation faite dans le Palais et hors le Palais, comme ville et fauxbourgs de trois sols parisis, et pour une execution et vente actuellement faite six sols parisis.

Pourront lesdits Huissiers en vertu des simples extraicts, des arrests et jugements dudit Royaume, proceder par toutes voyes d'execution pourveu que ce soit dedans l'enclos du Palais seulement.

Seront lesdits Huissiers tenus mettre à execution les dits arrests qui leur seront baillez dans trois jours, ou plustost apres qu'ils en auront esté requis selon l'exigence des cas, et les rendre aux parties avec les exploicts dedans ledit temps, à peine de dix sols parisis, et de payer ce dont il sera question, et tenus faire residence chez Maistres et Procureurs: autrement ne joüyront de leurs estats.

Obeyront pareillement lesdits Huissiers à toutes les injonctions et commandemens qui leur seront faits par la Cour, ledit sieur Chancelier, Procureur general et Advocat du Roy, Procureur de communauté ou Tresorier dudit Royaume, à peine d'amendes arbitraires.

CHAPITRE V

DES TRESORIERS

Feront les Tresoriers diligence de faire appeller le Conseil aux jours ordinaires et extraordinaires avec l'ancien Conseil pour la seance de la Cour quand besoin sera, selon que les affaires se presenteront et le requerront, fourniront lesdits jours de flambeaux à leurs despens.

Receveront lesdits Tresoriers les becs jaulnes et bien venües accoustumées pris sur tous les clercs indifferemment entrans au Palais qui sont d'un teston de Roy, et quant aux Nobles et Gentilshommes deux testons, avec les amendes qui sont données tant par la Cour de Parlement, Cour des Aydes du Palais que autre justice et juridiction du Palais, et pareillement les amendes adjugées par la Justice dudit Royaume.

Feront doresnavant lesdits Tresoriers leurs droits et devoirs deus et accoustumez par chacun an, le premier jeudy d'apres le jour et feste des Roys, où ils seront tenus appeller les Officiers dudit Royaume, assavoir les Chancelier, Vischancelier, Maistres des requestes ordinaires, Grand Referendaire, Grand Audiencier, Aumosnier, Procureur general du Roy, Advocat du Roy, Procureur de communauté, quatre Notaires et Secretaires, Greffier, premier Huissier, les anciens Advocats et Procureurs de communauté de Parlement, usques à tel nombre qu'il sera advisé, dont le billet sera arresté par le conseil; ensemble de ce qui devra estre ordonné par iceluy, affin qu'il n'y aye superfluité, et seront tenus ledit jour bailler et payer les gages des Officiers de gands et livrées à la maniere accoustumée, dont ils requerront acte.

Seront tenus par chacun an lesdits Tresoriers faire marquer une houppe à mettre sur le grand may du Palais en la presence des Chancelier, Procureur general, Advocat du Roy, Procureur de communauté et Collonel, et faire abattre et replanter iceluy may par chacune desdites années en la maniere accoustumée le dernier samedy du mois de may, y feront mettre et attacher ladite houppe avec deux grandes armoiries, letout à coustre de lierre, deux douzaines de petites, et une grande pour porter devant ledit may, faire assembler le Conseil et payer le desjuné accoustumé tant à iceluy que aux Capitaines et Supposts assistans ledit may replanté, sera fait le cry accoustumé, et ledit jour seront tenus lesdits Tresoriers bailler gands et livrées, assavoir aux Chancelier, Vischancelier, gens du Roy, Procureur de communauté, Maistres des requestes ordinaires et extraordinaires, quatre Tresoriers modernes, Notaires et Secretaires, Greffier et premier Huissier, et aux Capitaines et Supposts conduiduisants ledit may des livrées seulement, dequoy le soir dudit jour à l'assemblée du conseil ils requerront acte.

Pour la conduite duquel may sera par chacun an au mois de mars procedé à l'eslection de douze Capitaines des Supposts faisants charge au Palais, presentez par les quatre Tresoriers, qui seront contraints d'accepter la charge, et faire sonner les tambours et trompettes pendant le mois de may à cinq heures du soir aux jours de lundy, jeudy et samedy, et à la conduite d'iceluy may, et faire donner des aubades et reveils accoustumez, assavoir à messieurs les premier et second Presidents de la Grand-Chambre, Procureur general du Roy, Chancelier, Procureur de communauté de Parlement, et à leurs maistres si bon leur semble, le tout à leurs frais et despens, lesquels entre eux feront eslection d'un Collonel, Lieutenant, Enseigne et departement des rangs par l'advis du Chancelier, Procureurs du Roy et de communauté, et lequel Collonel sera tenu d'un quart de tous les frais, et les unze restans de trois autres quarts, et ce qui sera arresté par l'advis susdit de ce que lesdits Lieutenant et Enseigne suppleront viendra au support des frais communs, lesquels Capitaines seront tenus bailler et presenter memoires et pourtraits au conseil d'iceux et leurs compagnies pour deliberer quels habits ils et lesdits Supposts devront porter selon la commodité et necessité du temps, et en consideration de ce, seront lesdits Capitaines exempts d'estre Tresoriers deux ans à compter du jour dudit plan du may, tant pour le passé que pour l'advenir, lesquels doresnavant avec les anciens Advocats seront preferez aux estats et dignitez bazochialles advenant vacation selon leurs antiquitez, et à la nomination du conseil.

A laquelle conduite du may seront tenus tous les Supposts faisants charge d'assister à peine d'un escu d'amende à la discretion de la Cour.

Et afin que la loge destinée au corps dudit Royaume à la prière du Prince des sots en l'hostel de Bourgogne ne se deperisse, seront lesdits Tresoriers tenus assembler ledit corps de la Justice audit Royaume par chacun an, le jour de Caresme prenant, pour faire plaider la cause au Palais en toute modestie; pour ce fait se transporter audit hostel de Bourgogne, heure d'une heure de relevée, y faire la collation accoustumée et fournir de tapisseries et d'armoiries accoustumées et de lierre, assavoir une grande et deux petites, et seront lesdits Tresoriers tenus à l'issue de la plaidoyrie dudit jour faire un simple devoir aux Officiers du corps, assavoir : Chancelier, Vischancelier, Maistre des requestes ordinaires et extraordinaires, gens du Roy, Procureur de communauté, quatre Notaires et Secretaires, Greffier et premier Huissier, sans estre abstraincts d'y appeller d'autres, et en ce faisant bailler gands et livrées au Chancelier et au conseil des gands seulement, dequoy ils requerront pareillement acte comme dit est.

CHAPITRE VI

DE LA PROMOTION DES ESTATS DU DIT ROYAUME

Sera par chacun an, dans le mois de novembre, procédé à l'eslection d'un Chancelier du dit Royaume, selon la pluralité des voix des Supposts dudit Royaume, faisant charge au Palais, et à cette fin seront mis en un billet quatre des plus anciens, soient des Maistres des requestes ordinaires, Advocat, Procureur du Roy et Procureur de communauté, selon la quantité de leur reception; lequel billet sera presenté au Conseil par les quatre Tresoriers, et pour recevoir et recueillir les voix des dits Supposts, seront commis par la Cour deux Maistres des requestes, tel qu'elle advisera, ayans par eux et chacun d'eux prealablement fait leurs devoirs et droits, et sera le dit Chancelier tenu payer ses droits et devoirs les jours de la reception des sceaux.

Ladite eslection faite, et ledit serment solennellement presté par le Chancelier esleu, le Vischancelier sera tenu mettre ès mains dudit nouveau Chancelier les sceaux dedans la quainzaine après ensuivant, ès presences des Maistres des requestes, gens du Roy et de communauté.

Les quatre Tresoriers, apres leurs charges expirez, seront receus Conseillers et Maistres des requestes ordinaires audit Royaume, en la manière accoustumée, pourveu qu'ils se soient acquittez de leurs droits et devoirs, et rendu compte de l'administration de leurs charges pardevant le Chancelier, deux des plus anciens Maistres des requestes ordinaires, Procureur general et de communauté.

Advenant la vacquation du Procureur de communauté, sera procédé à l'eslection d'un autre pour la pluralité des voix et des Supposts du dit royaume, faisant principale charge sur la nomination que le Conseil fera de deux Maistres des requestes et deux des anciens Capitaines ou Advocats.

Et advenant la vacquation de l'estat de l'Advocat et Procureur du Roy, sera pourveu par le Conseil, sur la requeste qui en sera faite par le Procureur de la communauté ou Tresoriers du dit Royaume.

Quand les offices de Greffier, premier Huissier: ensemble des quatre Notaires et Secretaires, seront vacans, pourra le Chancelier de sa puissance pourvoir de telles personnes qu'il verra le mérite, sans autre forme d'eslection.

Seront pareillement tous les autres officiers dudit Royaume, fors les Maistres des requestes ordinaires, Procureur general, Advocat du Roy et Procureur de communauté et Tresoriers, tenus de prendre du Chancelier lettres de provision de leurs estats, ausquels ils auront esté esleus, sans que le dit Chancelier puisse prendre d'eux aucuns deniers pour l'émolument du sceau.

Pour la provision des quatre Tresoriers, sera par le Procureur de la communauté desdits Supposts et des quatre modernes nommez au Conseil apres la Sainct-Martin d'hyver, douze anciens clercs faisant charge au Palais, desquels douze ledit Conseil eslira quatre nommez seront contraints de comparoir en jugement et prester le serment s'ils n'ont excuse pertinente, laquelle ils seront tenus proposer sur le champ.

Seront les quatre Notaires et Secretaires exempts d'estre faits Tresoriers par l'espace de deux ans à compter du jour de leur reception ausdits estats, et lesdits deux ans passez, ils ne pourront estre exempts d'accepter la charge de Tresorier comme les autres Supposts, en cas d'eslection et nomination.

CHAPITRE VII

DES ADVOCATS

Tous les Advocats receus et qui seront cy-apres receus audit Royaume seront tenus d'assister aux plaidoyries, tant ordinaires qu'extraordinaires, en habits decents, à peine de confiscation de chapeaux, comme dit est.

Seront lesdits Advocats, assavoir ceux ja receus, enrollez et immatriculez au registre du greffe selon l'ordre de reception audit serment, et ce affin que, en cas d'assemblée générale ou publique, l'ordre et preference susdit soit observée suivant ladite matricule et catalogue.

CHAPITRE VIII

Seront tenus les Chancelier et Maistres des requestes, gens du Roy et Procureur de communauté, Greffier, quatre

Notaires et Secretaires et premier Huissier dudit Royaume, faire leurs droicts et devoirs accoustumez dedans quinzaine apres la reception sans autre interpellation, et à faute de ce sera pourveu d'autre en leur lieu, et n'y seront abstraincts les Maistres des requestes ordinaires en consideration de leur charge de Tresoriers.

Aussi seront tenus lesdits Advocats faire leurs droicts et devoirs accoustumez.

Seront tenus les Supposts de ce Royaume porter honneur et reverence aux Chancelier, Maistres des requestes ordinaires et autres Officiers de ce Royaume, obeyr aux arrests et jugements de la Cour, prester confort et ayde pour l'execution d'iceux.

Et à tout le contenu en ces presentes, estre arresté par manière de provision seulement, ouy sur ce le Procureur general du Roy, le 28 janvier mil cinq cens quatre-vingts-six. Et ont signez: Jacob, Buredart, de la Roche, A. de Thelis, G. de Thelis, et autres.

Les presents statuts et ordonnances ont esté luës, publiées et enregistrées. Ouy sur ce le Procureur general du Roy et de communauté, et à la Cour enjoint aux Supposts de ce Royaume de les garder et observer sur les peines y contenuës. Fait le quatorziesme fevrier mil cinq cens quatre-vingt-six.

Signé : Moreau.

NOTICE BIBLIOGRAPHIQUE

ON trouve dans beaucoup d'ouvrages des articles consacrés à la Société des clercs du Palais et à l'Empire de Galilée; mais les auteurs qui les ont publiés se répètent à peu près tous.

Les uns ne s'occupent de ces sociétés qu'au point de vue judiciaire; tels sont Miraulmont et l'historien anonyme que nous avons si souvent cités; le procureur René Gastier dans ses *Nouveaux styles des cours de Parlement*, Brillon dans son *Dictionnaire de jurisprudence universelle des Parlements de France*, et Dareau dans le *Répertoire de jurisprudence de Guyot*.

Les autres envisagent ces sociétés au point de vue purement historique, comme l'auteur du mémoire qu'on peut lire dans les *Variétés historiques*, ou *Recherches d'un savant*, tome III, et qui a pour titre : *Du haut et souverain Empire de Galilée établi en la chambre des comptes*.

Enfin, le plus grand nombre, tels que Duluc, à propos des

libelles diffamatoires *de injuriis et famosis libellis*, les frères Parfaict dans leur *Histoire du théâtre français*, et tous les auteurs qui ont écrit sur l'art dramatique en France, ont consacré quelques pages aux sociétés des clercs du Palais comme auteurs et compositeurs de moralités, farces et sotties.

Enumérer tous ces ouvrages serait un travail fastidieux et sans utilité; tel n'est pas notre but.

Les sociétés singulières dont nous venons de tracer l'histoire, contenaient dans leur sein beaucoup de jeunes gens qui s'amusaient à écrire soit en vers, soit en prose, non seulement des pièces de théâtre, mais encore une foule de satires, d'épîtres, de petits poëmes, sous forme de remontrances, sortes de pétitions et de sentences burlesques. Ces malices en petites brochures et imprimées sur quelques feuilles volantes, sont malheureusement perdues et n'ont pas été collectionnées. Il en existe encore quelques-unes, mais elles sont si rares!.. De loin en loin, elles sont signalées par les catalogues et les collectionneurs les enlèvent aussitôt.

Ce sont ces productions qui font l'objet de la présente notice; on ne peut les citer qu'à titre de curiosité, car, pour la plupart, elles n'apprennent rien ou très-peu de chose sur l'histoire des clercs, mais elles contiennent quelques détails sur les mœurs judiciaires d'autrefois, et donnent la mesure de l'esprit de leurs auteurs et du goût de l'époque.

Cette notice est bien incomplète; il ne peut en être autrement, surtout pour les publications des XVIe et XVIIe siècles. Elle en contient un plus grand nombre du siècle dernier; quant à celles qui sont relatives à des travaux récents sur les Bazoches, elle les signale à peu près toutes.

ADIEU (L') DU PLAIDEUR A SON ARGENT, satire en vers, sans lieu, ni date, in-8, de 16 pp.

ADVOCACIE (L') NOTRE-DAME, ou LA VIERGE-MARIE PLAIDANT CONTRE LE DIABLE, poëme du

XIV⁰ siècle, en langue franco-normande, attribué à Jean de Justice, chantre et chanoine de Bayeux, fondateur du collége de Justice à Paris, en 1351. Extrait d'un manuscrit de la bibliothèque d'Evreux, Paris, Aubry, 1853, in-12.

ALMANACH DE LA BAZOCHE DU PALAIS, *pour l'année 1786.* Paris, veuve Baltard et fils, impr. de la Bazoche, in-12, avec les armes et le sceau de la Bazoche, 84 pp.

Cet almanach a du paraître pendant un certain nombre d'années avant 1786, et probablement après.

ARREST DU ROYAUME DE LA BAZOCHE *donné au profit du sieur Dangoulevent, valet de chambre du Roi,* Prince des Sots... 1607, pet. in-8, de 8 pp.

ARREST DE LA BAZOCHE, *signe la Buvette.*
Pièce mentionnée dans le catalogue de M. Leber.

ASNE (L') DU PROCUREUR RESSUSCITÉ, en vers burlesques, Paris, 1649, in-4⁰, 11 pp.

AVIS D'UN CLERC DE HUIT JOURS, *à l'auteur du poème de la Baroche*, 1758.
Catalogue de M. Leber.

BAZOCHEIDE (LA) *poème burlesco-patriotico-héroïque*, en trois chants, par M. R. A. Paris, de l'imprimerie élevée sur les débris de la chicane, 1790, 31 pp.

BAZOCHE (LA), *poème, par un baçochien*, 1758. Cité dans le catalogue de M. Leber.

BAZOCHE (LA) COURONNÉE, 1759.
Même catalogue.

BAZOCHE D'AVIGNON (LA). *Les chefs des plaisirs, Abbés de la jeunesse.* Annuaire du département de Vaucluse, 1869. Avignon, Bonnet, 1869, in-18.

BOURNISSIEN (L.). *Rapport sur l'historique, le but et*

l'utilité des Bazoches, fait à la Bazoche de Chartres, dans sa séance du 26 novembre 1839. Ch. Garnier, 1840, in-8, 31 pp.

BRIVES-CAZES. *Notice historique sur la Bazoche de Bordeaux du XV⁰ au XVIII⁰ siècle.* Toulouse, 1858, in-8, 16 pp.

Extrait du tome VII du recueil de l'Académie de législation, année 1858, pages 447 et suiv.

Voir page 95.

CALENDRIER (LE) DE THÉMIS, *dans lequel on trouve chaque jour la date de la mort d'un homme célèbre dans les fastes du droit, suivi d'une notice sur saint Yves*, (par M. Péricaud aîné). Lyon, 1821, 19 pp.

CLERC (LE) DE PROCUREUR GUICHETIER, *lettre à MM. de la Bazoche du Palais et du Châtelet de Paris*, (1788), in-8, 4 pp. gravées.

COMPLAINTES ET ÉPITAPHES DU ROY DE LA BAZOCHE, (sans lieu ni date), petit in-8 goth., de 12 ff. avec une figure en bois sur le premier.

Brunet, dans son *Manuel du Libraire*, ne cite qu'une édition de cette pièce rarissime, celle que possédait M. le baron Jérôme Pichon, et que nous avons vue dans la collection de ce bibliophile. On trouvera en tête de ce volume la gravure sur bois de cette édition, mais il en existait une autre dont M. Leroux de Lincy nous a communiqué l'exemplaire auquel nous avons emprunté le bois qui orne la page 174 de ce livre. Cet ouvrage atteint dans les ventes un prix considérable.

Voir ce que nous disons de ce poème, pages 172 et suiv.

CURIEUSE (LA) ET PLAISANTE GUERRE DES PLAIDEURS EN VOGUE, *en vers burlesques*, Paris, Jean du Crocq, 1649, in-4°, 11 pp.

DISCOURS *prononcé par* *** *à la chambre de Saint-Louis du Palais, à l'occasion de l'élection du Chancelier de la Bazoche*, 1785.

DISCOURS SÉRIEUX, COMIQUE, *prononcé devant MM. les Chancelier, Garde des Sceaux, Vice-Chancelier, Maître des requêtes et autres officiers du royaume de la Bazoche du Palais, à Paris, à la séance du 7 septembre 1754, par M. G...*, avocat général au même royaume. Sans lieu, 1754, in-12, 40 pp.

ENTRÉE DE SAINT YVES DANS LE PARADIS, *conte en vers*. Toulon, Aurel, 1858, in-8°, 8 pp.

FABRE (Augustin), *Le Roi de la Basoche de Marseille*. Vve Olive, in-8°, 25 pp.

GIRINETI (Philiberti), *de Petri Gautheri in pragmaticorum Lugdunensium principem electum Idyllion*. Lyon, impr. d'Ant. Périsse, 1838, in-8°, 27 pp.

Cette Idylle de Philibert Girinet, sur l'élection d'un roi de la Bazoche à Lyon, a été traduite par M. Breghot du Lut, voir page 85 et suiv.

HISTOIRE D'UN PROCUREUR *qui a rapporté après sa mort, les pièces à sa partie*. Un feuillet avec figure sur bois.

Le permis d'imprimer est de 1770.

INSURRECTION (L') DES GENS DE JUSTICE, in-8°, Paris, impr. de la Bazoche, 1730, 4 pp.

Cette pièce a été imprimée à la suite du *Trépas de la reine Chicane*.

JOLY (A). *Note sur Benoet du Lac ou le Théâtre de la Bazoche à Aix, à la fin du XVI° siècle*. Lyon, Scheuring, impr. de L. Perrin, 1862, in-8°. Publication sur papier de Hollande et papier teinté.

LA DÉFENSE DU PRINCE DES SOTS *(avec 4 vers), aux lecteurs lisant ce peu de pages*, petit in-8°, de 10 pp.

LA GUIRLANDE *et réponse d'Angoulevent à l'Archipoëte des Pois Pillez.* Paris, Hubert Velut, 1603, in-4°.

LA RÉPLIQUE *à la Réponse du poëte Angoulevent*, 1604, S. L. N. D.; in-8°.

LÉGAT TESTAMENTAIRE DU PRINCE DES SOTS, à M. C. d'Acreigne Tullois, advocat au Parlement. (Sans lieu, ni date), 8 pp.

MIRAULMONT (Pierre de), *De l'origine et establissement du Parlement et austres juridictions royales estant dans l'enclos du Palais royal de Paris.* Paris, P. Chevallier, 1612.

Cet ouvrage contient un chapitre consacré à la Bazoche. Une première édition avait paru en 1584. Elles sont très-recherchées.

Miraulmont, né vers 1550, fut conseiller du roi en la Chambre du trésor, puis prévôt de l'hôtel et grand prévôt de France. Comme tel il a pu sainement apprécier l'importance de la Bazoche du Palais; son récit est celui d'un témoin oculaire.

MISÈRE (LA) DES CLERS DES PROCUREURS.

> Si vous n'avez pas les yeux bons
> Faites recherche de lunettes
> Dont les verrières soient bien nettes
> Pour voir ce qu'a fait Tournabons.

Satire en vers d'un bazochien, sans lieu, ni date, petit in-8°, 23 pp.

MUTEAU (Charles), *Les Clercs à Dijon*, note pour servir à l'histoire de la Bazoche; Dijon, Picard, 1857, in-8°, 70 pp.

PLAIDOYÉ *sur la principauté des Sots avec l'arrest de la Cour intervenu sur iceluy.* Paris, C. David, 1608, petit in-8°, 34 pp. Pages 262 et suiv.

PLAIDOYÉ *pour la défense du Prince des Sots.* Paris, Nicolas Rousset, 1617; petit in-8° de 16 pp. — Page 267.

POÈME DE LA CHICANE, *par un procureur*, 1772.

RECUEIL *des statuts, ordonnances, reiglementz, antiquitez, prérogatives et prééminences du royaume de la Bazoche. Ensemble plusieurs arrêts donnés pour l'establissement et conservation de sa juridiction.* Nouvelle édition augmentée de plusieurs arrests et mis en meilleur ordre. Le tout adressé à M. Boyvinet, ci-devant chancelier en icelle.

Paris, Cardin Besongue, 1654, petit in-8º de 122 pp.

Ce recueil devenu fort rare, fut imprimé d'abord sous la date de Paris, Bonjean, 1644.

Avec Miraulmont, cet ouvrage est le plus intéressant à consulter pour l'histoire de la Bazoche au point de vue judiciaire.

REMENSIANA. *Historiettes, légendes et traditions du pays de Reims*. Reims, Jacquet, 1845, in-32.

Un chapitre de ce livre curieux est consacré à la Bazoche de Reims.

REMONTRANCE *burlesque au Parlement*, (en vers). Sans lieu, 1649, in-4º, 8 pp.

SENTENCE BURLESQUE (en vers), 1649, in-4º, 8 pp.

Cette œuvre d'un bazochien est signée : Çanabot.

Il faut rattacher à la bibliograpie bazochienne, les nombreuses sentences burlesques en vers ou en prose qui ont été imprimées. Ce sont les parodies de l'audience, comme les sermons joyeux sont les parodies de la chaire.

SENTENCE *de M. le prévôt de Paris, donnée contre Angoulevent, pour faire son entrée de Prince des Sots, avec ses héraulx, suppots et officiers*. Paris, David Leclerc, 1605, pet. in-8º de 6 pp. Voir page 266.

SENTENCE *prononcée contre le sieur Angoulevent, par laquelle on voit comment se fait appréhender ledit Angoulevent au corps*. Paris, 1607, petit in-8º.

SURPRISE (LA) ET FUSTIGATION D'ANGOULE-VENT, *poème héroïque adressé au comte de Permission par l'Archipoëte des Pois pilez.* Paris, 1603, pet. in-8º de 12 pp. chiffrées.

Se trouve dans le VIIIᵉ volume des variétés historiques de la collection Jannet.

THOMAS-LATOUR (Amédée). *Le Parlement, la Bazoche et le Barreau de Toulouse.*

Carcassonne, Poniès, 1852-1853, in-8º, 47 pp.

TRÉPAS (LE) DE LA REINE CHICANE, *ou les Hurlements des Procureurs au Parlement de Paris*, orné d'une gravure en taille-douce. Paris, impr. de la Bazoche, 1790, in-8, 19 pp.

TRÈS-HUMBLES REMONTRANCES *de la communauté des clercs du Palais, dite la Bazoche, au roi*, in-8º, sans lieu, ni date, 16 pp.

TRIOMPHE DE LA BAZOCHE (LE) *et les Amours de M. Sébastien Grapignan*, Paris, au Palais, chez Brunet, 1698, pet. in-8º, 68 pp.

Petit ouvrage orné de deux jolies vignettes.

TRIOMPHE DE LA BAZOCHE (LE), *poème en cinq chants, en vers,* par Tignel, Paris, 1788, in-8º, 42 pp.

ZACCONE (Pierre). *Le Roi de la Bazoche* (roman). Paris, Arnaud de Vresse, in-8º.

TABLE DES MATIÈRES

AVERTISSEMENT.   I

INTRODUCTION. . . . . vij

CHAPITRE PREMIER. — Origine de la Société des Clercs du Palais. — Royaume de la Bazoche. — Pourquoi cette dénomination. — Etymologie du mot Bazoche. — Examen critique des diverses définitions. — Les Basilicains et les Bazogiens. — Juridiction exceptionnelle de la Bazoche. — Son étendue au civil et au criminel. — Autorités historiques. — Officiers de la Bazoche. — Organisation judiciaire en première instance et en appel. —

Fonctions des dignitaires baʒochiens. — Débats entre les procureurs et les clercs. — Certificats de cléricature. I

CHAPITRE DEUXIÈME. — *Le roi de la Baʒoche. — Singuliers priviléges des Baʒoches d'Orléans et de Chartres. — Les béjaunes. — Origine d'un proverbe. — La montre générale des Clercs. — La montre des officiers du Châtelet. — Caractères de ces cérémonies. — Les baʒochiens soldats. — Expédition de la Guyenne. — Le Pré aux Clercs. — Les clercs et les moines de l'abbaye de St-Germain. — Leurs querelles. — Armoiries de la Baʒoche. — Les plantations du mai. — Curieuses fonctions des trésoriers de la Baʒoche. — Singulier procès. — Monnaie de la Baʒoche. — Le médaillon du musée d'Autun.* 33

CHAPITRE TROISIÈME. — *Les clercs d'avocats. — Baʒoche du Châtelet. — Son origine. — Ses débats avec la Baʒoche du Parlement. — Ses luttes avec les procureurs au Châtelet. — Les clercs de notaires. — La Baʒoche de Lyon. — Élection d'un Roi de la Baʒoche à Lyon. — Cérémonies. — Idylle de Pierre Girinet. — Maurice Scève, baʒochien lyonnais. — La Baʒoche à Toulouse.* 71

CHAPITRE QUATRIÈME. — *Les clercs de la Chambre des comptes. — Empire de Galilée. — Pourquoi cette dénomination. — Opinion de*

l'abbé Lebeuf. — Fêtes de l'Empire de Galilée.
— Juridiction de cette communauté. — Règlement du protecteur Nicolas Barthélemy. — Les procureurs du Parlement au moyen âge. — Les Atournés. — Les clercs de procureurs. — Ils ne reçoivent aucun salaire, vivent avec le patron. — Portrait d'un clerc de procureur. — La fête de saint Nicolas célébrée au Châtelet et au Parlement. — Confrérie de ce saint, sa chapelle, sa légende. — Saint Yves, patron des avocats et des procureurs. — Sa confrérie, sa chapelle, ses légendes. — Une épigramme latine. — La résurrection de Genin Landore. . . . 96

CHAPITRE CINQUIÈME. — Les clercs auteurs et comédiens. — Un mot des Confrères de la Passion. — Moralités, représentations dans les fêtes publiques. — Les clercs du Châtelet jouent des comédies. — Ils luttent avec les bazochiens du Palais. — Les crys de Roger de Collerye. — Licences des clercs. — Sévérités du Parlement. — Ils se font emprisonner sous Charles VIII. — Le procès d'Henri Baude. — Indulgence de Louis XII. — La table de marbre. — François 1er protége les bazochiens. — Une épître de Clément Marot. — Le Parlement paie les frais des représentations. — Les rigueurs recommencent. — La censure dramatique. — La Bazoche cesse ses représentations. — Sa loge au théâtre de Bourgogne. . . . 134

CHAPITRE SIXIÈME. — Pourquoi les clercs

firent des comédies. — *Singuliers ouvrages de jurisprudence.* — *La procédure et les poëtes.* — *Leurs testaments, leurs plaidoyers.* — *Les causes grasses, leur influence.* — *Bazochiens célèbres.* — *Martial d'Auvergne.* — *Bouchet.* — *André de la Vigne.* — *Villon.* — *Pierre Blanchet; son épitaphe.* — *François Habert.* — *Jean d'Abundance, notaire, auteur bazochien.* — *La poésie et le barreau au seizième siècle.* . 156

CHAPITRE SEPTIÈME. — *Les mystères au point de vue religieux.* — *Leurs résultats.* — *Ce qu'ils étaient à la fin du XIVe siècle.* — *Extrait du mystère de la Passion.* — *De la procuration du diable.* — *Le style de Jehan d'Abundance.* — *Examen de l'ordonnance de 1402.* — *Son esprit.* — *But de Charles VI.* — *Les moralités sont antérieures à 1398.* — *Analyse de quelques-unes de ces pièces.* — *Précautions des bazochiens.* — *Prologues.* — *Moralité de Bien-Advise et de Mal-Advise.* — *Le diable à quatre.* — *Traits de mœurs.* — *Intermèdes.* — *Sentence de la condampnation du Banquet.* 184

CHAPITRE HUITIÈME. — *Société des Enfants-sans-Souci.* — *Les saturnales françaises. Le Fou et le Sot.* — *Leurs fêtes.* — *Leurs devises.* — *Le Prince des Sots et Mère sotte.* — *Enfants-sans-Souci, poëtes et acteurs.* — *Villon.* — *Clément Marot.* — *Jean de Serre.* — *Le comte de Salles.* — *Gringore, Mère sotte.* —

Jean du Pont-Alais. — Les clercs du Palais cessent leurs représentations. — Les Enfants-sans-Souci se séparent d'eux et les continuent. . . 212

CHAPITRE NEUVIÈME. — *Les Enfants-sans-Souci et la principauté de la Sottie. — Angoulevent prince des Sots et premier chef de la Sottie. — Les procès pour sa principauté et sa loge. — La plaidoirie de Peleus. — La sentence de François Miron. — Arrêts du Parlement. — Ce qu'était le théâtre des bazochiens. — Farces et sotties. — La sottie de l'Ancien monde au point de vue de la satire. — Le cry de Gringore. — La* Farce *de Maistre Pathelin. — Elle est l'œuvre des clercs du Palais. — Sa date présumée. — Le* Pathelin *est antérieur à 1402. — Il contient deux comédies. — Le* Testament de Pathelin. — *Étude de ces comédies au point de vue de la Bazoche. — Sont-elles des satires contre les avocats ? — Pierre Blanchet, Antoine de la Salle, auteurs présumés de* Pathelin. — *Où se passe l'action de ces pièces.* . . 257

CHAPITRE DIXIÈME. — *Les bazochiens au XVII*ᵉ *siècle. — Le* Triomphe de la Bazoche. — *Pourquoi les clercs faisaient des satires contre les procureurs. — La magistrature et ses critiques. — Racine et Boileau. — Pourquoi Molière ne s'attaqua pas aux magistrats. — Le clerc guichetier. — L'Almanach de la Bazoche pour l'année 1786. — Les derniers Bazochiens.*

— *Leur dernier arrêt.* — *La Révolution anéantit leurs sociétés.* 299

STATUTS ET ORDONNANCES du Royaume de la Bazoche, ... 320

NOTICE BIBLIOGRAPHIQUE 332

Vienne, Imprimerie SAVIGNÉ. — 1875

www.ingramcontent.com/pod-product-compliance
Lightning Source LLC
Chambersburg PA
CBHW060616170426
43201CB00009B/1042